国家自然科学基金项目（61701388）
陕西省自然科学基础研究计划（2018JM6080）

馆藏墓室壁画数字修复技术
（上册）

吴萌　王慧琴　杨文宗　著

电子工业出版社·
Publishing House of Electronics Industry
北京·BEIJING

内 容 简 介

　　研究馆藏墓室壁画数字修复技术，用数字化信息处理的方式，模拟博物馆手工修复的流程，预演馆藏壁画修复的效果，可非接触、无损、重复、多方案实现墓室壁画缺损信息的重建。本书主要研究墓室壁画残存信息的先验知识、病害信息的数据模型、缺损信息的修复模型等内容，并通过搭建交互式数字修复管理平台，为博物馆提供墓室壁画实体的修复效果预演与远程方案论证。本书的研究内容为智慧博物馆和数字人文领域的发展提供了技术基础，在此基础上可不断探索，持续丰富文博行业数字保护科技的内容，让信息技术为传承中华民族传统文化插上科技的翅膀。

图书在版编目（CIP）数据

馆藏墓室壁画数字修复技术：上下册 / 吴萌，王慧琴，杨文宗著. －北京：电子工业出版社，2022.9
ISBN 978-7-121-43501-0

Ⅰ.①馆…　Ⅱ.①吴…②王…③杨…　Ⅲ.①数字技术－应用－墓室壁画－修复－研究
Ⅳ.①K879.414

中国版本图书馆 CIP 数据核字（2022）第 086361 号

责任编辑：刘小琳　　文字编辑：王炜
印　　刷：北京市大天乐投资管理有限公司
装　　订：北京市大天乐投资管理有限公司
出版发行：电子工业出版社
　　　　　北京市海淀区万寿路 173 信箱　邮编　100036
开　　本：720×1000　1/16　印张：19　字数：320 千字　彩插：18
版　　次：2022 年 9 月第 1 版
印　　次：2022 年 9 月第 1 次印刷
定　　价：158.00 元（上下册）

　　凡所购买电子工业出版社图书有缺损问题，请向购买书店调换。若书店售缺，请与本社发行部联系，联系及邮购电话：（010）88254888，88258888。
　　质量投诉请发邮件至 zlts@phei.com.cn，盗版侵权举报请发邮件至 dbqq@phei.com.cn。
　　本书咨询联系方式：liuxl@phei.com.cn，（010）88254538。

前　言

在文物数字化生存的大背景下，各大博物馆对馆藏文物陆续进行了高清数字化采集，获得了大量的文物影像资料。这些数字化文物信息是研究文化、考证历史的重要素材。利用数字化信息处理手段记录、重建文物信息是文物科技保护的发展趋势。特别对于类似墓室壁画的平面文物，其画面传承的文史信息若消亡，则文物本体的价值也就不复存在了，它们是博物馆最急需修复的文物类型。博物馆馆藏墓室壁画（以下简称墓室壁画）实体修复因文物安全性和严谨性的要求，其方案论证复杂，修复流程烦琐，修复周期会很长。在现有修复方案效果难以预测与修复人员紧缺的现状下，大部分墓室壁画都被存储在保管库中，迟迟未能进入展厅向游客展示。

基于这个现状，我们借鉴博物馆工作者在实际修复流程中对数字化信息处理的实际需求，通过对高清采集的墓室壁画数字化信息的分析，利用计算机图像处理技术非接触、无损地提取墓室壁画的数字信息，并模拟墓室壁画手工修复的过程，研究以数字信息为载体的修复技术，建立一整套满足博物馆管理流程的数字修复体系。

本书中的许多内容都是我们团队在国家自然科学基金、省部级科学基金的支持下完成的研究成果。近 10 年来，我们在墓室壁画数字修复领域做了大量实验与研究，将墓室壁画缺损信息重建作为典型的反问题求解，并依据贝叶斯的逆概率原理，进行了以下研究：包括提取墓室壁画残存信息的先验知识，建立墓室壁画病害信息的数据模型，设计墓室壁画缺损信息的修复模型等内容。在研究过程中充分考虑此类反问题求解的强病态性与格式塔视觉心理学原则，通过建立主观和客观的评价方法，并设计交互式数字修复管理平台，共享远程文修专家经验，动态调整数字修复方案。全书共 6 章，第 1 章和第 2 章为概述，主要介绍绪论、数字修复基本理论与关键技术；第 3～5 章为专题技术，主要介绍墓室壁画残存信息先验知识的提取、墓室壁画病害信息数据模型的建立、墓室壁画缺损信息修复模型的设计；第 6 章为应用管理平台，主要介绍交互式馆藏墓室壁画数字修复管理平台的相关应用。

本书具有如下特色。

（1）跨学科交叉研究，形成针对墓室壁画实际修复流程的一套完整的数字化修复技术系统。为博物馆综合利用现有高清采集的文物信息，提取数字档案，建立修复方案，提供了一整套系统构架。

（2）技术细节清晰，可预览实体修复过程中的效果，对实体修复方案的制订有很强的参考作用。可非接触、无损、重复预演修复方案的效果，避免由于盲目修复可能造成的二次损坏，缩短墓室壁画从保管库到展厅的周期，为科学制订修复方案提供了理论研究基础。

目　录

第 1 章
墓室壁画数字修复技术概述

1.1 绪论

1.1.1 研究背景

文物作为珍贵的不可再生资源，其保护方式一直是我国文化产业重点关注的领域。随着时间的流逝，文物每时每刻都在承受着大自然带来的不可逆的损耗。文物保护包括对文物本体保护和对文物所承载历史信息的保护，2015 年 4 月 17 日国际古迹遗址理事会中国国家委员会修订了《中国文物古迹保护准则》[1]，强调必须在文物本体现存的情况下尽可能地提取其历史信息，加以科学和历史的分析与处理，辅助理解和重现人类文明历史的进程。本书重点研究文物数字信息的高清采集技术，并以墓室壁画残存信息为例对已经消亡的残缺区域进行逆推，重建完整的文物数据，在文物不断褪变的过程中，尽可能地保留与重现文物所传承的历史信息。

国家文物局官方网站在 2017 年 4 月 7 日公布的《第一次全国可移动文物普查数据公报》中显示，我国现有珍贵文物 3856268 件，状态稳定的文物有 2560401 件，占 66.40%；部分受损、需要修复的文物有 1125848 件，占 29.20%；腐蚀损毁严重、急需修复的文物有 113508，占 2.94%；修复完成的仅有 56511

件，只占珍贵文物总数的 1.46%[2]。

馆藏文物残损现状使我们开始寻找传承人类历史信息的新技术。联合国教科文组织以科技保护为导向制定了《保护和促进文化表现形式多样性公约》[3]，围绕科学技术发展下文化遗产应具备的表现形式，先后进行了 5 次讨论。2015 年 6 月，在法国巴黎联合国教科文组织总部的议题[4]为"文物数字化问题及其对文化表现形式多样性的影响"，指出文化遗产所传承的信息将以数字化的形式永久存在。文物数字化成为各大博物馆存储馆藏文物档案信息、扩大文物宣传的必然方式。特别对于二维平面馆藏文物，如字画、壁画、岩画、画像石和刺绣等，此类文物若其表面绘制画面消亡，其文物实体意义也将不复存在，它们是馆藏文物中最急需修复并进行数字化保存的类型。如何有效地记载和传承历史文化的印记，利用现有科学技术进行文物信息保护是博物馆行业的核心工作。而影像数据将是记录博物馆平面文物的重要媒体素材[5]。2016 年 12 月，科学技术部、文化和旅游部、国家文物局联合在发表的《国家"十三五"文化遗产保护与公共文化服务科技创新规划》[6]中提出：建立并完善智慧博物馆理论与技术支撑体系；研发文物图案、纹样、造型等设计元素提取、风格化表达和跨媒体素材检索等关键技术，研发面向文化创意的辅助设计平台。文物数字化保护、修复、管理、复制等业务的文博产业将成为文化产业新业态。当前文物"数字化生存"的时代需求，既能充分提升历史文化资源保护水平，又可以在几乎不损害历史文化资源的前提下进行数字化保护与开发。

文物保护包括预防性保护与抢救性保护，国家经济开发的快速发展伴随着大量的城市基建，频繁出土的珍贵文物使抢救性保护成为我国目前主要的文物保护策略。对于不具备现场保护条件的文物，为了防止其进一步恶化，需要进行挖掘与搬迁保护[7]。以墓室壁画为例，由于墓道坍塌、洪水侵蚀和盗墓破坏等因素的影响，使其中的壁画揭取、搬迁至异地保存成为一种较好的保护措施[8]。由于墓室壁画揭取前所处的墓室环境比较稳定，而存放环境与墓室相比发生了较大变化，这就不可避免地使墓室壁画产生了一系列的病变问题。藏于陕西历史博物馆的墓室壁画保存现况存在的主要问题包括残缺、位移、变形、断裂、裂缝、龟裂、起甲、脱落、空鼓、酥碱、霉变等[9]。墓室壁画数量众多，修复需求大，任务重且实际修复难度大。另外，使得大多数墓室壁画从出土到与广大游客见面周期很长的另一个因素是文物修复从业者的流失。

依据国家文物局的统计数据[10]显示，目前我国共有 2100 多家文物馆藏单位，从事文物保护工作的约有 7 万人，其中文物专业的技术人员只有约 1 万人[11]，而在这些技术人员中，从事专业文物修复的不到 500 人，以每人每月修复 1 件文物计算，仅修复现有的缺损珍贵文物，就需要至少 2000 年以上的时间[12]。以陕西历史博物馆为例，目前拥有藏品 37 万件/套，专业文物修复人员只有 18 名。大量残破文物深藏库房急需修复和极度稀缺的专业文物修复人员的"不对称"现象由来已久，近年来随着多家媒体的报道更成为文化遗产保护中一个著名的"矛盾"[13]。

艺术品修复技术最早可追溯到文艺复兴时期，文物修复师通过手工描绘来填补艺术品上所出现的裂痕，去除污垢，使画面得到翻新的过程称之为 Retouching（润色）或 Inpainting（修补）[14]。文物修复师通过观察艺术品上残存的画面信息，填充缺损与污染的区域，以期望达到整幅艺术品信息的完整性与合理性，并且不被观者察觉出艺术品曾被损毁过的痕迹。其所有流程都完全是一种纯粹的手工行为，一般都是由具有丰富经验的文物修复师完成。受主观因素的影响，手工修复处理不当就会给艺术瑰宝造成不可逆转的损害。2012 年 8 月发生在西班牙 Cecilia Gimenez 的著名壁画"Ecce Homo"损毁事件就是因直接在原作上修复导致的严重后果，被称为"Ecce Mono"，意思为"可笑的猴子"，如图 1.1 所示。

图 1.1　"Ecce Homo"手工直接修复损毁结果

在数字信息技术快速发展的背景下，文化遗产科技保护组织，如欧洲的 ICOMOS（International Council on Monuments and Sites）、美国的 ACHP（The Advisory Council on Historic Preservation），以及拥有 133 个成员国的国际组织 ICCROM（The International Centre for the Study of the Preservation and the Restoration of Cultural Property）等，均在各国政府和高等院校科研人员的共同努力下连年举办 VAST（IEEE Visual Analytics Science and Technology）、VSMM（International Conference on Virtual Systems and Multimedia）、HCSM（International Conference on Heritage Conservation and Site Management）、EPOCH（Engaging in the Preservation of Cultural Heritage）等大型国际学术会议，探讨文化遗产的数字化信息处理与信息管理的技术。

2013 年 10 月在法国马赛举办的第一届 Digital Heritage 国际研讨会中，首次将文化遗产和信息技术领域的专业人士和研究人员聚集在一起，以文化遗产的数字化（Digital Documentation & Input）、可视化（Digital Presentation & Output）、数字内容管理（Digital Content Management & Analysis）、数字遗产政策与法规（Digital Heritage Policy & Societal Issues）、数字保护与标准（Digital Preservation & Standards）、数字解决方案（Digital Heritage Solutions & Best Practices）为主要讨论议题，对文化遗产的多层面数字信息保护与管理设立了研究方向。数字信息处理工具为采集、分析、重建和传播文化遗产的内容提供了新机会。数字信息处理技术在文化遗产保护中以数字修复研究为重点的应用问题，将是全球遗产保护领域的热点课题。

我国于 2001 年启动的"馆藏文物调查及数据库管理系统建设"项目[15]，通过数字化的影像采集技术、数据存储技术和网络技术进行了全国馆藏文物的数字化采集工作，截至 2010 年年底共完成 1660275 件/套馆藏珍贵文物的数据采集，其中，一级文物有 48006 件/套，二级、三级文物有 1612269 件/套，拍摄照片共 3869025 张，录入文本信息共 3.05 亿字，数据总量为 15.16TB，基本厘清了全国文物系统馆藏珍贵文物的家底。随着馆藏文物数字化信息采集量的逐渐丰富，这些数字化信息既为同一时期文物的保存现状留下了永恒的印记，也为利用这些珍贵的数字化信息进行二次开发、分析与研究、数字修复、虚拟展示等提供了珍贵的素材，更为解决博物馆大量修复需求与文物修复人员紧缺、修复周期长、修复结果不可逆等众多矛盾提供了解决的契机。

1.1.2　研究目的和意义

本书以博物馆馆藏墓室壁画为主要研究对象，以此为例研究二维平面文物的数字修复流程，并建立一套适合博物馆馆藏平面文物数字修复管理的体系。墓室壁画为我国较早期的存留艺术品，在历史和美术史上有着双重重要的地位。美术史把自唐朝以前称为"无名的美术史"。所谓"无名"[16]有两层意思，一是没有绘画实物（卷轴画）留存，二是很少有画家留名。对于这段美术史的研究，主要依靠考古挖掘获得的墓室壁画作为重要依据。

1. 研究目的

本书以高清采集到的墓室壁画数字信息为研究对象，通过对其中残存的信息进行画面主体布局、轮廓线条与颜色种类等特征分析，以及块状与细长状病害形态分析、多尺度数字修复技术研究、无参考客观评价等系列研究。模拟墓室壁画实体修复流程，建立一整套墓室壁画数字修复体系。达成如下目的。

（1）非接触式获取墓室壁画残存信息，提取修复数字档案。墓室壁画历经千年，其残存的信息是修复时最重要的依据。本书研究的目标是，希望通过以数字修复技术为主要手段，以提取墓室壁画修复档案记录要素为目标，通过大量的技术方案分析与对比，研究适合墓室壁画进行残存信息获取的处理技术。因为墓室壁画残缺不全，又仅此一幅，所以无法确定其本来的面貌。本书从分析墓室壁画的轮廓曲线、画面与颜色分布、结构层与纹理层的特点入手，提取墓室壁画相关信息，并以此作为可参考有效信息源引导数字修复过程中的信息采样、样本尺寸设定与约束合成过程。非接触获取的墓室壁画特征信息作为数字修复档案素材留存于博物馆信息中心，以便于实体修复过程中的查询与比对。

（2）无损提取墓室壁画特定的病害信息，形成病害分布图。计算机进行数字信息重建过程需要定义缺损信息区域与可参考有效信息区域，这便是输入处理器的寻径地图，即数字修复的数据模型。本书依据墓室壁画病害与图示[17]相关内容对墓室壁画现存病害信息特征进行分析，将泥渍、龟裂、裂缝和断裂等病害特征进行了比对，以确定形态特征不同、修复尺度不同、危害程度不同的病害数据模型，并依据修复需求进行多特征、多尺度标记。墓室壁画信息缺损情况比较复杂，因病害影响导致的画面信息退化类型各不相同，特定病害种类的数据模型的建立，为墓室壁画提供必要的数字病害分布图，也为后期的数字修复提供掩模信息。

（3）建立满足高清墓室壁画修复需求的数字修复方案，重建画面中缺损的信息。墓室壁画的数字修复过程以掩模信息作为需要被填充的区域，充分考虑墓室壁画现存的有效信息，模拟文物修复师手工修复的过程，采用合理的填充策略来完成。本书通过研究现有典型修复模型，将复杂的墓室壁画信息分为小尺度缺损区域与大尺度的缺损区域，选用不同的修复方案来完成。对于小尺度缺损区域采用信息能量扩散的方案，保证重建数据最大可能地体现客观真实性；对于大尺度缺损区域采用样本合成的方案进行纹理填充，尽可能地达到视觉完整；数字修复模型的重建与填充过程，要充分考虑画面的纹理特征与绘画风格，针对高清墓室壁画采集信息的数据量过大的问题，对信息源进行分镜头处理，并降低样本冗余度与跨镜头采样，以此进行修复方案的改进；对于整幅墓室壁画分块间的大量信息缺损设计结构约束下的填充策略，以修复的手段完成分块间的拼接。针对画面上层纹理信息和下层结构信息，以及形态学成分等多角度改进修复模型中的优先值选取策略，采取相似度准则和信息扩散方式，满足墓室壁画数字修复的需求。

（4）设计一整套符合墓室壁画实体修复流程，可反复修正，不断适应优化的数字修复体系。综合信息分析技术、信息处理技术、信息复原技术与信息网络共享技术，搭建交互式平台，实现墓室壁画高清数字信息的二次利用。建立针对博物馆官网的在线浏览用户、远程文修专家、数字修复技术人员与博物馆管理者之间的网络连接。通过对数字修复过程的动态展示与修复方案比对，收集多角度评价与反馈，实现交互式线上修复方案讨论，缩短墓室壁画修复方案的论证周期。对修复方案进行预演，利用文修专家的经验，避免出现实体验证过程中的二次损毁风险。建立一整套以高清采集墓室壁画为信息处理对象，能够实现非接触、无损的、可复现的墓室壁画数字修复体系。

2. 研究意义

墓室壁画数字修复技术的核心是通过计算机模拟手工修复的过程，利用墓室壁画中残存的可靠信息，对信息缺损区域进行填补，恢复画面的完整性和最初的视觉效果。该技术[18]不需要直接处理原作，可在修复对象上进行不同策略的修复实验，并可根据需求反复调整，最终产生修复效果图。由于它具有可视性好、可重复设定和完全非接触性的特点，已在老电影的数字修复[19]、老照片的数字修复[20]、目标隐藏[21]及图像编码等[22]方面均有应用。

本书针对墓室壁画的保存现状，利用已经采集的高清画面的数字信息，研究其数字修复体系。对于墓室壁画的数字修复与信息保护的意义如下。

（1）墓室壁画经过千百年来自然环境的变迁，受到各种各样的病害侵袭，其复原工作需要经过漫长的清理灰尘、加固结构、填补缺损等修复步骤。仅仅是清理表面附着的污染物，如墓室壁画剔土往往需要近 1 个月的时间。一幅长 1.5 米，宽 1 米的墓室壁画分块修复完成就要半年之久，整个画面修复工作完成要 2～3 年。很多珍贵的墓室壁画由于修复过程较为复杂，展出时间相比出土时间要滞后几十年。建立数字修复体系，能够缩短墓室壁画出土后与进入博物馆展览所需的时间，特别是在数字化博物馆里几乎所有墓室壁画的数字影像都可以对游客展示。

（2）部分墓室壁画由于损坏比较严重，画面开裂、起甲的地方面积较大，一旦修复不当就会碎成粉末，修复效果难以预料。若一直得不到修复，这些墓室壁画可能将永无见天之日，资料库里也只能保存它们破碎不堪的样子，使文修专家对其后期研究受到了限制。数字修复可在对墓室壁画展开实际修复工作之前，对修复方案进行预演，将修复好的数字效果递交给文修专家进行评估，这样一方面不会对本来已经很脆弱的墓室壁画造成二次损坏，另一方面方便文修专家可尽早对墓室壁画的历史价值展开研究。

（3）大部分刚刚出土的墓室壁画颜色鲜艳、造型完整，出土后由于氧化的原因，其颜色很快变暗，或者画面因外界环境的突然变化而剥落、碎裂，无法再保持其在地下时的样子。因此数字修复技术利用出土瞬间采集到宝贵的二维图像信息进行辅助修复和展示就显得非常必要了，利用这些修复后的图像，人们可以了解墓室壁画本来的面目。

（4）对于入库后的墓室壁画，博物馆会尽可能地使库房保持密闭稳定的环境，出土后的墓室壁画会在这里保存短则十年长则几十年。只有修复方案通过论证后才会启动出库修复环节。一旦出库，对墓室壁画信息的残存则是很大的考验，判断失误会使墓室壁画仅存的信息雪上加霜。通过本书研究的数字修复模型，利用交互式远程论证的方式降低了墓室壁画盲目出库的风险，有利于博物馆管理人员对墓室壁画从出库到进入修复部门，再到进入展厅的流程进行合理规划。

（5）本书针对高清墓室壁画数字修复过程中样本群体量过大，全局遍历迭代不可行，且画面修复精度与尺度差异化等问题的解决方法为①通过优化变分PDE类修复模型的扩散过程，实现多尺度分层修复，满足画面不同区域、不同修复精度的需求;②通过改进样本合成类修复模型的填充策略，设定冗余阈值，降低高清信息冗余度，自适应选取样本尺度与样本区域，提高样本选取的精准度，降低迭代次数，满足高清大数据量样本相似度运算与跨境头多样本的修复需求。

数字修复通过对高清墓室壁画进行信息重建，为画面复原工作提供先进的技术支持，对全方位的墓室壁画保护和更深层次的文化传承起到不可估量的作用。从文物保护的角度看，数字修复可减少在实体修复方案制订过程中，对墓室壁画本体所做的压膜、临摹描绘、化学取样实验，以及局部画面修补实验过程的损伤。从文化宣传的角度看，数字修复可使墓室壁画进行数字化展示，扩大其信息传递的范围，形成丰富的数字化文史档案信息，为墓室壁画的持续性研究提供珍贵的素材。

1.2 研究动态及待解决问题

1.2.1 博物馆数字修复的研究动态

随着数字信息处理技术的发展，文化遗产数字信息的采集、存储，以及数字修复与重建成为文物数字化保护的新型手段。各国政府、高校和研究机构均设立了大量相关科研项目，并多次举办国际会议探讨与推进文物数字信息的保护和重建技术。研究如何用数字信息处理技术重现古代文明的风采。

欧盟（EU）于 2001 年开始的围绕土耳其 Sagalassos 遗址的 MURALE 项目[23]，利用采集的 3D 信息，建立古遗址重建方法，开发了一系列综合利用多媒体数据库、虚拟重建和可视化的信息处理技术。2008 年，陕西文物保护研究院与美国西北大学合作的数字水陆庵项目[24]，历时 5 年通过二维高清晰数字摄影与制作、虚拟漫游拍摄与制作、古建筑的三维测量与测绘及建模、三维扫描与制作技术完成了水陆庵全景重建与数字展示。巴黎科学工业学院与里昂人文高等师范学院共同开发了一个名为 Visite+的信息系统[25]，该系统以数字图像与影音的方式向观众在线展示馆藏珍品。2008 年至今共有 7 次博物馆展览启用了 Visite+系统，共有 57 万名参观者使用该系统进行参观，28 万人次登录网络日志，1.3 万人成为会员。斯坦福大学的 Forma Urbis Romae 科研计划[26]，通过 Cyber ware 三维扫描仪对 Michelangelo 遗留的 1163 片大理石碎片进行数字化，产生 80 亿个多边形点云图形和 6000 张彩色照片。通过对碎片进行数字拼接，完成了传统手工拼接方法几乎难以完成的任务。普林斯顿大学和 Akrotiri 考古研究院等[27]机构合作展开对 Akrotiri 遗址的破碎墓室壁画 Theran 重新组装与数字修复的研究工作，设计出一套墓室壁画碎片数字化系统及碎片拼接的方法，实现了碎片的虚拟拼接和修复。2009 年北京师范大学周明全[28]教授团队通过三维扫描仪采集破碎兵马俑碎片，建立了一整套可以辅助秦始皇兵马俑彩绘陶俑立体信息修复与纹理贴片的系统。2011 年我们团队[29]与陕西历史博物馆合作进行章怀太子墓《马球图》数字修复项目的研究。完成了多相机阵列高清采集的唐墓室壁画分镜头的拼接、整理与数字化修复工作，模拟墓室壁画修复过程中的酸洗、描线图、自动提取病害环节，建立了一整套可以修复地仗区域、胶印区域和早期错误修补区域的数字修复系统，并获得一项相关专利。意大利 Cineca 视觉信息技术实验室（VisitLab）积极开展 CG（Computer Graphics）电影和其他 ICT（Institute of Computer Technology）应用，2014 年 10 月至今在伊特鲁里亚博物馆和博洛尼亚历史博物馆进行了近 8 万人次的馆藏文物信息的交互式动态联合展览，以一种新的方式来构思博物馆的文化传播战略。

随着数字博物馆、智慧博物馆的发展，在馆藏文物数字信息处理与信息管理需求下，综合利用数字信息处理技术的新成果为博物馆馆藏珍品建立合理、完整的数字修复体系已成为各国文物保护的新战略。

我国早期的馆藏文物数字信息修复与重建项目多以国际合作为主，一方面因当时国内的数字信息处理技术还不够成熟，无法满足文保单位的需求；另一方面用于采集、分析、处理数字信息的设备昂贵，博物馆技术人员又配备不足，完全由我国自主研发的数字修复系统并不多，很多文史资源调阅受限。例如，数字水陆庵的项目，所有采集的信息都存储在远程服务器上，我们的文保技术人员需要有访问权限才能够看到高清信息。近年来我们也在开展文物数字化保护的学术研究，联合各个高等院校与研究院所，搭建合作平台，期望在技术研发与应用领域中有所突破。利用前期采集的大量数字化信息，自主研发满足博物馆管理需求、符合我国传统修复工艺流程的数字修复体系。

1.2.2　数字修复技术的研究动态

数字修复技术（Digital Inpainting）是 2000 年在新加坡举行的 SIGGRAPH 国际学术会议上，由 Bertalmio、Sapiro、Caselles 和 Ballester 共同首次提出的，即著名的 BSCB 模型[30]。这是数字修复概念出现后提出的第一个修复模型，其通过模拟流体力学扩散过程中的 N-S 方程（Navier-Stokes Equations），将缺损区域周边的像素向信息缺损区域扩散，然后通过设定扩散方向，不断地迭代使有效信息源沿着等照度线逐渐扩散。该模型为数字修复技术的发展奠定了基础，明确了信息填充的基本思路，但是存在运算过程过于复杂、迭代耗时过大的缺点。随后，UCLA 的 Chan 等在 BSCB 模型基础之上提出了整体变分（Total Variation，TV）模型[31]和曲率驱动扩散（Curvature-Driven Diffusion，CDD）模型[32]。整体变分模型采用能量泛函最小化过程，求解缺损区域丢失的信息。CDD 模型在整体变分模型的基础上又加入了信息的曲率变化参数，改善了缺损区域边缘处的修复效果。它将 BSCB 模型中流体扩散方程求解高阶偏微分导数的思路，转换为求解变分能量泛函的过程，因为后者也可以写成高阶偏微分导数公式，所以又称为变分 PDE（Partial Differential Equation）类模型。同时期，Wei 和 Levoy[33]通过在 Ballester 等[34]提出的基于像素的纹理合成算法基础上，增加了信息灰度值梯度方向插值算法，开启了纹理合成类修复技术的先河。其修复模型利用马尔可夫（Markov）随机场性质，将待修复的像素赋值为邻域最优匹配点的像素，在修复拓扑结构的同时可保证纹理信息的延伸。基于像素的纹理合成修复算法虽然效果良好，但是逐点修复的方法大大影响了其时效性。Zelinka 等[35]为了提高修复速度，建立了基于跳转映射（Jump Map）的修复模型，在一定程度上提高了修复效率。随后，Efros 等[36]提出了基于纹理块填充的修复模型，利用在有效信息源区采集与待修复块同样大小的纹理块，通过定义纹理块之间的相似度准则，寻找最优纹理块，提高了修复的视觉效果。修复效果突出并受到广泛认可的纹理合成修复模型是 2003 年由 Criminisi 和 Toyama 等[37]提出的基于样本合成的修复模型，该模型提出一种全新的思路，以固定的样本块为对象，结合了信息缺损区域边缘的等照度线法线方向矢量，以样本块填充的方式进行缺损区域的填充，兼顾了结构与纹理，在提高修复效果的基础上，相比较像素填充的修复模型，减少了时间复杂度。该模型是目前数字修复技术的研究热点。

随后数字修复技术朝着两大类分支各自发展，一类是针对像素扩散修复，模型建立过程以模拟物理扩散方程或求解能量泛函方程为基础，以离子或元素的方式进行信息重建；另一类是以信息块纹理合成技术为基础，通过不规则碎片或规则样本块合成的方式重建缺损信息。数字修复技术发展分支的关系如图 1.2 所示。

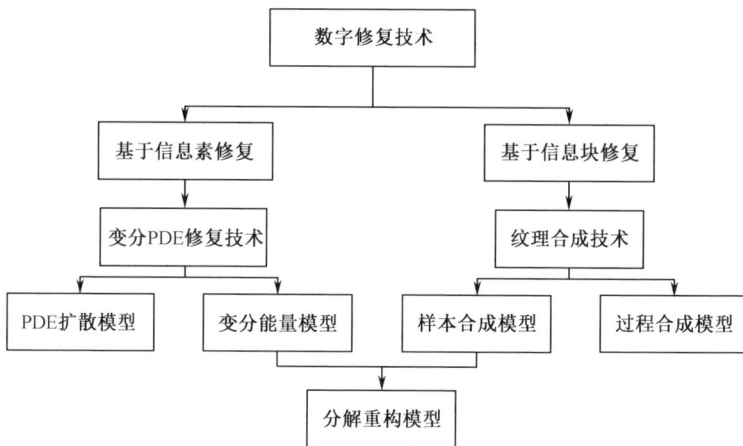

图 1.2　数字修复技术发展分支的关系

1. 基于像素扩散的数字修复技术

其修复思路是将有效信息区域视作信息源，将待修复区域视为空洞，通过在待修复区域的边缘建立扩散方程，模拟边界临近有源区域向空洞进行信息源流入的过程。该技术对待修复区域的拓扑结构没有限制，仅限于局部区域的信息扩散，通过高阶偏微分求导或泛函求极值达到信息重建的目的。因为 PDE 与变分法都可以表达成高阶偏微分导数的形式，所以该类技术统称为变分 PDE 类修复技术。

针对变分 PDE 类修复技术的研究，主要围绕建立扩散方程和能量函数，并通过不同的影响因子去引导扩散方向或泛函收敛的过程。2002 年 Esedolu[38]引入 Mumford-Shah 扩散模型，通过校正高阶有界变分方程，提高像素扩散的效率。2005 年 Chan[39]在原始 TV 模型中加入了欧拉-拉格朗日方程，约束了扩散方向。2006 年 Bertalmio[40]采用 N-S 扩散过程，优化三阶 PDE 方程，增大了扩散强度，保证了结构的延续性。Tschumperlé[41]在热扩散方程的基础上，采用高斯函数与张量参数引导扩散方向与强度，大大加快了扩散的速度。2007 年 Barcelos[42]在 Mean-Curvature-Flow 扩散模型基础上，修正了像素点的扩散方式。2008 年仵冀颖等[43]利用亥姆霍兹涡量方程替代流体扩散方程完成像素的扩散。2009 年，Chan 等[44]在 TV 模型基础上，提出一种小波域的快速修复算法，通过只修复小波分解系数，提高了修复的效率。2011 年 Humphrey[45]在 TV 模型基础上，通过增加辅助变量把单变量函数替换为双变量函数，实验结果证明该算法提高了 TV 模型的修复效率。2012 年 Arias[46]通过对比非纹理信息的修复和填充模型，引入 Deep-Map 参数改进了扩散方式。同年，Ebrahimi[47]在 BSCB 模型上采用二维 Navier-Stokes-Voight 模型进行改进，通过解泊松方程求解最小能量获取待填充像素。2013 年 Badeau[48]采用 EM（Expectation-Maximization）改进 Kalma 滤波器，通过平滑扩散修复缺损区域的低频信息。J. Spirik[49]利用 K-SVD 奇异值分解改进扩散方向，经训练后建立扩散方向库，引导已知信息扩向未知信息区域。Bosch 等[50]采用 Cahn-Hilliard 变分不等式求解二值图像的缺损信息。Abderranhim 等[51]采用拉普拉斯方程通过机器学习优化了修复过程。2015 年 Bosch 等[52]在 N-S 方程的基础上将 Vector-Valued Cahn-Hilliard 方程扩展到多灰阶信息的修复方法中。Afonso 等[53]通过整体变分（TV）模型对未知缺损区域的信息进行检测，生成 mask 掩模，实现盲修复。2016 年 Barbu[54]提出基于二阶偏微分方程的变分模型，通过建立非线性二阶欧拉-拉格朗日扩散模型，采用有限差分的离散化方案，实现各向异性扩散的修复模型。紧接着 2017 年他[55]又提出一种基于非线性抛物型偏微分方程（PDE）模型的各向异性扩散。设计新的边缘停止函数，使用稳健的基于有限差分的数值逼近唯一弱解。2018 年 Benseghir 等[56]将各向异性扩散过程与边角增强冲击滤波相结合，利用偏微分方程对非线性结构张量进行改进，提高了算法的准确性和健壮性。2020 年 Halim 等[57]提出四阶各向异性扩散的灰度图像修复模型，利用时间上的凸分裂和空间上的傅里叶谱方法，导出了一个无条件稳定的数值格式，具有很好的一致性和收敛性。

像素修复算法中的 PDE 模型与变分技术均可表达为高阶偏微分方程求解过程，其中以 TV 模型与 CDD 模型最为典型，用它们作为基础的改进算法较多，能较好地模拟光照过渡状态，修复底层结构信息效果比较自然。此类以扩散方程为研究核心的像素推导算法，可靠性强，填充结果更为客观。但是当修复对象有丰富的纹理细节时，其与相邻像素之间的紧密数学依赖关系，使得修复结果容易出现因平滑产生的模糊现象，一般适用于纹理信息较少且缺损区域尺度较小的数字信息重建领域。因此，本书在研究过程中选择此类修复模型进行墓室壁画中划痕、裂缝等小尺度缺损区域修复，或者对画面信息分解后产生的纯结构信息的重建。这类修复技术因为其适用范围所限制，并且算法模型较复杂，技术瓶颈不容易突破，所以近年来的发展较为迟缓。

2. 基于信息块合成的数字修复技术

其修复思路是基于纹理合成技术，利用残存纹理信息进行相似度计算，寻找最优相似块填充待修复区域。该类型修复算法结合信息处理的各种技术，力求修复效果逼真，涌现出大量的新方法。

1）过程纹理合成

过程纹理合成是直接模拟纹理特征，以函数的方式生成所需的纹理数据，是一种纯粹的纹理填充过程。2007 年 Haindl 等[58]采用双向纹理函数（Bidirectional Texture Function，BTF）计算不同纹理的照明参数与纹理粗糙程度，以纹理的 BTF 参数进行合成过程的调控。2008 年 Kuo 等[59]提出一种将修复过程与灰度梯度相关联、以自适应修复的方式保证结构的正确传播，并且在一定程度上提高了修复效率。2010 年 Peyré[60]提出利用 Grouplet 驱动纹理合成过程，通过分析纹理信息的合成方向，依据几何流动过程扩展纹理合成，对于自然纹理合成效果显著。2014 年 Pandya 等[61]通过建立纹理库，设计稀疏冗余字典，通过字典中的纹理块映射填充信息缺损区域。同年，Favorskaya 等[62]通过对信息进行预分割为不同均质的纹理类型，解决了 SOM（Self-Organizing Map）中对不同纹理程度计算耗时的问题，可实现纹理较为复杂的修复需求。2015 年 Ruzic 等[63]通过内容感知的马尔可夫模型，采用高斯模型建立非线性系统生成平稳纹理，在保证修复效果的基础上大大提高了修复效率。2017 年 Galerne 等[64]用传统的高斯条件模拟算法求解条件样本采样的过程，在平稳高斯纹理的情况下，可以通过共轭梯度下降有效地完成大孔洞的修复。

过程纹理合成可以解决大面积匀质纹理信息缺损情况的修复问题，对于纹理块相似度高、待填充面积大的修复效果较为理想。其优势在于修复效率较高，可用于修复占据整体待修复面积一半以上地仗层的快速纹理合成。但是当壁画纹理细节较为复杂时，该技术在修复效果中常常会产生相似纹理重复率高、纹理质地均匀不宜体现信息梯度变化、纹理细节表现较差等现象。

2）样本填充

样本填充可以综合修复结构信息和纹理信息，平衡二者权重引导修复过程收敛。2003 年 Criminisi 和 Toyama 等[37]在纹理合成的过程中引入等照度线变量，将纹理信息修复与几何信息修复统一起来。通过定义置信度函数和数据项函数，共同约束修复顺序中优先值计算的结果。按照计算填充前缘的优先值大小，确定样本块的修复顺序，并设立样本相似度准则，在已知区域寻找最优样本块，通过不断迭代填充，完成兼顾纹理与结构的修复过程。在此基础上，2006 年 Komodakis[65]采用置信度传播（Belief Propagation，BP）的方法，改进原始样本修复全局贪婪检索的方法，并用 MRF（Markov Random Filed）进行最优估计计算置信度的传播过程。2008 年 Wong 等[66]采用非局部-均值法扩展可参考样本，改善了原始模型在搜索相似样本时的局限性，优化了修复效果。2009 年 Wohlberg[67]采用稀疏线性组合生成新的可参考样本，丰富了样本资源，提高了修复效果。2011 年 Nishihara[68]扩充了修复过程中可参考样本源，通过简单的样本进行移位的方法，产生更多相似样本块。该方法可使样本填充过的边缘结构更加自然。2012 年 Hesabi 等[69]在计算优先值的过程中，加入待修复对象的稀疏特性，充分考虑了待修复区域周边样本块的相似性，可加速修复效率。2014 年 Daisy 等[70]采用结构张量进行最佳样本选取，并优化了填充策略，其在效果与效率上均有提升。2015 年 Maugey 等[71]采用局部线性子（Locally Linear Embedding，LLE）引入新的递归聚类方法，缩小样本候选范围，对于填充待修复区域中孔洞的效果良好。2016 年 Siadati 等[72]对 Criminisi 经典算法采用结构张量对不同信息块的结构权重进行重新定义，加强了结构因素的影响，对边缘结构缺损修复的效果良好。2018 年 Karos 等[73]提出基于样本的数据优化方法，通过迭代来强化已知数据，对非局部像素交换进一步改进数据掩模，使其对稀疏数据样本修复效果有显著的改进。2019 年 Reshniak 等[74]利用图像在选定特征域内的自相似性，引入各向异性的距离度量控制图像内的特征选择，约束了纹理样本的修复过程。

近些年因纹理合成类修复模型具有较好的适用性，数字修复技术的研究热点主要集中在此类修复算法的优化和改进方面。算法在相关文献中所占比例超过一半，特别是基于样本填充的修复模型，它能很好地兼顾纹理与结构信息的修复，是数字修复技术中发展最快的一类。

3. 基于分解思想的修复技术

变分 PDE 与纹理合成两大类修复技术的研究均有持续发展，且各自有侧重点及其适用性。以像素为单位进行修复，通过建立数学方程对缺损信息进行计算，修复结果更为客观，但是只能修复小尺度的缺损信息，当信息缺损区域较大时会出现因像素间强数学关系导致的模糊现象；以信息块为单位进行修复，通过寻找最优匹配块，合成信息缺损区域，修复视觉效果逼真，但其过程中受到可利用信息块的大小、数量和图像本身纹理复杂度的影响，修复过程容易出现垃圾块堆积。因此有一种新思路就是结合二者的优点，扬长避短，采用在修复之前先对待修复对象进行分解，分解为纯纹理信息与纯结构信息，再分别用 PDE 类的算法修复纯结构信息，用样本类的算法修复纯纹理信息后，将两部分修复结果重构以得到更好的修复效果。

分解思想的修复技术由 Bertalmio 等[75]于 2003 年提出，通过变分 TV 振荡子得到平滑后的待修复对象信息作为纯结构部分，再将其与原始信息做差计算得到纯纹理部分。然后，分别采用变分 PDE 类算法与纹理合成算法进行信息重建。最后，重构两个修复结果，获得最终修复效果。这种方法相较于单纯某一种方法的修复效果均能表现出更好的结果。2005 年 Elad 等[76]采用主成分分析法（MCA）将待修复对象的纹理部分与结构部分用不同的稀疏字典进行映射，先在对应部分的信息上进行修复，再进行稀疏重构获得修复结果。同年，Chang 和 Shih 等[77]通过傅里叶分解函数对待修复对象进行分解，分解过程调整傅里叶系数值，实现自适应分解。2015 年 Desai 等[78]用 DCT 变换的正交基进行稀疏分解，并比较分析贪婪算法与松弛算法在分解图像中的修复效果。2016 年 Thai 等[79]提出基于傅里叶全局分解技术，将待修复对象依据定向总变差范数分解为三个部分，分别进行修复后重构提高修复效果。2017 年 Alilou 等[80]利用奇异值分解生成近似矩阵，并用该矩阵重构目标区域，近似矩阵采用原始图像的灰度复制，提高对图像的全局分析，结果可去除伪影。2019 年 Ghorai 等[81]提出了一种基于多金字塔分解的图像修复算法，利用局部样本统计和基于几何特征的稀疏表示来保持纹理和结构的一致性。我们团队也分别在小波域[82]和轮廓波域[83]对待修复对象进行了先分解再修复的模型研究。因此，在重建缺损信息之前，采用分解技术把信息分解为底层结构信息与上层细节信息两大类，然后分别用改进过的 PDE 类算法或纹理合成类算法进行修复实验，成为一种事半功倍的新思路。

目前，结合多种修复算法的优势进行综合处理，是数字修复技术的一个发展趋势。在本书所研究的馆藏墓室壁画残存信息的修复过程中，对于不同的缺损程度（如块状和块间）和病害污染类型（如裂缝、断裂和龟裂）选用不同的修复算法进行综合处理，比单纯使用某一种算法在修复效率与修复效果上均有所改善。

1.2.3　古代壁画数字修复技术的研究动态

古代壁画在历史与美术史上具有双重要的地位，受到了各个国家文物科技保护工作者的重视。随着数字修复技术的发展，针对古代壁画的数字修复研究也有了一些新的进展。2000 年希腊的 Pappas[84]通过计算机仿真比较 5 种数字色彩复原技术，寻求可以复原古希腊教堂壁画因氧化而产生的颜色蜕变。同年，意大利的 Barni 等[85]研究数字信息处理技术去除壁画中细小污染物的方法，利用图像去噪技术对绘画大师 Francesca 的壁画进行清洗流程预演，为实际修复过程提供参考。2007 年意大利的 Mastio 等[86]研究了虚拟重现与水印加密技术作用在壁画信息上的效果，并研发符合该国文物数字修复需求的软件。2008年希腊的 George 等[87]结合图像稀疏表示，并加入隐马尔可夫树模型，获取相邻像素小波系数的相关性，复原了希腊史前壁画。2009 年捷克的 Blazek 等[88]在壁画数字信息中的可见光与紫外光谱部分进行了图像配准与图像融合，分析了圣托里尼的国宝墓葬壁画 Thera 的老化过程，并实现模拟复原，修复效果虽因融合效果不佳导致壁画部分区域信息模糊，纹理细节丢失，但是达到了壁画整体结构的预览，给文物修复人员积累了更多的修复经验。2011 年捷克的 Benes 等[89]提出用图像分割与数字修复技术相结合，去除古代摩拉维亚壁画上的人为痕迹。2012 年印度的 Chanda 等[90]对古印度壁画建立了有效信息样本库，采用块匹配技术，用壁画库中有效信息块对残存壁画进行了修复预演。同年，Agrawal 等[91]通过检测 Vinayagar 神庙外围墙面壁画中的重复图案，模拟重复规则，利用高度相似分块，进行外墙壁画的数字修复。2013 年美国的 Karianakis 等[92]利用形态学算法进行德黑兰古代壁画的病害检测，并通过改进的 TV 算法对其进行了修复。同年，比利时的 Cornelis 等[93]采用图割技术检测壁画病害，自动标记根特祭坛壁画上错综复杂的缺损区域，并进行了数字修复。2014 年韩国的 Lee 等[94]建立了一个虚拟展示古代高丽国墓室壁画修复过程的系统，该系统拥有友好的人机界面并可以动态展示修复过程。2016 年印度的 Aswatha 等[95]建立了一套以数字修复技术为核心的一体化涂漆系统，重建帕斯帕提那神庙壁画的信息，采用双边滤波、样本源约束修复、色调处理和纹理梯度融合等技术实现数字油漆系统。2017 年英国的 Purkait 等[96]针对印度神庙壁画中无法进行物理修复的对称性图案进行了数字化修复，提出了一种基于样本相干纹理的合成技术，能够在保持空间一致性的同时将基于样本的扩散技术与高频产生技术相结合，从而使边缘同时锐化和去噪，可以有效地处理丰富多样的画面。2018 年泰国的

Jaidilert 等[97]将划痕检测程序与基于模型优化的修复程序相结合，建立了一种计算机辅助半自动修复框架。由用户给出少量的种子点，然后通过区域生长和形态学运算来计算划痕的位置，然后采用不同的变分补绘方法对缺损区域进行像素填充和颜色恢复。2020 年意大利的 Barra 等[98]针对意大利壁画碎片结构的分析，提出基于提取 SIFT 特征的壁画二维重建数字方法，在 DAFNE 数据集上执行，对假碎片的健壮性及包含假元素的片段集场景能产生比较好的效果。

在我国古代壁画数字修复技术研究领域，敦煌研究院对石窟壁画数字修复的研究贡献较为突出。敦煌研究院于 20 世纪 90 年代末与美国梅隆基金会、美国西北大学共同开展了"数字化敦煌壁画合作研究"项目，通过数字化高清采集累积的素材进行壁画颜色褪变模型的研究。由潘云鹤、鲁东明、刁常宇为核心的科研团队探索石窟壁画数字重建技术，在敦煌石窟、宁夏须弥山石窟、云冈石窟等地区进行了大量的石窟壁画颜色蜕变模型研究，形成了系列化的石窟壁画数字修复体系。他们所建立的国家级古代壁画保护科研基地对石窟壁画及其遗址的数字重建做了多方面的尝试，从早期的数字化采集[99]到建立壁画颜色模型[100]、轮廓模型[101]、褪色恢复[102]及虚拟重建[103]都进行了多角度突破性研究，其研究成果主要是对敦煌壁画色彩蜕变数字修复各环节的模拟。另外，2004 年中国台湾的 Pei 等[104]通过马尔可夫随机场技术，对我国古代壁画的残存信息进行扩散，重建壁画中信息缺损的区域，去除了壁画中的污渍与划痕。2009 年 Liu 等[105]将样本填充模型中的全局遍历过程改进为局部搜索的方法，在一定程度上提高了古代壁画修复的可执行度，但是修复效果有所降质。随后其他研究机构也陆续以敦煌石窟壁画为对象进行了数字化修复研究，如西北民族大学王书文教授及其团队陆续对敦煌壁画基本信息的分割[106,107]，以及采用数字画面信息重建等[108-111]技术的研究。我们团队以唐墓壁画为研究对象，将其分块揭取，因其颜色素雅，内容与敦煌所表达的宗教素材完全不同，需要分析更多历史人文信息的特点，所以做了大量的研究工作，从 2012 年至今发表了大量的学术文章[112-121]。

我国古代壁画数字修复技术以敦煌壁画的复原为先例，主要侧重于画面颜色退化模型的研究。其受损原因主要是露天环境下受紫外线与风沙影响，病害突显状况表现为颜料褪色。而墓室壁画深埋地下，在被挖掘出土之前，其存留环境密闭，受外界环境和人为干扰较少，受损原因主要是地表沉降导致的地仗断裂、错位，以及出土后保存环境变化产生的画面开裂与起甲脱落。这二者信息受损机制不同，需要采取的修复方案也不同。数字修复技术可以模拟手工修复过程，参考画面残存的有效信息进行填充，该过程更加符合墓室壁画信息重建的要求。

1.2.4　墓室壁画数字修复面临的问题

在高清信息采集技术日趋成熟的条件下，大量墓室壁画也以高清信息的形式被采集和保存下来，影像数据是记录博物馆平面文物的重要媒体素材。以陕西历史博物馆为例，现有馆藏墓室壁画 500 余幅，其中一级品就有 100 多幅，来自 20 余座唐代墓葬，总藏量达 1000m²。其中，五大皇室墓穴——韦炯墓、永泰公主墓、懿德太子墓、房陵公主墓和章怀太子墓的数字化采集工作都已完成，生成了大量单幅（3×7m² 左右）数据量达几十 GB 数量级的高清壁画数字图像信息。由于 20 世纪中期考古发掘时技术条件、文物状况等因素，挖掘采用的是分块挖取的方法。因此墓室壁画不仅存在单幅画面信息缺损的问题，还存在分块壁画间大量信息待修复的问题。图 1.3 是章怀太子墓《马球图》的分块挖掘保存情况。

图 1.3　章怀太子墓《马球图》的分块挖掘保存情况

章怀太子墓《马球图》的画面高为 229cm、宽为 688cm[122]。其构图有起有伏、疏密相间，其中的人、马、山石和古树，都能给人一种古朴、典雅美感，是章怀太子墓陪葬的艺术品。因画幅较大，出土时被分割为 5 块进行揭取保存，使用瑞士的 Sinar P2 型大画幅技术相机和 Sinar 75LV 数字后背进行数据采集，其采集文件格式为 RAW，色域模型为 Adobe RGB。使用施耐德 APO 镜头和德国巴赫聚光灯进行照明。按照同一行的拍摄方向从左至右依次拍摄，相邻两张图像的重叠为 40%～50%，拍摄全程为非接触式、分镜头平行采集[123]。最终获取了每块数据量在近 10GB 以上的高清壁画图像，这 5 块的总数据量超过 20GB。《马球图》的采集量如表 1.1 所示。

表 1.1　《马球图》的高清采集数据量

编　号	B16-1	B16-2	B16-3	B16-4	B16-5
分块图/px	2210×1800	2220×1850	2270×1290	2510×1830	2060×2120
分镜头/个	24	27	12	24	27
数据量/GB	4.44	5.01	2.07	4.44	5.00

针对高清墓室壁画数字修复的实现，主要面临的问题如下。

（1）墓室壁画高清采集后的数据量较大，存在现有全局遍历迭代寻优的数字修复技术无法运行的问题。墓室壁画数据采集完成后，一个单独的分块画面就需要捕捉 20～30 个镜头才能完成，单个镜头的数据量为 180MB，拼接后得到的单幅画面分块数据信息高达 4～5GB。如此大的数据量用现有修复模型中全局遍历迭代寻优的方式，对于计算机的 CPU 运行具有很大的挑战性，即便是单个镜头也会因遍历时间过长，导致出现内存不够系统崩溃的现象。

（2）墓室壁画信息的残缺是粗暴的物理过程引起的，存在如何建立缺损信息区域的数据模型、检测病害区域及标记的问题。在数字修复体系中，需要通过建立数据模型告知计算机输入图像矩阵中哪些是有效信息源，哪些是待填充区域。而墓室壁画中无论是正常的绘画区域还是被病害污染的区域，对于计算机都是具有数据量的二进制信息，因此需要通过对墓室壁画中的病害区域进行标定，并建立掩模输入给修复模型作为填充区域设定的依据。

（3）墓室壁画残存信息受错综复杂的病害污染，存在修复需求画面尺度不同的问题。对于小尺度残缺区域、大尺度残缺区域、地仗区域、绘画区域、结构信息、纹理信息均需要采用不同的修复方案进行信息重建。当画面信息中含有大量信息冗余，大型墓室壁画分块间的大量重要绘画线条中断时，现有的单一修复技术无法兼顾完成，还需要对画面信息进行多尺度、分层、多模型的综合修复。

（4）墓室壁画无原始完整信息可比对，存在修复效果如何评价的问题。现有的画面复原效果评价都需要与原始信息进行参考。墓室壁画不仅没有原始画面完备信息可以参考，而且整个信息处理过程只发生在残缺区域，画面信息残存有效信息区域并没有任何改变。这属于病态性很强的反问题求解，需要依据人眼视觉心理学设计评价指标。

1.3　研究内容与技术创新

1.3.1　研究内容

本书从墓室壁画数字信息重建的修复需求出发，研究墓室壁画画面残存信息的现状，综合其画面轮廓线条、主体分布、颜色布局、表面纹理质感等多方面因素，建立墓室壁画的先验知识体系；利用墓室壁画病害库中泥渍、龟裂、裂缝和断裂病害的图像特征，研究这些形态相似、危害不同的病害检测指标，并针对现有数字修复技术在进行高清墓室壁画信息重建过程中遇到的难点，从修复尺度、扩散过程、填充策略、样本取样方式和约束合成等多个角度进行修复模型的改进与优化。设计符合视觉心理学无参考的客观评价方法，建立交互式数字修复平台，为博物馆管理人员提供快捷、安全的数字修复体系。

1. 研究墓室壁画残存信息中的先验知识

本书研究如何在高清数字墓室壁画信息中提取有效的可参考信息，挖掘可以引导修复过程的先验知识，其研究内容如下。

（1）研究能够约束修复范围的先验知识。墓室壁画的绘画过程是先勾勒轮廓再进行细节的描绘。当画面有大面积缺损时，数字修复的填充过程容易因为垃圾样本导致结构错位。因此，通过残存的画面信息提取其轮廓线，并不断改进边缘提取检索算子的功能，提炼能够满足约束画面修复过程中线图信息的方法。

（2）研究能够调节修复精度的先验知识。在信息重建的过程中，绘画层与地仗层因修复尺度不同，需要设定不同的权值，为保证绘画层纹理细节与地仗层的颗粒质感，建立全包含绘画区域，调节绘画区域的弹性能量、弯曲能量、图像势能等本质特性的动态收缩，并通过边缘检索的初始轮廓约束形变过程，提炼能够满足非接触提取墓室壁画主体与背景占比信息的方法。

（3）研究能够划分修复采样区域的先验知识。画面的颜料主色遵循"五行色"原则，以其为标准预设分类准则，改进聚类过程中的差异化原则，对不同颜色空间进行聚类分析，提炼符合画面颜色信息分布的无损分类方法。

（4）研究能够提供分层修复信息的先验知识。墓室壁画修复过程中选择像素扩散或信息块填充两种角度进行修复。先分析画面质感，设计轮廓波能量纹理复杂度描述因子，然后依据纹理复杂程度的不同，将墓室壁画在频率域自适应分解为纯结构信息与纯纹理信息，最后提炼出可以对其进行分层稀疏表达的分解方法。

通过对残存信息中先验知识的研究，可在后期修复模型的建立过程中，对信息源的选取依据、样本模板大小的设定、优先值策略的改进，以及合成约束条件都有很重要的指导意义。

2. 研究墓室壁画病害信息的数据模型

针对墓室壁画病害污染区域尺度和形态的不同，需要研究块状大尺度病害掩模的数据模型和线条状小尺度掩模的数据模型，研究内容如下。

（1）研究不同特征描述下病害区域的参数，并结合纹理、色度、亮度等角度综合对画面中分布状态和位置不同的病害进行标记，用以建立地仗层和绘画层的数据模型。

（2）研究对不同的尺度、病害种类和分割标准墓室壁画病害污染区域的标定方法,通过数学形态学滤波来设计多尺度结构元素，依据现有病害图示指标，建立墓室壁画病害信息缺损区域的数据模型。

病害标记图不仅是墓室壁画修复需要存留的数字档案，更是修复过程中依赖的重要参数。通过大量的实验比对，设定不同病害的界定阈值，建立非接触、多特征、多尺度检测标准。通过对墓室壁画病害数据模型的研究，可满足不同大小、不同分布状态的修复尺度需求，在修复过程中，既不能遗漏污染对象，也不能使修复结果丧失质感。

3. 研究墓室壁画缺损信息的修复模型

针对墓室壁画的不同修复需求，通过研究可以实现多尺度、分层、大数据量的信息修复模型，其研究内容如下。

（1）研究小尺度信息缺损重建的像素扩散类修复模型，将此类模型以像素为基本重建单元，其扩散过程需与墓室壁画小尺度病害的缺损方向相关联，通过调整有效信息源扩散方向，进行高阶偏微分求导，可提高修复效果。

（2）研究大尺度信息缺损重建的信息块填充类修复模型，改进优先值计算方式，增加颜色项，并将获取的先验知识与样本尺寸同取样区域相关联，可优化样本块的填充策略。

（3）研究不同小波纹理能量引导的自适应样本修复模型，通过对墓室壁画中不同绘画对象的小波纹理能量参数，改进样本填充优先值的计算方式，增加数据项的比重，自适应调整不同纹理能量区域的修复填充收敛过程。

（4）研究高清采集的数据信息冗余程度，设立高清信息相似样本的冗余门限，降低需要遍历的样本量。研究单镜头分块修复过程中信息源不足，扩大可参考样本量。在进行样本采集时，通过参考相邻样本与跨镜头相似图块来增加有效样本量。

（5）研究结构张量约束修复优先值的修复模型，通过结构张量统计对墓室壁画结构信息进行分析，约束样本的填充过程，侧重结构信息的连贯性。

（6）研究马尔可夫随机场测算样本匹配相似度的修复模型，通过马尔可夫随机场对墓室壁画纹理信息进行统计分析，计算带填充样本的匹配度，侧重纹理信息的合理性。

（7）研究墓室壁画的形态学成分分解对于底层结构信息与上层纹理信息分

解的修复模型，通过改进分解过程的迭代收敛过程，使其在保证收敛效果的前提下，加速收敛效率。

（8）研究大幅墓室壁画分块间大量关键结构信息中断的修复模型，通过曲线拟合方式先建立块间结构信息的重建，再进行结构约束的大量样本填充的修复模型。通过对墓室壁画缺损信息的修复模型的研究，可实现分层、叠加修复等不同方案。

4. 研究墓室壁画交互式数字修复管理平台

针对墓室壁画交互式数字修复管理平台的研究内容如下。

（1）研究对前期获取的先验知识信息、数据模型信息、数字修复信息进行分析与评价的方法。墓室壁画因无原始信息可供参考，且修复结果因缺损面积、修复尺度、填充顺序的不同并不完全与初始条件呈线性关系，具有很强的病态特性，需建立基于纹理分形维数、块效应因子的无参考评价方法。从上层图像信息与底层图像信息两个方面综合考虑，对不同修复方案进行客观量化评价。

（2）设计交互式数字修复管理平台，通过对修复效果进行主、客观评价，并可上传远程文修专家对修复方案的指导意见。实现综合主、客观评价结果，同时可充分借鉴远程文修专家经验与博物馆管理的需求，及时修正与制订修复方案。

1.3.2　技术创新

本书技术创新的主要内容如下。

（1）从文物数字信息分析与重建的思路出发，以墓室壁画为例，依据贝叶斯（逆概）公式，通过对已知残存信息求解原始信息的推导过程，构建了包含墓室壁画残存信息先验知识、墓室壁画病害信息数据模型、墓室壁画缺损信息修复模型三大部分的数字修复体系，可非接触、无损、重复预测修复效果，避免盲目进行实体修复导致的文物损毁，缩短墓室壁画从出库到进入展厅的周期。

（2）提出一套基于边缘提取、能量泛函形变分割、五行色聚类分析、轮廓波能量自适应频率分解理论，动态、自适应提取墓室壁画主体与背景的占比信息，以及颜色分布信息、结构信息与纹理信息等墓室壁画数字档案的方法。替代现有的人工压膜、手绘、测量的方式。该方法不受人为因素影响，结果更为客观。所提取的信息是数字修复体系中的先验知识，可引导修复取样、匹配和合成的过程。

（3）建立基于图像特征统计与数学形态学分析理论病害污染区域的数据模型。通过多通道数学形态学滤波排除复杂背景干扰，设计多特征、多尺度结构元素的高帽算子与低帽算子，增强亮度跳变的细节信息。对形态不同、尺度不同、危害级别不同的病害进行分层提取与标记，生成掩模信息，可满足不同修复精度需求。二值掩模信息是区分有源区域与无源区域的寻径地图，是数字修复体系中的数据模型，可引导信息从有源区域向无源区域流动。

（4）建立满足墓室壁画高清信息重建需求的修复模型。以变分 PDE 扩散与样本填充方法为基本重建策略，针对修复过程中面临的不同信息缺损尺度、高清大数据量样本、分块之间的关键信息丢失等问题，改进像素扩散方式、优化信息块填充策略、设计样本冗余门限、跨镜头扩充可参考样本源、约束结构信息、匹配纹理信息、分解图层、曲线拟合约束合成过程等多种策略，以实现多种修复方案的效果预演。

（5）设计基于底层视觉与上层视觉分析理论的无参考客观评价因子。依据格式塔视觉心理学，从格调与细节的视觉层面进行分析，采用分形维数描述纹理细节的本质特征，用块效应因子描述整体格调过渡的自然性，建立可以辅助评价墓室壁画修复效果的无参考客观评价因子。

1.4　研究方法与技术流程

1.4.1　研究方法

为了建立一整套数字修复体系，本书遵循墓室壁画的保护规范[124]与修复环节中所需要的各种档案规范[125]，依据墓室壁画实际修复流程，通过对墓室壁画修复需求的分析，将现有修复方案制订与实体修复过程遇到的困难和修复风险，采用下列研究方法实现墓室壁画的数字修复体系。

（1）基于改进梯度算子的线图提取方法。该方法能够通过优化滤波函数，改进梯度算子的策略，对 Canny 算子的线图提取过程进行调整，并增加非极大值抑制环节降低噪声的影响，运用阈值和多邻域联通得到墓室壁画线图轮廓的先验知识。

（2）基于能量泛函控制的形变分割方法。该方法能够通过设定绘画层主体内部能量与外部能量的平衡准则，引导轮廓发生形变，动态分割画面主体与背景信息。利用双阈值边缘检索算子光滑无假边缘的初始轮廓，能最大限度地包含主画面区域，获得墓室壁画的主画面比例信息，为后期数字修复方案提供主体分布的先验知识。

（3）基于五行色原则的颜色聚类方法。该方法能够通过颜色差异性原则对彩色信息进行分类。遵循古代颜料五行色分类标准，在不需要进行损伤性化学实验前提下，对墓室壁画的颜色进行聚类，并改进聚类准则为巴氏距离。将聚类过程分别由 RGB 空间转到 Lab 空间，降低分类结果对硬件的依赖，以获得墓室壁画颜色分布信息，为后期数字修复方案提供颜色分布的先验知识。

（4）基于轮廓波纹理能量的频率域自适应分解方法。该方法通过轮廓波系数对线条形状的敏感性，设计轮廓波纹理能量检测墓室壁画表面质感粒度，对画面不同的区域自适应选择分解位置，获得纯结构信息部分与纯纹理信息部分，为后期选择不同数字修复方案提供纹理能量的先验知识。

（5）基于多特征分布的墓室壁画块状病害标记方法。该方法以泥渍为代表的块状墓室壁画病害为研究对象，分别从色度、亮度、纹理等特征参数来测算不同分布状态下，泥渍在地仗层和绘画层的病害标记。病害分层标记生成的掩模信息，为后期数字修复提供了块状大尺度病害的数据模型。

（6）基于多尺度形态学的墓室壁画线条形病害标记方法。该方法针对龟裂、裂缝和断裂三大形态相近但危害不同的病害进行分析，采用形态学方法设计不同尺度的结构元素对病害区域进行检测。分层提取病害信息的特征，产生断裂、裂缝、龟裂等不同病害分布图，以适应不同的修复尺度要求。病害分尺度标记生成的掩模信息，为后期数字修复提供了线条形小尺度病害的数据模型。

（7）基于 CDD 的像素交叉扩散方法。该方法满足小尺度缺损信息的数字修复需求。通过分析细长状信息缺损区域的方向特征，改进 CDD 模型中的半点采样过程。将原始算法的正交扩散改进为交叉扩散，纠正同一方向扩散过程中缺少可参考像素而造成的信息扩散失败现象。该方法采用像素扩散过程，较适合细长状裂缝类病害导致的信息残缺和墓室壁画分解后的底层结构信息的修复需求。

（8）基于 Criminisi 置信度优化的样本填充方法。该方法满足大尺度缺损信息的数字修复需求。通过分析墓室壁画缺损区域填充前缘上优先值的稳定性，因置信度项在迭代过程中会出现剧降现象，通过增加能够描述样本颜色特征的颜色项，降低置信度项的比重。并依据先验知识，建立自适应样本尺寸和巴氏样本相似度原则的数字修复模型。

（9）基于纹理能量引导的自适应修复方法。该方法用小波分解所得到的能量系数来改进样本优先值的数学模型，通过增加数据项的比重来引导修复过程，并依据修复对象的纹理复杂程度进行自适应调整，建立小波纹理能量引导修复顺序的修复模型。

（10）基于离散采样优化与样本扩充方法。该方法满足高清大数据量信息的数字修复需求。通过分析墓室壁画中地仗区域信息纹理均匀、样本相似度较高的情况，采用离散下采样，并设计样本定冗余门限，通过冗余检测，优化原本源；针对单镜头中图块可参考样本不足，利用邻域分块、跨镜头相似图块，扩充可参考有效样本库，建立满足墓室壁画高清信息重建的数字修复模型。

（11）基于结构张量约束优先值的修复方法。该方法通过结构张量计算画面中的平坦区域、边缘区域和 T 形点的特征值，并设定边强度参数与角强度参数来提高修复过程中优先修复强结构信息，约束样本合成的过程，建立能够满足画面中 T 形点缺损严重的数字模型。

（12）基于与马尔可夫随机场优化样本匹配准则的修复方法。该方法用马尔可夫随机场函数来估计待填充样本的灰度平均值，并将其与可用样本信息源进行匹配，取差异最小的匹配块作为最佳匹配，提高纹理信息合成的效果，建立能够满足大面积纹理信息缺损的数字修复模型。

（13）基于形态学成分分解与重构的修复方法。该方法用形态学成分将墓室壁画分解为纯纹理信息与纯结构信息，并对分解的迭代终止条件进行改进。通过分解次数与原始图像间的误差量来约束终止条件，提高分解效率，建立针对高清墓室壁画能够高效分解的数字修复模型。

（14）基于曲线拟合与约束合成的修复方法。该方法可以满足大型墓室壁画块间大量信息缺损的数字修复需求。针对墓室壁画挖掘导致的分块间缺损包含重要结构与纹理的大量信息，利用 Bezier 曲线拟合方法，设定曲线延续方向，自动延伸画面中的线条，在虚拟线条的约束区域内进行样本填充修复，重建分块间缺损信息，建立能够满足墓室壁画分块间拼接的数字修复模型。

（15）基于底层视觉与上层视觉分析评价方法。该方法从描述底层信息的块效应与描述上层信息的分形维度两个角度，针对求解反问题的病态过程中得到的不同修复效果，综合评价没有原始信息可供参考的墓室壁画信息缺损区域的重建结果。

1.4.2 技术流程

本书通过对墓室壁画残存信息的分析与提取、病害区域检测与标记、修复模型的建立与改进、交互式平台搭建与评价参数设计等技术环节，建立数字修复体系，实现对墓室壁画修复环节的全数字化模拟。整体研究过程包括数字信息处理技术的多个方面，在对数字修复过程中的病态性分析与修复结果的视觉心理学分析的基础上，制订了墓室壁画数字修复体系的研究规划，展开了一系列的理论研究和仿真验证工作。采用理论研究、算法提炼、实验仿真与系统实现相结合的技术路线。墓室壁画修复技术流程如图 1.4 所示。

1. 理论研究阶段

分析墓室壁画的数字化保护与修复的需求，围绕数字修复技术，对已知墓室壁画残存信息，重建画面原始信息的贝叶斯逆概问题进行理论分析，将后验逆概模型分解为建立残存信息的先验模型、病害信息的数据模型和缺损信息重建的修复模型三大部分。针对此类反问题求解过程中，因非线性病态特征导致的修复效果随初始条件和收敛过程变化的不唯一情况，进行格式塔视觉心理学分析，归纳修复标准。

可行性研究，确定研究对象　→　制订墓室壁画数字修复体系

提取墓室壁画的先验知识

主体与背景信息
- 边缘信息提取
- 主动轮廓能量泛函分割
- 边缘约束能量泛函分割

色彩分布信息
- 巴氏距离 K-means 聚类
- 五行色定聚数 k 值
- Lab 颜色模型聚类分割

纹理与结构信息
- DCT 频率域分解
- Contourlet 纹理能量描述
- 纹理能量自适应 DCT 分解

建立墓室壁画的数据模型

病害信息分布
- 形态学高帽、低帽变换
- 结构元素种类、尺度选取
- 多尺度病害标记

改进墓室壁画的修复模型

小尺度信息缺损像素扩散
- 改进变分 PDE 修复模型
- 信息扩散优化
- 交叉扩散的曲率 CDD 修复

大尺度信息缺损信息块填充
- 改进样本优先值
- 改进模板尺寸
- 改进样本匹配准则

能量引导自适应修复
- 计算小波纹理能量
- 增加数据项权重
- 纹理自适应填充

高清信息去冗余与单镜头扩源
- 去冗余离散下采样
- 单镜头分块取样本
- 跨镜头分块取样本

结构张量约束优先值
- 设计结构张量函数
- 计算不同区域结构张量值
- 约束优先值修复顺序

马尔可夫随机场优化匹配准则
- 设计马尔可夫函数
- 计算样本灰度均值
- 预测值进行匹配

形态学成分分解
- MCA 分解
- 改进分解迭代机制
- 分层分解修复

墓室壁画分块间拼接
- Bezier 曲线拟合
- 结构约束下样本合成
- 墓室壁画块间缺损填充

主观评价

大众评价
- 颜色一致性
- 纹理相似性
- 结构连续性
- 画面完整性

文修专家评价
- 墓室壁画的颜料范围
- 墓室壁画的颗粒质感
- 墓室壁画的明暗关系
- 墓室壁画的信息完备

客观评价

常规无参考评价
- 平均灰度
- 平均对比度
- 平滑度
- 一致性
- 随机性

视觉一致性无参考评价
- 纹理分形维数
- 块效应因子

交互式墓室壁画数字修复管理平台

墓室壁画数字修复效果评估报告，制订修复方案

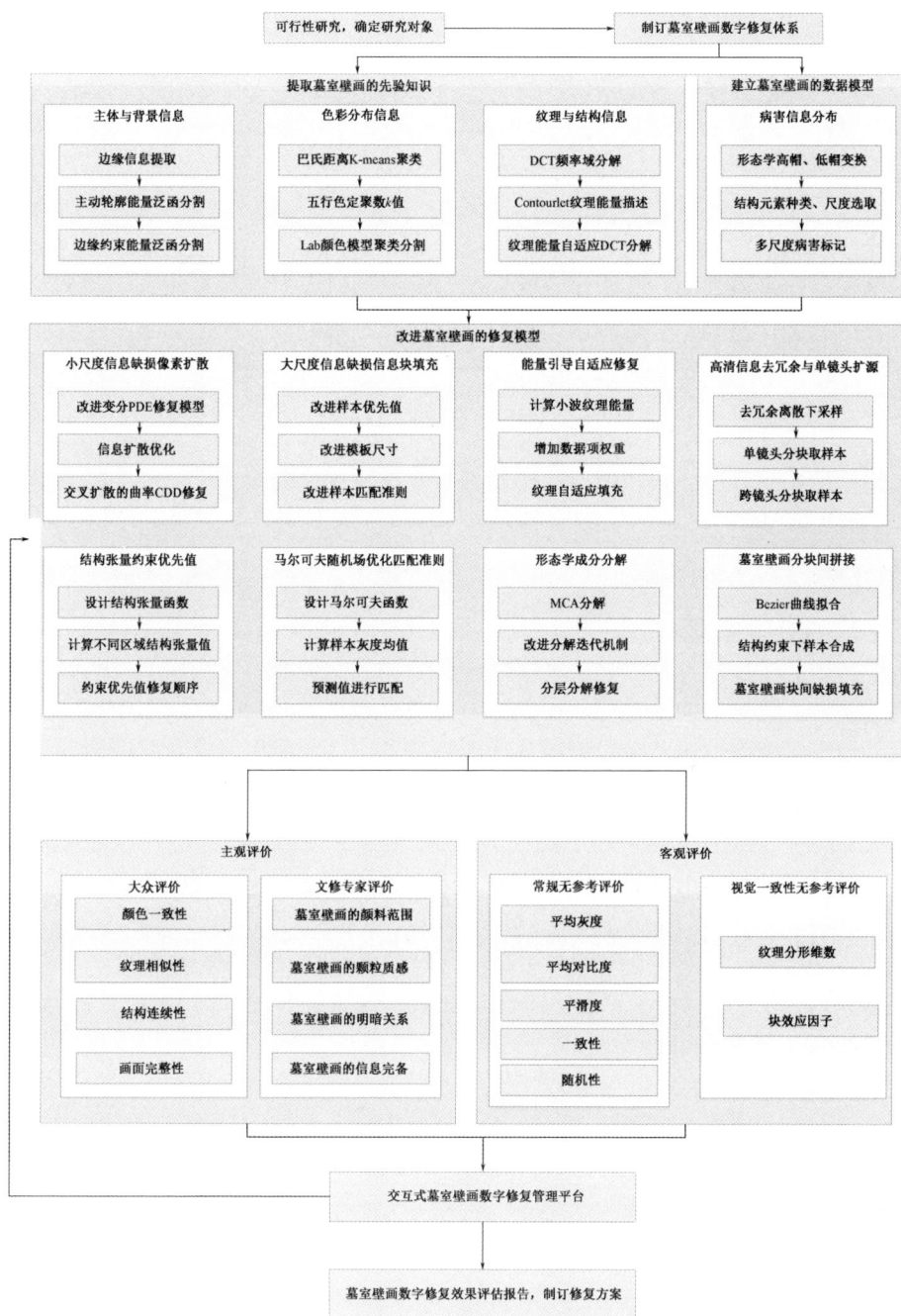

图 1.4　墓室壁画修复技术流程

2. 算法提炼阶段

依据理论研究阶段对数字信息重建过程的了解，充分考虑其病态性特点与视觉心理学的要求，研究可以解决墓室壁画数字修复问题的算法。对墓室壁画残存信息进行分析，提炼可以非接触提取墓室壁画的先验知识，改进梯度算子的线图轮廓提取算法、基于画面内、外能量的动态形变算法、基于五行色的巴氏差异准则聚类算法、基于轮廓波能量的频率域自适应分解算法。对墓室壁画病害信息进行检测，提炼可以无损建立画面病害数据模型的形态学多尺度病害标记算法。对墓室壁画 CDD 模型进行改进，提炼可以修复小尺度缺损信息的交叉扩散算法，提炼可以修复大尺度缺损信息的改进优先值策略的样本填充算法，提炼针对修复结构信息、纹理信息和分解方式的修复算法，提炼可以降低高清信息冗余量的修复算法，提炼可以满足墓室壁画分块间线条中断大量信息缺损的修复算法等。

3. 设计实验仿真阶段

设计实验方案，从非接触信息获取与无损病害检测的角度，采用整幅墓室壁画信息处理的方案。对于遍历寻优的修复过程，先采用分镜头画面离散分块修复，再进行拼接的方案。对纹理复杂度不同的区域，通过自适应分解为纯结构信息与纯纹理信息，对底层结构信息采用变分 PDE 类修复方案，对上层纹理信息采用样本合成类修复方案。针对墓室壁画颜色信息丰富，本书对彩色信息分三通道处理时，均选择能够最大限度表达自然界色彩种类、不依赖硬件的 Lab 颜色空间进行转化和处理。

4. 平台搭建与实现阶段

借助博物馆现有的网络平台，在其中增加交互式数字修复环节，搭建完整的墓室壁画数字修复流程，并可动态演示。通过将数字修复过程进行在线展示，为线上用户与博物馆管理人员提供远程交互式方案评估平台，并借助文修专家的经验，辅助修复方案的制订，加速墓室壁画的修复周期，确保修复效果的可预见性，保护实体墓室壁画免受二次损害。

1.5　本书的组织结构

　　珍贵的墓室壁画传承着艺术与历史的重要信息，巨幅的画面所带来的磅礴气势与神秘影像，吸引了国内外游客与文物保护研究人员的关注。但是，近千年的岁月在墓室壁画上留下来的痕迹，使画面斑驳，信息缺损。如何利用数字化信息对墓室壁画进行非接触式信息提取与数字修复，重现其风采是本书研究的核心内容。本书围绕墓室壁画的数字修复需求，按照墓室壁画实体修复过程中，修复档案的建立、修复方案的设计、修复效果展示及效果评估的流程，利用现有的计算机信息处理技术，模拟墓室壁画修复过程，通过反问题求解重建墓室壁画缺损的信息。

　　本书通过分析文物信息数字化的必要性，在充分了解目前博物馆二维平面文物数字化修复的迫切需求基础上，以高清采集的墓室壁画为研究对象，依据墓室壁画的实际修复流程，以数字修复技术为主要手段，建立一套非接触、无损、可重复的数字修复体系。

　　本书共包括6章，主要内容如下。

　　第1章墓室壁画数字修复技术概述。分析了文化遗产信息保护的政策趋势与数字化生存需求的背景，调查了我国馆藏文物急需修复与文物修复人员紧缺的现状。以墓室壁画为研究对象，归纳对墓室壁画残存信息的提取与记录方法，缺损信息修复方案的制订及虚拟展示的意义，总结了文保管理层面（博物馆修复体系）、技术层面（数字修复技术），以及应用层面（墓室壁画数字重建）的研究发展动态，提出了所面临急需解决的问题，阐述了本书的研究内容，提炼了创新点，并且列出详细的研究方法与技术流程，论证了数字修复实现的可行性。

　　第2章数字修复基本理论与关键技术。通过解析数字修复的数学模型，提炼其中的先验模型、数据模型与修复模型的相互关系。通过对数字修复反问题求解的病态性研究，提出修复结果应遵循的格式塔视觉心理学原则。对现有典型数字修复模型进行分析、对比，提炼其优化策略，比照墓室壁画的实体修复流程，寻求可行的信息处理方式与技术支持，搭建满足墓室壁画修复需求的数字修复体系框架。

第 3 章墓室壁画残存信息先验知识的提取。墓室壁画画面信息的统计分析与文物残存信息档案的提取，这些是墓室壁画修复环节中不可缺少的部分，为数字修复模型的研究提供了必要的先验知识。数字修复首先就要如实记录修复前墓室壁画画面信息的残存现状，研究基于优化梯度算子的墓室壁画线图轮廓提取技术，采用改进后的边缘提取方法检索墓室壁画的起稿线和绘画主体的轮廓，实现墓室壁画线图信息的统计；研究主动轮廓模型获取画面信息，主体对象对分割画面与约束合成都很重要，利用主动轮廓模型结合实现画面主体与背景占比统计信息；研究基于聚类思想对画面中的颜色信息进行分析与统计，通过巴氏距离改进聚类准则，五行色原理确定聚类中心数量，并转化为不同的颜色空间进行对比实验，提取墓室壁画颜色分布信息；研究自适应频率域分解技术，设计纹理能量参数，提取墓室壁画的结构信息与纹理信息。通过对墓室壁画残存信息的非接触提取，获得了数字修复中的先验知识。

第 4 章墓室壁画病害信息数据模型的建立。墓室壁画中的病害污染了画面，需要对其进行标记并清除。病害标记后的区域分为有源区域与无源区域，是数字修复过程中的寻径地图。采用数学形态学对墓室壁画中影响画面光滑性与连续性的病害进行分析，主要针对泥渍、龟裂、裂缝、断裂等危害程度不同、形态特征不同的病害进行多尺度、多特征标记，生成掩模信息。通过对墓室壁画病害信息的无损标记，获得数字修复中的数据模型。

第 5 章墓室壁画缺损信息修复模型的设计。本研究为墓室壁画数字修复中缺损信息重建的技术，针对不同修复尺度、高清大数据量，以及分块间大量缺损的修复需求，建立不同的修复方案。变分 PDE 类算法修复小尺度缺损信息，采用改进的 CDD 模型，将其扩散方向与墓室壁画病害造成的缺损信息的方向关联起来，优化修复效果；样本合成类算法修复大尺度缺损信息，分析优先值中置信度与数据项在样本填充过程中的影响，改进优先值计算模型，降低置信度项的权重，增加颜色项，并提高修复效果；对样本合成过程中的优先级进行自适应调整，依据墓室壁画中不同对象的小波能量系数与修复过程中的填充顺序之间的关联性，优化修复效果；在修复过程中，针对墓室壁画信息数据量过大与单镜头可参考样本信息不足的情况，采用去冗余离散采样与多镜头样本扩充的策略，扩大有效信息源的数量，降低相似样本的冗余量，在修复效率与效果上均有提升；利用结构张量函数测算墓室壁画的结构信息，约束修复过程；利用马尔可夫随机场函数测算墓室壁画的纹理信息，改进修复匹配准则；采用形态学成分分解待修复墓室壁画为结构信息和纹理信息，用具有侧重点的修复方法实现修复效果的进一步提升；墓室壁画为分块揭取，分块之间缺损了大量画面内容，块间没有重合点，因画面缺损过大且包含大量结构中断的区域，采用 Bezier 曲线进行辅助添加结构，使样本合成在结构约束下完成，实现块间拼接。不同数字修复模型依据墓室壁画实际缺损信息重建需求，可以重复、叠加、综合利用，对修复效果进行多方案预演。

第 6 章交互式馆藏墓室壁画数字修复管理平台。建立客观评价指标，通过对博物馆数字化信息管理需求分析，设计符合墓室壁画修复效果的主观评价指标和客观评价因子。设计块效应因子评价底层视觉信息与分形维度评价上层视觉信息，使客观无参考评价符合格式塔视觉心理学原则。建立交互式数字修复管理平台，连接在线游客、远程文修专家、数字修复技术人员与博物馆管理人员四大实体，将对各种修复方案反馈的主观评价结果、客观评价结果、文修专家点评意见传递给博物馆管理人员，实现交互式信息共享与管理。

第 2 章
数字修复基本理论与关键技术

2.1 引言

墓室壁画数字修复体系的构架，遵循博物馆墓室壁画手工实体修复流程，依据贝叶斯后验逆概模型进行推导，设计信息技术实现环节，提出优化策略，重建墓室壁画的原始信息。由于墓室壁画信息缺损的过程是随机、粗暴、不可逆的物理过程，因此对其进行数字修复具有很强的病态性。本章通过分析数字修复技术的数学模型，提炼其中的先验模型、数据模型与修复模型之间的关系。围绕利用计算机信息处理技术重建墓室壁画缺损信息所遇到的问题，对比四大典型修复模型的特点，分析其优化策略的适用性。本书充分考虑墓室壁画缺损信息重建问题中的病态性，以遵循格式塔视觉心理学原则为修复目标，依据墓室壁画的实际修复流程，分析数字修复各环节中所需的技术支持与可行性，提出可适用于墓室壁画数字修复需求的改进策略，并搭建数字修复体系的完整框架。

我国古代壁画分为墓室壁画、殿堂壁画与石窟壁画三大类。墓室壁画与殿堂壁画和石窟壁画画面残存信息的保存现状不同。殿堂壁画主要是寺庙、祠堂等墙壁上的绘画，残存信息受香客朝拜,烟熏火燎和人为修缮痕迹的影响较大；石窟壁画以敦煌壁画为代表，主要是在露天环境下受紫外线与风沙影响，褪色情况比较严重。因此，这两种壁画的残存信息皆因存在烟泥覆盖与褪色的现象，不可直接作为修复的参考信息源进行缺损填充。而墓室壁画深埋地下，在被挖掘出土之前，存留环境密闭，受外界环境和人为干扰较少，残存信息保真度较高。特别是馆藏墓室壁画，入库前经过基本的清洗过程[126]，其墓室壁画画面结构信息清晰，纹理信息明显，颜色信息保真度良好。数字修复技术利用有效残存信息进行逆推，通过像素扩散或信息块填充的过程，对于墓室壁画的信息进行重建，过程客观且可行。综合先验模型、数据模型与修复模型的建立过程，数字修复符合墓室壁画实体修复过程中对各环节数字信息重建的要求，可为建立数字修复体系提供必要的技术支持。

2.2　数字修复的基本理论

2.2.1　数字修复技术的数学模型

数字修复技术（Digital Inpainting）[19]是将传统艺术品用计算机信息处理的方式实现翻新的修复操作过程。该技术可围绕墓室壁画中画面信息缺损或被病害污染的区域，按照一定数学规则对其原始信息进行推算和填充，以期望达到恢复墓室壁画原始信息的完整性，并使修复后的画面结构信息过渡自然，纹理分布合理。

数字修复技术的数学模型如图 2.1 所示。

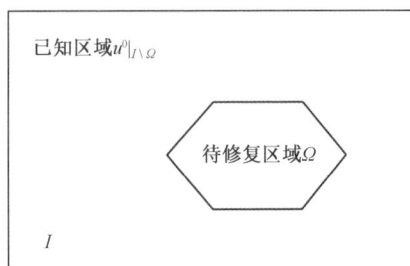

图 2.1　数字修复技术的数学模型

其中，I 表示整幅墓室壁画的区域，Ω 表示墓室壁画中缺损或病害污染的待修复区域，$I \setminus \Omega$ 表示墓室壁画残存可参考的信息区域，u^0 为 $I \setminus \Omega$ 上的可利用的有效信息，u 为需要复原的原始墓室壁画信息。墓室壁画数字修复过程就是将 u^0 的信息通过数学推算或纹理相似度匹配的方式填充到待修复区域 Ω 中，并最终获得原始墓室壁画信息 u 的过程。

数字修复技术归属于信息复原领域，遵循基本的退化模型。

$$u^0 = u + n \qquad (2.1)$$

u^0 表示墓室壁画 I 的现状，即目前残存的信息，u 表示墓室壁画 I 本来应有的原始信息，n 表示近千年墓室壁画所遭受的污染与侵蚀。目前墓室壁画 I 中的残存有效信息，可以表示为以下形式。

$$u^0 \big|_{I \setminus \Omega} = [u + n]_{I \setminus \Omega} \qquad (2.2)$$

对墓室壁画原始信息 u 的猜测可遵循 Bayes 最大后验逆概模型[127]如下。

$$P\left(u \big| u^0\right) = \frac{P\left(u^0 \big| u\right) P(u)}{P\left(u^0\right)} \qquad (2.3)$$

其中，$P\left(u^0\right)$ 是现有残存信息的概率。

$P(u)$ 表示与原始图像 u 有关的信息，即为先验模型。

$P\left(u^0 \big| u\right)$ 表示原始图像信息 u 与受损信息 u^0 之间存在的联系，即为数据模型。

求解 $P\left(u \big| u^0\right)$ 的后验概率的推算过程如式（2.3）所示，即为修复模型。

数学模型描述了残存信息中与原始信息相关的先验知识越多，修复模型计算得到原始解的概率就越大。数字修复过程就是利用现存信息，采用多种数学推算方法，通过逆运算得到丢失的信息。

从统计力学的角度，通过对数似然函数 $E = -1/\beta \ln p$，其中 $\beta = 1/kT$，k 是玻耳兹曼常数，T 为绝对温度。数字修复过程的可能性还可以描述成集合能量的 Gibbs[128]公式。通过 Gibbs 公式可以建立概率公式与能量变分公式之间的关系，通过在变分公式中引入约束因子来引导数字修复过程中优先修复几何信息，如梯度、曲率、水平集等，使得可用有效信息能按照几何规律扩散。

数字修复过程的 Gibbs 表示如下。

$$P(u) = \frac{1}{z} \exp\left(-\beta E[u]\right) \qquad (2.4)$$

其中，$E[u]$ 表示 u 的能量，z 表示分布函数，定义为自由能量，可选不同的能量模型。

修复数学模型的能量形式则可表达如下。

$$E[u|u^0] = E[u] + E[u^0|u] + \text{const} \tag{2.5}$$

因此，求解最大后验概率可转化为求解最小能量 $E[u|u^0]$，将其中的常数忽略不计，式（2.5）最终简化求解最小值的过程如下。

$$\min_{u}\{E[u] + E[u^0|u]\} \tag{2.6}$$

原始信息重建的过程，就是求解缺损信息与期望的复原信息能量差最小的过程。由于待修复区域 Ω 内没有任何可以利用的信息数据，墓室壁画的先验模型及数据模型对数字修复模型的建立非常重要。

因此，在修复过程中需把握好以下 4 个要点。

（1）墓室壁画的先验模型决定了该如何修复缺损区域，其可引导和约束修复的实现过程。

（2）墓室壁画的数据模型限定了待修复区域，特别是填充前缘的设定，可影响修复顺序。

（3）墓室壁画的结构区域依据光等照度线来划分，并在修复过程中添加必要的纹理细节。

（4）墓室壁画的修复模型决定有效信息扩散的方式，调整修复模型可获得不同的修复结果。

因此，利用数字修复技术填补墓室壁画信息缺损区域的过程，其主要步骤如下。

（1）对待修复墓室壁画信息进行分析。通过预处理、分割、分解等技术对已知信息进行统计，提供修复过程中的约束条件。

（2）对待修复墓室壁画病害区域进行标记。对墓室壁画信息中缺损或病害侵蚀污染的区域进行标记，以便计算机自动识别，使用特定颜色标记为无可用信息区域，以区分其与已知有效信息区域。

（3）计算待修复墓室壁画区域的信息数值。利用修复模型结合已知的源区域信息，计算待修复区域的原始信息数值。

（4）填充待修复区域。将计算得到的有效信息扩散或填充到相应的待修复区域，反复迭代直到所有的待修复区域被完全填充。

2.2.2　数字修复过程的病态性分析

墓室壁画数字修复技术是通过已知缺损信息求解画面中原始信息的过程，属于对反问题进行求解。因为没有原始墓室壁画信息作为参考，所以逆推求解过程会呈现出较强的病态性，其病态性表现是当输入的数据（如参数、初始值等）有微小摄动时，就会引起解的大扰动，也称之为不适定问题[129]。

适定问题的三大要求包括①解是存在的；②解是唯一的；③解连续依赖于定解条件。在这三个要求中，只要有一个不满足，就称之为不适定（ill-posed）问题[130]。墓室壁画的画面信息丢失，是由地下复杂墓室环境中各种自然因素的粗暴、随机、物理过程导致的，在墓室壁画原始信息重建的过程中，给予修复模型的初始先验参数不同，病害数据模型设定不同，建立的修复方案不同，就会有不一样的修复结果。

这样的强病态性特点导致的问题如下。

（1）墓室壁画数字修复结果依赖于现存信息与丢失信息的相关性，当缺损过大不能提供关键的结构信息时，修复结果将会产生大量的错误累积，导致修复失败。

（2）墓室壁画数字修复的结果不是唯一的，当修复模型中先验参数进行调整时，修复结果将发生改变。

（3）墓室壁画数字修复的结果并不连续依赖模型输入参数，迭代次数不同，合成条件不同，均会产生不同结果，所以必须有约束合成的条件。

因此，先验模型的建立非常重要，但因墓室壁画作为艺术创作的结果，很难建立一套固定的数学模型来描述其信息内容与缺损过程。本书通过研究墓室壁画现有的残存信息的形状、颜色、纹理、结构等，尽可能地提取可以引导修复过程的先验知识。

2.2.3　数字修复效果的视觉判定标准

数字修复技术具有较强的病态性，使得其在信息修复过程中选取像素或信息块的轻微变化，都会导致修复结果的截然不同。在没有足够的残存信息可以推测时，需要从视觉心理学的角度去引导修复过程中像素的扩散方向与样本合成约束条件，以达到修复结果满足视觉与美学的标准。

数字修复技术结果的视觉评判可参考视觉模型 Kanizsa 三角[131]，如图 2.2 所示为 Kanizsa 三角的画面缺损模型。

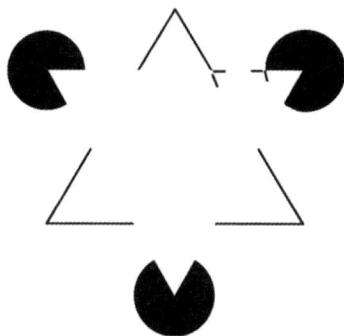

图 2.2　Kanizsa 三角的画面缺损模型

图 2.2 中红色标记为残缺信息可能延展方向的关键点，称为 T 形点。对于 Kanizsa 三角的原始信息推断，格式塔学派认为，人们首先能通过观察图像的结构信息出现中断，从而判断这个物体不完整，根据这个物体边缘被截断的点排列情况，对边缘信息的变化趋势产生合理的猜测，让这些中断的边缘在延续时尽可能光滑，然后才能将结构连续包围的区域作为一个整体进行相似性重构[132]。因此，对于 Kanizsa 三角，人眼的视觉判断不会将画面判断为互不相干的三段折线与三个缺口的小圆，而是会认为白色的三角形遮盖了下层三角形与三个圆形的部分区域。

Kanizsa 三角的修复补全过程，涵盖了视觉心理学所要注意的各项原则。格式塔（Gestalt）视觉心理学概念于 1912 年由 Wetheimer 提出，并于 1922 年由 Koffka[133]正式确立为一个描述人类视觉对于图像认知反应的学科，Gestalt 是"完形"的意思。它研究人类的视觉系统在感知客观事物时对于整体结构形式的认知，其基本原理包括临近性原则（Law of Proximity）[134]、相似性原则（Law of Similarity）[135]、封闭性原则（Law of Closure）[136]、对称性原则（Law of Symmetry）[137]、一致性原则（Law of Common Fate）[138]、连续性原则（Law of

Continuity）[139]、完形原则（Law of Good Gestalt）[140]、先验原则（Law of Past Experience）[141]等。

依据墓室壁画修复目标，将其归纳为以下的 5 个原则。

（1）主体与背景原则。人类的大脑可将视觉区域分为主体与背景，对象包括一个场景中占据主要注意力的所有元素，如墓室壁画中颜色艳丽的绘画部分与纹理单一的地仗部分。主体对象要具有视觉突出的特点和明显光滑的轮廓。如图 2.3 所示，墓室壁画高清图像虽为点扫描采集，但人眼视觉判断与欣赏艺术品的角度仍然关注于主体侍女头像部分，而不是和背景融为一体的像素点集合。

（2）接近性和连续性原则。视觉场景中相互距离间较近与外轮廓光滑连接的部分，经常被视为一个整体。如图 2.4 中的 7 个侍女，像素距离和像素值都很接近，但是人类视觉感知也可以从外轮廓连续性判断出画面中侍女的数量。

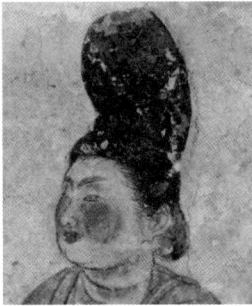

图 2.3　主体与背景示意　　　　图 2.4　接近性与连续性示意

（3）完整性与闭合倾向性原则。视觉系统具有闭合的倾向，能自动填补缺口将其视为一个完整闭合的对象。如图 2.5 中的裙边信息缺损，人类视觉感知会认为裙摆的边缘与褶皱区域也倾向于延续性的连接。

（4）相似性原则。人类视觉印象中彼此类似的部分容易组成整体，反之，不相似的部分则容易被隔离开。因此，具有相似的形状、纹理、颜色、光强、方向等属性的，就容易被视觉感知为一个整体。如图 2.6 中不同对象相互穿插与叠加，但是人们的视觉仍然可以通过纹理、形状等将树干与骆驼区分出来。

（5）格调与细节原则。格调是指视觉场景中整体的亮度变化，细节是指对象的局部纹理信息。它们体现了画面中的低层信息和上层信息，如图 2.7 中整幅画面的明暗变化与放大后局部画面纹理的质感信息。

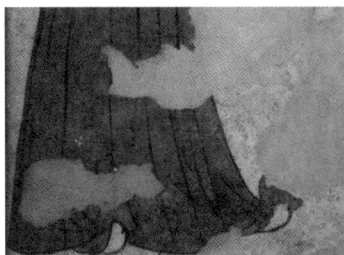

图 2.5　完整性与闭合倾向性示意　　　　　图 2.6　相似性示意

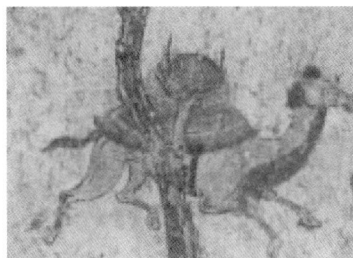

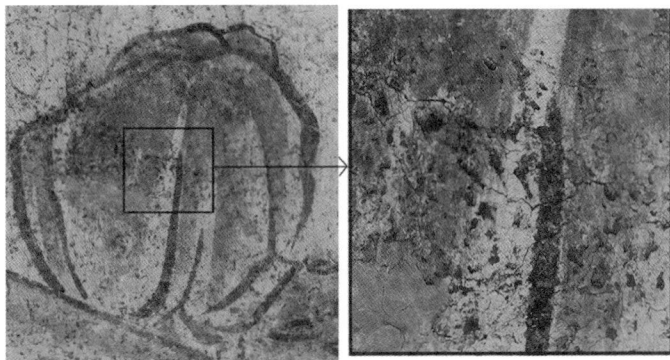

图 2.7　格调与细节示意

综合以上原则，我们在研究墓室壁画的数字修复技术过程中，应充分考虑画面的视觉特征，分析论证现有信息处理技术的适用性，以格式塔视觉心理学原则为基本修复标准，借助文修专家经验与文物艺术特点，设计出可以重建完整的、连续的，且使结构信息与纹理信息都合理的墓室壁画画面信息。

2.3　数字修复的典型模型及优化策略

2.3.1　变分 PDE 类修复模型

变分 PDE（Partial Differential Equation）类修复模型是指以像素为基本处理单元，依据扩散方程或变分方程模拟热力、流体、气体扩散过程或能量收敛过程，进行有效信息向缺损区域传递的技术。这二者都可以描绘成高阶偏微分导数的形式。

1. BSCB（Bertalmio-Sapiro-Caselles-Bellester）模型

BSCB 模型通过检索待修复信息区域、定义待填充边缘信息、采用像素传播机制，将邻域已知信息沿着等照度线的方向传播到缺损区域。为了模拟手工修复过程，构造像素集群 $u^0(i,j) = [0, M] \times [0, N] \subset R^2$，设 $u_R(i,j)$ 为迭代输出后的修复结果。

设待修复信息为离散二维灰度图像 I，则待修复信息中定义区域 Ω 为 I 中信息缺损的区域，$\partial\Omega$ 为信息缺损区域的填充前缘，BSCB 模型像素传播过程如图 2.8 所示。

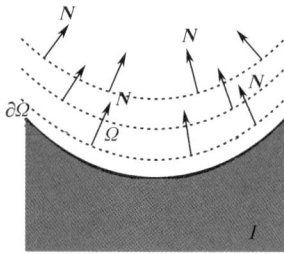

图 2.8　BSCB 模型像素传播过程

该修复模型可以表示如下。

$$u^{n+1}(i,j) = u^n(i,j) + \Delta t \cdot u_t^n(i,j), \forall(i,j) \in \Omega \tag{2.7}$$

其中，n 表示扩散迭代的次数，(i,j) 表示像素的坐标，Δt 表示迭代步长，$u_t^n(i,j)$ 表示信息 $u^n(i,j)$ 的更新过程。像素 $u^{n+1}(i,j)$ 是像素 $u^n(i,j)$ 的更新结果，随着迭代次数 n 的增加，将有效信息逐渐扩散到 Ω 中，使整个信息更新过程只发生在区域 Ω 内。

BSCB 模型像素扩散过程可模拟流体的传播过程，其表达为

$$\boldsymbol{L}^n(i,j)\nabla^{\perp}u^n(i,j) = \frac{\partial^2 u_t^n(i,j)}{\partial x^2} + \frac{\partial^2 u_t^n(i,j)}{\partial y^2} \tag{2.8}$$

依照图 2.8 中 N 所指传播方向，通过建立适合的传播方程，将已知信息沿填充边缘向待修复区域进行传播。通过参考分析物理学中的流体方程，将 BSCB

模型传播方程与流体 Navier-Stokes 方程相互对应，建立数字修复的像素方程如下。

$$u_t^n(i,j) = \delta L^n(i,j) \cdot N^n(i,j) \tag{2.9}$$

其中，$\delta L^n(i,j)$ 是待传播信息 $L^n(i,j)$ 的变化量，$N^n(i,j)$ 是传播方向。

当 n 趋于无穷大或算法达到设定的收敛条件时，可以认为 $u^{n+1}(i,j) = u^n(i,j)$，则 $u_t^{n+1}(i,j) = 0$ 表示迭代稳定，即 $\delta L(i,j) \cdot N^n(i,j) = 0$，指 $L^n(i,j)$ 已经向 $N^n(i,j)$ 方向传播。

为了实现从待修复区域边界外向待修复区域内传递信息，它们之间的过渡要缓慢，以免修复过程中出现突兀现象而影响视觉效果。将待传播的信息 $L^n(i,j)$ 平滑引导到待修复区域 Ω 中，$L^n(i,j)$ 需选用一种光滑估算子作为投射量，BSCB 模型可选用较为简单的离散拉普拉斯算子。

$$L^n(i,j) = L_{xx}^n(i,j) + L_{yy}^n(i,j) \tag{2.10}$$

从图 2.9 中可看出，信息传播的方向若与亮度的等照度线方向一致才是最佳的传播效果。因此，在该模型中通过计算填充前缘上点 (i,j) 的梯度值 $\nabla u(i,j)$，并利用等照度线方向与梯度方向成夹角的数学关系，求解点 (i,j) 梯度值的法线方向 $\nabla^\perp u^n(i,j)$ 以获得等照度线方向。

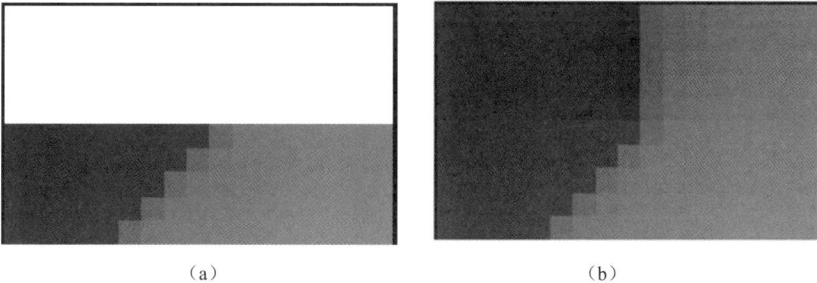

(a)　　　　　　　　　　　　　(b)

图 2.9　灰度沿着梯度跳变方向的延伸示意

传播方向 $N^n(i,j)$ 填充为边缘的梯度法线量为

$$N^n(i,j) = \nabla^\perp u^n(i,j) \tag{2.11}$$

在迭代过程中使用各向异性传播方程（Anisotropic Diffusion Equation）[142]，它的欧拉-拉格朗日流体动力学模型为

$$\frac{\partial u}{\partial t}(x,y,t) = g(x,y)k(x,y,t)|\nabla u(x,y,t)| = k\nabla \cdot \big(g(|\nabla u|)\nabla u\big) \forall (x,y) \in \Omega \quad （2.12）$$

其中，k 为该点等照度线的欧几里得曲率[143]，$g(x,y)$ 表示传导系数，表达为

$$\begin{cases} g(x,y) = 0 (x,y) \in \Omega \\ g(x,y) = 1 (x,y) \in I \setminus \Omega \end{cases} \quad （2.13）$$

代入式（2.9）中，得

$$u_t^n(i,j) = \delta \boldsymbol{L}^n(i,j) \cdot \boldsymbol{N}^n(i,j) = \nabla \boldsymbol{L}^n(i,j) \cdot \nabla^{\perp} u^n(i,j)$$

$$= \nabla^{\perp} u^n(i,j) \cdot \nabla \Delta u^n(i,j) + k\nabla \cdot \Big[g\big(|\nabla u^n(i,j)|\big)\nabla u^n(i,j) \Big] \quad （2.14）$$

$$= \nabla^{\perp} u^n \cdot \nabla \Delta u^n + k\nabla \cdot \Big[g\big(|\nabla u^n|\big)\nabla u^n \Big]$$

BSCB 模型与以往图像复原类算法（Denosing）的主要区别是，它不需要人为指定像素来源，可同时填充多个不同结构、不同背景的图像区域，整体过程可自动完成且对待修复区域的拓扑形态没有限定。但是该模型需要通过逐点修复，其时间复杂性较高。

2. 整体变分（TV）模型

整体变分模型以将缺损信息扩散过程，转化为求解空间能量泛函的方式来完成信息传播。有界变分（BV）空间被认为较适用非纹理信息的函数空间[144]，因此若将整幅墓室壁画信息视为有界变差函数 BV 空间，利用在低层视觉分析理论上建立起来的能量泛函求极小值的模型，来逆推墓室壁画的原始信息。

BV 空间定义为

$$\mathrm{BV}(\Omega) = \Big\{ f : f \in L^1(\Omega) \,\mathrm{and}\, \|f\|_{\mathrm{TV}} < +\infty \Big\} \quad （2.15）$$

$\mathrm{BV}(\Omega)$ 在 BV 范数 $\|f\|_{\mathrm{BV}} = \|f\|_{L^1} + \|f\|_{\mathrm{TV}}$ 下构成 Banach 空间。

若在 $L^1(\Omega)$ 中 $f_n \to f$ 是弱收敛的，且 $\|f\|_{\mathrm{TV}} < +\infty$，则

$$\|f\|_{\mathrm{TV}} = \int_{-\infty}^{+\infty} H^1(\partial \Omega_{\lambda}) \mathrm{d}\lambda \quad （2.16）$$

其中，$\Omega_{\lambda} = \{(x,y) \in R^2 : f(x,y) > \lambda\}$，边界 $\partial \Omega_{\lambda}$ 是使 $f(x,y) = \lambda$ 的水平集，$H^1(\partial \Omega_{\lambda})$ 是 $\partial \Omega_{\lambda}$ 的长度。

根据式（2.5）中，将 Bayes 后验概率转化为求解最小化能量可表示为

$$\min\left\{J_\lambda(u) = E(u) + E\left(u^0 \middle| u\right) + \text{const}\right\} \tag{2.17}$$

考虑高斯白噪声时，能量函数 $E\left(u^0 \middle| u\right)$ 可表示为

$$E\left(u^0 \middle| u\right) = \frac{\lambda}{2} \int_{\Omega \backslash D} \left(u - u^0\right)^2 \mathrm{d}x \tag{2.18}$$

TV 模型利用数字图像信息在有界变分空间内所具有的一致有界性，设定整幅图像为有界变分空间，待修复区域为 Ω，$I \backslash \Omega$ 为修复区域可参考信息的扩展区，依据格式塔原理，倾向于使用最简单直接的方式表示曲线和边缘。

选择不同的能量模型会产生不同的修复模型，TV 模型选择的能量函数 $E(u)$ 为

$$E(u) = \int_{-\infty}^{+\infty} e[\Gamma_\lambda] w(\lambda) \mathrm{d}\lambda \tag{2.19}$$

其中，$e[\Gamma_\lambda]$ 为图像区间 Γ_λ 的能量表达形式，TV 模型中 $e[\Gamma_\lambda]$ 为长度能量形式时，即 $e[\Gamma_\lambda] = \text{length}(\Gamma_\lambda)$，$w(\lambda)$ 为非负的权值函数。采用欧拉-拉格朗日方程，在一般情况下 $w(\lambda)$ 可取值为 1。

则 TV 模型可表达为

$$J_\lambda(u) = E_{\text{TV}}\left[u \middle| u^0\right] = \iint_I |\nabla u| \mathrm{d}x + \frac{\lambda_e}{2} \int_{I \backslash \Omega} (u - u^0)^2 \mathrm{d}x \tag{2.20}$$

其中，λ 为拉格朗日算子。

根据变分法，式（2.20）的欧拉-拉格朗日方程为

$$\frac{\partial u}{\partial t} = \nabla \cdot \left[\frac{\nabla u}{|\nabla u|_\iota}\right] + \lambda_e(x)(u - u^0) = 0 \tag{2.21}$$

其中，$\lambda_e(x) = \begin{cases} \lambda_e, & x \in I \backslash \Omega \\ 0, & x \in \Omega \end{cases}$；$\iota$ 为凸优化强度。 $\tag{2.22}$

为避免式（2.21）的分母为 0，取 $|\nabla u|_\iota = \sqrt{\iota^2 + |\nabla u|^2}$。

TV 模型与 BSCB 模型相比，减少了大量迭代的过程，将参考信息约束为最邻近区域，因其利用欧拉-拉格朗日方程将长度参数作为能量衡量指标，具有一定的平滑作用，所以对噪点信息有很好的健壮性。但是 TV 模型的滤波效果也导致了信息传递过程逐渐平滑所产生的信息模糊现象。TV 模型通过在 BV 空间基础上的改进，参考缺损区域周边信息，并将其用到信息填充过程中，大大

降低了由于 BSCB 模型中反复迭代所造成的时间复杂性。

3. 基于曲率驱动扩散（CDD）模型

基于曲率驱动扩散模型是一种三阶的变分 PDE 修复模型。因为 TV 模型的传导系数为 $g(\cdot) = 1/|\nabla u|$，仅依赖等照度线强度而与其他几何信息无关，修复过程会对信息产生平滑作用，且其核心思想为以最小线段（距离最短）连接边缘，故其容易破坏视觉心理学中的连通性原理。

CDD 模型在 TV 模型的基础上加入了曲率函数参数，增加了修复模型中的几何信息来引导有效像素的各向异性传播。

CDD 模型的传导系数为 $T = g(|\kappa|)/|\nabla u|$，此处加入了曲率函数 $g(\cdot)$，其定义为

$$g(\kappa) = \begin{cases} 0, & \kappa = 0 \\ \infty, & \kappa = \infty \\ \text{大于0的有限数}, & 0 < \kappa < \infty \end{cases} \tag{2.23}$$

CDD 模型为

$$J_\lambda(u) = \begin{cases} \dfrac{\partial u}{\partial t} = \nabla\left[\dfrac{g(|\kappa|)}{|\nabla u|}\nabla u\right] + \lambda(u^0 - u), & x \in \Omega \\ u = u^0, & x \in I \setminus \Omega \end{cases} \tag{2.24}$$

其中，Ω 为待修复区域，$I \setminus \Omega$ 是墓室壁画中的已知信息，曲率 $\kappa = \nabla\left[\nabla u / |\nabla u|\right]$。

CDD 模型在传播过程中的特点：当曲率值较大时扩散过程变强；当曲率值较小时扩散过程变弱。墓室壁画缺损信息重建的结果，充分考虑到曲率值的变化过程，可实现画面中细长状结构区域的修复需求。但是该模型对噪声比较敏感，修复过程中容易衍生出错误的线段。

变分 PDE 类模型以像素为基本单位进行缺损信息推算，其计算出来的结果依赖修复模型所设计的高阶偏微分方程，为数学推算的结果，修复效果更为客观。当待修复画面中存在细长状的小尺度区域信息缺损时，优先考虑用变分 PDE 类模型进行信息重建，能取得较好的修复效果。但当修复对象为大尺度区域信息缺损时，算法迭代时间过长且会产生模糊的修复效果。该类修复模型不是全局遍历寻优，局部像素间的数学关系过于紧密，相互依赖性强，并不适合画面

中大尺度信息缺损修复的要求。

2.3.2　样本合成类模型

样本合成类模型属于纹理合成类修复技术，在合成过程中参考了缺损边缘的等照度信息，使得纹理样本在填充的过程中可以沿着强边缘的方向进行剥洋葱似的向里收敛。该模型的修复过程如图 2.10 所示。

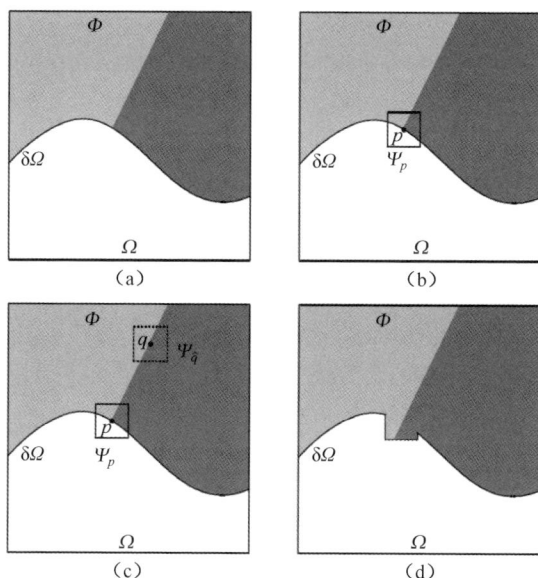

图 2.10　样本合成类模型的修复过程示意

其中，图 2.10（a）为信息受损的待修复对象，待修复区域为 Ω，待修复区域边缘为 $\delta\Omega$，Φ 为残存有效信息区域。在缺损信息重建的过程中，有效源区 Φ 保持不变。图 2.10（b）为以 $p \in \delta\Omega$ 为样本的中心，Ψ_p 为最先应该被修复的样本，它一般处于信息中的 T 形点位置，Ψ_p 为界定的模板大小区域，可根据实际修复情况选择样本尺寸。图 2.10（c）为在可用信息源区域，通过设定相似度准则，搜索最佳候选匹配块 Ψ_q。图 2.10（d）为最佳匹配块 Ψ_q 被复制到模板 Ψ_p 位置上，完成一个填充周期，对填充前缘所有像素的优先值进行更新。通过反复不断地迭代，直到完全填满待修复区域 Ω 为止。

通过图 2.10 中 4 个步骤的不断迭代，信息源区的样本将纹理和结构都传播到了目标区域内。这是样本合成类模型较突出的优势，该模型可填充较大的缺损区域。但因为信息重建过程中的病态性，填充前缘上最先修复样本顺序的改变将对修复结果产生很大的影响。

因此，基于样本合成类模型对待修复边缘 $\delta\Omega$ 上样本的填充顺序设计了优先值，以确定该边缘上各个样本的填充顺序，其计算公式为

$$P(p) = C(p) \cdot D(p) \tag{2.25}$$

$$C(p) = \frac{\sum\limits_{q \in \Psi_p \bigcap (I \setminus \Omega)} C(q)}{|\Psi_p|}, \quad D(p) = \frac{|\nabla I_p^{\perp} \cdot n_p|}{\xi} \tag{2.26}$$

其中，$C(p)$ 表示优先值中的置信度项，用来计算待修复边缘的样本 Ψ_p 中可用像素占总样本中所有像素的比例，表示在样本中，已知像素越多越应该被有限修复；$D(p)$ 为优先值中的数据项，用来引导样本扩散的方向。用 $\nabla I_p^{\perp}$ 表示 p 点等照度线的方向，用灰度梯度计算，n_p 是待修复边缘 $\partial\Omega$ 上 p 点处的法向量，ξ 为归一化系数（$\xi = 255$），选取优先值最大样本 $\Psi_{\hat{p}}$。数据项表示样本中结构信息的强度，有助于处于 T 结构的信息有限被修复。

然后在有效样本源区域中遍历搜索与样本最匹配的样本 $\Psi_{\hat{q}}$，其公式为

$$\Psi_{\hat{q}} = \arg\min_{\Psi_q \in \Phi} d(\Psi_{\hat{p}}, \Psi_q) \tag{2.27}$$

用 $\Psi_{\hat{q}}$ 代替 $\Psi_{\hat{p}}$ 填充待修复区域，并更新置信度，其公式为

$$C(p) = C(\hat{q}), \ p \in \psi_{\hat{p}} \bigcap \Omega \tag{2.28}$$

样本合成类模型因其可同时修复结构信息与纹理信息，修复结果的细节更清晰，且纹理块的填充参考了梯度变化过程，不受待修复区域大小的限制，所以适用面较广，可修复大面积信息丢失的区域。它比较适合墓室壁画中的大尺度信息缺损需求。但是，这种全局遍历的寻优方式，每填充一个样本就需要对所有的样本进行相似度比对，导致时间的复杂度较高，对于大数据量的处理执行度较差。

2.3.3　数字修复的优化策略

无论是变分 PDE 类算法中早期 BSCB 模型，还是样本合成类模型，它们均

属于贪婪算法（Greedy Approaches），即全局遍历搜索最佳信息进行估算或填充，均可保证充分、完备地利用残存有效信息。但对于高清墓室壁画每块画面的采集量平均为 2.5GB，使用全局遍历的搜索方式无论是在硬件 CPU 损耗，还是软件 MATLAB 仿真的虚拟内存都是不可实现的。

通过分析现有数字修复模型的特点，其主要优化策略如下。

1. 对像素的扩散方式进行优化

变分 PDE 类修复模型通过将现有信息以粒子的形式传播到缺损区域，建立扩散方程或能量函数，求解高阶偏微分导数，通过严密的数学计算获得缺损区域的信息数值，其修复结果比较客观真实。改进策略主要分为以 BSCB 模型为基础的物理扩散模型改进方法和以 TV 模型为基础的能量泛函改进方法。如 Jung 等[145]利用 Mumford-Shah 扩散模型和非局部图像信息，通过平滑噪声和锐化边界的过程，将彩色信息扩散到缺损区域，并采用非局部正则化优化了像素填充的结果。Fadili 等[146]通过在有界变差空间设定一个双参数映射，求解一阶非光滑优化问题，在原始 TV 模型上用迭代软阈值建立快速迭代收敛，解决信息修复中的反问题。El-Zehiry 等[147]简化了扩散方程的曲率公式，可以加快计算出全局最优解。Oliveira 和 Bowen 等[148]利用高斯卷积核对待修复区域进行计算，可避免噪点的干扰，提高修复效果。Ebrahimi 等[149]通过研究二维 Navier-Stokes-Voight（NSV）中使用的湍流模型，求解二维 Navier 稳态解的斯托克斯涡量输运方程，进行数值逼近得到修复区域的一个近似解，该模型是一个很好的亚网格尺度湍流模型，可替代偏微分方程进行信息修复。Berntsson 等[150]在扩散模型中引入了参数识别，假设散度形式的扩散系数是未知椭圆形方程的解。该系数是从现有残存的已知信息中得到的，带有先验指导意义，通过求解椭圆形方程的扩散系数计算丢失的信息数据，结果更加准确。

从这些改进策略可以得出，扩散顺序的变化会影响最终的修复结果，如能将扩散顺序与待修复对象的缺损特征结合起来，特别是对于细长状的缺损区域，不同方向上可参考信息源的比例不同，选择适当的扩散顺序可以保证最大可能地重建信息。

2. 样本填充类修复模型

样本填充类修复模型是近几年的研究重点，其优化策略可分为以下三个方面。

（1）优化样本采样的过程。Shibata 等[151]对待填充区域进行初始化处理，估计缺损区域结构和颜色信息的粗糙度，利用梯度插值的方法和马尔可夫随机场理论，把结构和颜色信息从边界向缺损区域内部延伸。然后利用基于样本的修复算法把初始化的图像作为样本块的搜索对象进行匹配块的搜索。Huan 等[152]提出通过引入高精度快速行进法对目标区域的信息块改进采样顺序，并使用高效的纹理块搜索过程和 SSD（Sum of Squares Distances）的平方和措施，降低算法执行成本。Lee 等[153]提出了一种基于分形几何的修复模型，利用图像的自相似性扩建可匹配样本的码本，并从码本中查找出最佳匹配样本块，可提高修复的效果。

（2）改进优先值的计算。Florinabel[154]将待修复填充前缘的优先值在频率域进行映射并改进，提高了边缘的连续性，但在纹理部分会产生误差累积且增加时间的复杂度。Komodakis 等[155]利用置信度传播技术对优先值进行优化，但是，由于参考样本块数量较大，使其算法复杂度增高。Martínez 等[156]将 Criminisi 模型优先值计算公式中的数据项改成指数倍增，可增加前期线性结构信息的比重，提高修复效果的稳定性。Goswami 等[157]增加了置信度值中数据项的比重，通过采用无限大对称指数滤波器（Infinite size Symmetric Exponential Filter，ISEF）获得梯度的新数据项，有助于修复线性和弯曲结构的信息。

（3）优化纹理匹配的准则。Borole 等[158]探讨了基于上下文感知轮廓和纹理的修复模型。采用找到内容类似的修复区域，使用纹理特征结合颜色特征进行上下文描述，可减少错误匹配并加速候选样本的搜索。Kawai 等[159]在信息缺损区域采用模式相似，引导优化目标函数进行匹配完成。通过基于模式相似度量化亮度变化的能量函数，实现对样本相似度的计算。Voronin 等[160]提出通过对样本块的旋转来增加待搜索样本块的数量，从而更加准确地搜索最优匹配块，其实验结果表明能够提高修复精度。

从这些优化策略中可以得出，为了提高修复的效果和效率，可以从优化样本采样过程降低采样数量、改进优先值的计算和优化纹理匹配的准则着手。若能充分了解残存信息区域的特征，对其进行划分，采集样本时就可以有的放矢，不做无用功。若能选择合理的填充顺序，充分考虑画面信息特征，将会大大降低垃圾块产生的可能。如能在样本匹配时加以约束，通过结构信息约束匹配区域，可以让匹配对象更加精准。本章就从这几个角度出发，通过对墓室壁画中错综复杂的信息进行归类和整理，优化样本模型，使之能够在高清数据的修复实验中可行。

2.4　墓室壁画数字修复的关键技术

2.4.1　墓室壁画的实体修复流程

博物馆关于墓室壁画实体修复过程，有着严格的审批手续，涉及馆内文物存储库房、文物保管部、文物修复部、文修档案室和陈列展览部等职能部门。当墓室壁画从保存环境相对比较稳定的库房提出，进入正式修复流程之前，需要对其原始档案中记载的基本信息进行分析和讨论。对现有可行的修复方法进行论证，制订可行的修复方案，确保现有修复手段可以填补墓室壁画残损区域，并得到完整的视觉效果。以避免文物出库后出现损坏或修复不达标的情况，导致本已岌岌可危的画面信息雪上加霜。墓室壁画修复方案制订的流程如图 2.11 所示。

当修复方案被认定通过后，博物馆会对墓室壁画修复前后的基本信息进行记录，并作为必备的修复档案留存。在整个修复流程中，需要记录和留存的修复信息包括以下几个方面。

1. 画面信息统计

墓室壁画的画面信息包括绘画层的主体占比、画面中各种颜料占比及其质地，如图 2.12 所示。

无可行修复方案的

```
墓室壁画病害调查          墓室壁画病害基础研究

提出墓室壁画修复任务        制订墓室壁画保护修复方案

有可行修复方案的

部门提取修复墓室壁画

登录修复墓室壁画信息                    文修专家论证

                                   技术变更
部门分配修复任务                     反馈修复方案

修复人员修复墓室壁画

建立修复档案      墓室壁画归库      修复方法评估
```

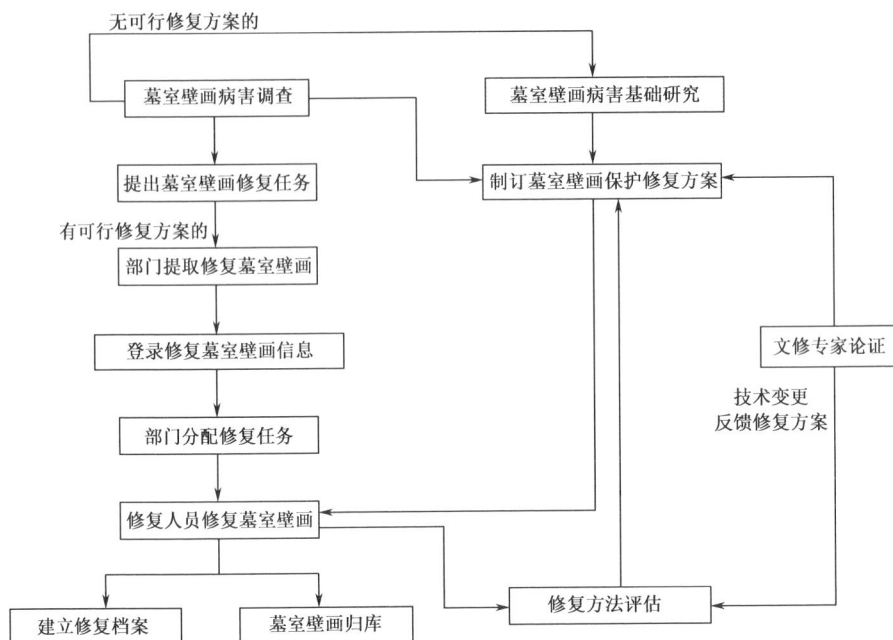

图 2.11　墓室壁画修复方案制订的流程

图 2.12　墓室壁画画面信息的提取过程

　　图 2.12 是房陵公主墓《托果盘仕女图》的实体信息提取过程，通过观察与实验的方法，在实体修复前需要在墓室壁画档案中记录如下信息：①登记画面中绘画主体区域面积与地仗区域面积，以备采用不同的修复手法。②记录画面中各种颜料的比例，颜料分布不仅为实际修复提供依据，也是墓室壁画重要的

史学研究资料。③描述画面表明材质的颗粒质感等档案信息。目前，均采用人工测量与取样实验的方式。由于墓室壁画的画面内容比较丰富，所以测量数据往往因人而异，且取样实验手段均带有一定的侵损性。

2. 病害分布图

博物馆建立墓室壁画修复档案，需要绘制其病害分布图，如图 2.13 所示。在墓室壁画上覆盖一张透明的玻璃纸，并依据古代墓室壁画病害与图示[17]标准进行病害标记，形成病害分布图。

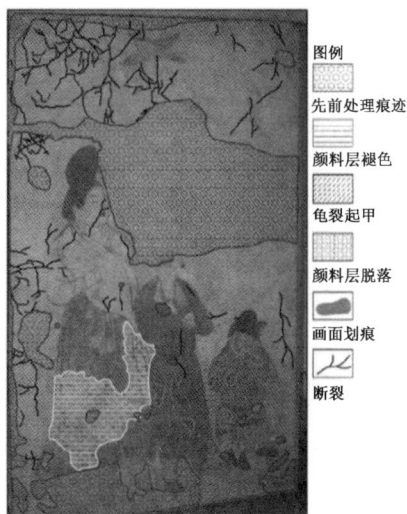

图 2.13　章怀太子墓《侏儒图》病害的人工标记

图中记录了《侏儒图》的病害受损程度，依据不同的病害类型进行标记，为修复方案的制订提供依据。但是，现有的压膜、手工描绘的标记方式，既耗人工又存在损毁墓室壁画的风险。

3. 实体修复方案效果

召集墓室壁画修复领域的专家，对现有的修复手段与墓室壁画残存状况进行分析，模拟古代墓室壁画制作工艺，预演修复效果，讨论预演方案是否可行。模拟古代地仗的制作技法，在墙体上涂上一层麦草泥，等烘干后再在上面抹一层石灰制作的墙皮。文物修复人员在地仗上作画，对可选的修复方案进行预演。对标记残缺区域的墓室壁画进行填充修复过程，要求修复需遵循"修旧如旧"和"最小干预"的原则[161]，这会导致实体修复方案预演的视觉效果信息不统一，并不适用于展览。

4. 文修专家论证提出修复意见

文修专家依据墓室壁画受损现状，讨论现有修复方案是否能够实现画面修复，并对可能造成的二次损害的风险进行评估，对存在问题的修复步骤提出修正意见，确定修复尺度，即哪些信息是必须立即修复的，哪些信息在现有方案不满足的情况下可以暂缓修复，并决定是否对墓室壁画进行调阅出库。

2.4.2　数字修复的关键技术

由于墓室壁画历经沧桑，本体受到各种病害的侵袭，画面信息残破不全。若是画面信息缺损到人眼都无法判断，那计算机所进行的仿真实验也就无据可依，回天无术了。下面通过分析墓室壁画现存信息的特点，以及基于前人修复墓室壁画的经验，分析采用数字修复体系重建墓室壁画信息时可适用的技术支持。

1. 墓室壁画信息的提取技术

由于墓室壁画幅面较大，通过高清采集后可获取大量数字信息。如果能够通过信息处理技术进行分割与分类，既可以提取墓室壁画的数字档案，还可以为后期修复提供先验依据，降低处理难度。信息处理技术中的信息提取、分析、分割、分解技术可为墓室壁画数字信息的提取提供技术支撑。通过对这些技术领域进行研究，针对墓室壁画修复的实际需求，提出符合墓室壁画档案信息提取标准的先验知识获取方法。

2. 墓室壁画病害的标记技术

墓室壁画画面的病害信息错综复杂，不同病害的修复标准也不同，需要对病害进行多特征、多尺度标记，以满足修复过程中不同精度的需求。数学形态学可以凸显画面信息中亮度跳变的区域，且可设计不同的结构元素对病害区域进行比对与排查，有助于去除图像中的嘈杂干扰，增强特定图像特征的细节，进而实现病害标记。

3. 墓室壁画残缺信息的重建技术

针对墓室壁画中出现不同尺度的信息缺损现状，采用变分 PDE 类技术可实现小尺度缺损修复。样本填充类技术可实现大尺度缺损修复。对于复杂的信息缺损情况可先对画面进行分解，底层结构信息与上层纹理信息，选择不同的修复方案进行修复。对于大数据源区去除冗余；对于贫数据源区进行跨区搜源；对于大块缺损可先进行结构拟合再进行样本填充。

4. 客观评价量化技术

对于修复方案的评估环节，依据格式塔原理中连续性与相似性原理，采用无参考客观评价技术，设计块效应因子计算底层视觉的结构连续性，分形维数因子计算上层视觉的纹理相似性，辅助修复方案论证过程。

图 2.14 为依照墓室壁画实体修复与数字信息修复体系对应的技术支持。

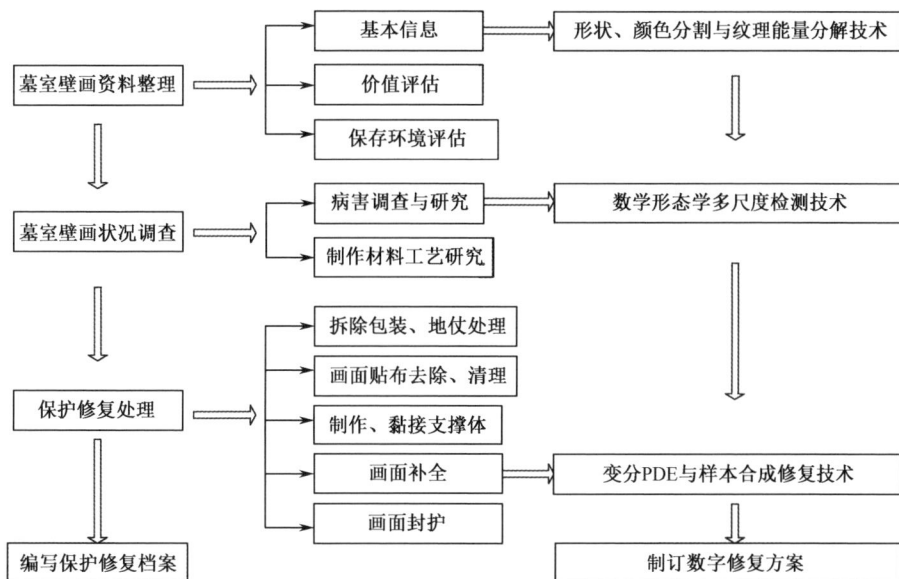

图 2.14 墓室壁画实体修复与数字信息修复体系对应的技术支持

通过分析和研究数字修复体系中可利用的各种计算机信息处理技术，对比实体墓室壁画修复的主要环节，获取不同功能的技术支持，辅助墓室壁画修复流程的预演，可提高画面修复管理流程的效率，降低人工操作的误判与时间损耗。全数字化的信息处理与修复方式能够保护墓室壁画的实体，减少导致画面信息受损的实体环节。

2.4.3 数字修复体系与构架

通过对墓室壁画实体修复环节的研究，提出了数字修复过程中的关键技术，针对每个修复环节设计相应的解决方案，并建立一套可供博物馆协调与管理的数字修复体系，该构架如图 2.15 所示。

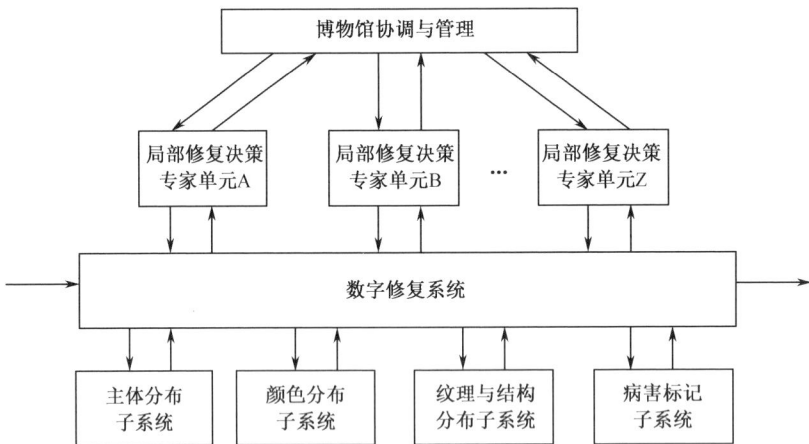

图 2.15 墓室壁画数字修复体系构架

博物馆的数字修复系统与主体分布子系统、颜色分布子系统、纹理与结构分布子系统和病害标记子系统进行交互，通过提取画面残存信息的先验知识与数据模型，为数字修复过程中特定修复模型的选取、优化、约束和参数改进提供可靠的依据。将不同方案修复产生的效果图，展示给远程的文修专家，他们可在修复完成的数字墓室壁画上进行区域圈定和意见标注，并保存文修专家个人信息与意见标注的时间。将文修专家的意见反馈给数字修复系统，进行修复策略的动态优化，更新修复效果。通过多轮论证与修复校正，最终的修复方案要通过远程文修专家论证会，并通过墓室壁画所属博物馆管理人员认证通过，存留最终修复方案用于效果图辅助实体修复。

墓室壁画数字修复任务中信息传递的过程如下。

墓室壁画残存信息特征数据包括绘画层中主体占比数据，颜料层中颜色分布数据，纹理与结构颗粒质感数据，病害分布数据。将这些数据提取后，备份作为墓室壁画修复的数字档案。依据不同的修复尺度和需求，结合传递的特征数据，设定数字修复模型，通过模型参数控制交互式数字修复系统。在修复过程中，文修专家意见对修复系统产生影响，系统输出的方案依据文修专家的经验进行调整后，输出最终结果。数字修复任务的传递过程如图 2.16 所示。

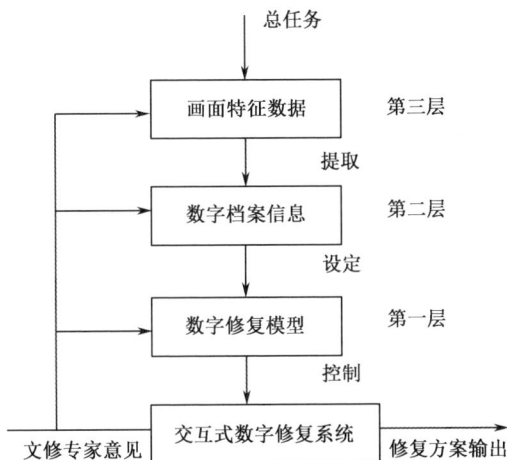

图 2.16 数字修复任务的传递过程

综合以上体系构架，将墓室壁画数字修复过程中产生的数据与博物馆日常行政管理、在线数字化展示与评价等互相关联，将高清采集的数字画面信息充分利用、综合分析、深入处理、广泛宣传。大量采集的高清数据不再沉寂于博物馆的信息管理中心，而是在数字信息处理技术的不断更新与优化下，为文物数字生存提供新的保障。

2.5　本章小结

　　本章通过研究数字修复的数学模型，依据贝叶斯后验逆概模型对已知残存信息求解原始信息的推导过程，提炼出缺损信息重建过程中所需的先验模型、数据模型和修复模型之间的相互数学关系。针对墓室壁画残存信息求解原始信息的反问题求解过程，分析其病态性特点，建立以满足格式塔视觉心理学原则为导向的修复准则。对比现有的典型数字修复模型的特点，分析其各自的适用性与改进策略。围绕墓室壁画实体修复环节所面临的问题，提出针对性解决该类问题的技术方案，并遵循墓室壁画实体修复流程设计数字修复体系构架，细化数字修复过程的任务流程。为博物馆提供一整套墓室壁画全数字化信息处理技术支持的修复体系。

第 3 章
墓室壁画残存信息先验知识的提取

3.1 引言

　　墓室壁画的先验知识是指从残存的画面信息中提取可以为数字修复提供先验依据的边缘、主体、颜色、结构、纹理信息。这些墓室壁画基本的图像特征信息是博物馆信息管理中必不可少的数字档案。文物修复人员对画面进行实体修复前的第一道工序就是通过对需要修复的墓室壁画进行观察，手工描绘出线图，记录画面的边缘起稿线条、主体占比、颜料种类等基本信息。目前，墓室壁画的残存信息多采用人工记录，既耗时又会给本已脆弱的画面带来二次受损的风险。高清墓室壁画的采集数据为利用计算机信息处理技术非接触式提取画面数字档案信息提供了丰富的素材。因墓室壁画信息统计具有特殊的行业特性与专业规范，本章在分析博物馆修复档案收集需求的基础上，根据后期数字修复的适用性，利用轮廓提取、主体分割、颜色聚类、纹理与结构分解等多种技术方案来提取画面残存信息中的先验知识。

　　墓室壁画的先验知识包括画面的轮廓线条勾勒的信息、绘画层主体布局信息、颜料层的颜色分布信息和表面的质感信息。

　　（1）墓室壁画的绘画过程是通过先描绘对象的轮廓，再逐步对细节进行增添。因此，画面内容中的轮廓线条是描述绘画对象的主要部分，博物馆在进行文物档案统计时，也需要先描绘文物的线图。

（2）墓室壁画的主体信息是文修工作的核心，它代表了主要绘画内容的布局。主体画面部分的修复标准、修复尺度、修复精准度都与背景地仗区域不同，而地仗区域一般又占比较大。在后期的修复过程中，可采用较大的纹理样本进行填充，能够缩短计算机迭代的时间，因此主体占比信息的提取对数字修复的时效性有很好的指导意义。

（3）墓室壁画的颜色信息是文修档案必不可少的内容，现有取样实验的方法，对画面带有一定的损毁性，不可反复多次进行。通过聚类的方法进行前期初筛，可以辅助实体采样，避免误选样本区域，可降低错误累积。把颜色分布信息反馈给数字修复环节，可在样本取样时精准选择匹配度高的区域，以提高修复精度。

（4）墓室壁画的表面质感与其材质有关，如丰富的叶片区域与平滑的石块区域修复手法就不同。对于数字修复过程，平滑的结构信息与丰富的纹理信息修复方案也不一样，需要选择截然不同的修复模型。对画面进行分解，分为纯结构信息与纯纹理信息两个部分，既可有针对性地选择修复方案又可稀疏信息量，提高修复精度与效率。通过提取墓室壁画的先验知识，可设定先验参数，并传递给修复模型，辅助优化修复模型的填充过程。

3.2 基于改进边缘检索模型的线图先验知识

3.2.1 待修复墓室壁画的线图信息

线描作为中国绘画造型的主要艺术语言，具有高度的概括力和艺术表现力，能以简练的笔墨塑造出各式各样的人物形象，传达出艺术家不同的艺术感受和生命体验。它是中国绘画中一种至关重要的艺术语言和造型手段，可塑造出艺术形象骨架，同时，线描本身又具有独特的审美内涵和艺术价值。墓室壁画线图[162]是描绘画面主体轮廓结构的简图，一般由文物修复人员对画面实体进行临摹描绘，从而获取主体布局的第一手资料。通过线条勾勒出主要画面的内容，可区分主绘画区域与地仗区域。描绘线图作为修复环节中必不可少的一步，是修复方案制订的重要参考资料。

　　图 3.1 是韦炯墓《男吏图》的局部，图 3.2 是由文物修复人员手工临摹的线图。其线条流畅，轮廓清晰，简洁描述出画面的主要内容。这是通过压膜、勾画快速得到画面主体信息的古老技术。但是这种手工绘画容易因文物修复人员主观视角与绘画手法的不同带入个人风格的影响，从图 3.2 的效果可以看到手绘的线条并不完全切合原图。为了辅助博物馆信息中心建立快速、客观的主墓室壁画线图信息提取技术，本章采用信息处理技术中的边缘检索方法，提取墓室壁画中的线图，并对残存的线条信息进行先验模型的建立。

图 3.1　韦炯墓《男吏图》　　　　　　图 3.2　手工绘制线图

　　高质量的文物线图具有档案存储、辅助文物修复和保护、考古研究和文化出版等功能[163]。传统的线图描绘方法要在画面上拉基线、放网格，并通过尺子选点测量进行绘制。整个过程工序多，绘制速度慢，图像精度低，绘图质量因人而异。在线图绘制过程中，文物修复人员要对文物不断地进行翻转、测量，极易对存在病害侵袭的墓室壁画造成二次损伤。为提高绘图的效率和质量，如今文物修复部门尝试利用数字成像技术进行线图绘制。通过数码相机拍照后将文物照片导入 Photoshop、CorelDraw 等图形处理软件，采用人机交互方式标记出文物轮廓线，但是因文物修复人员对文物信息表达的理解不同，绘图结果会有差异。近年来，涌现了很多优秀的提取图像线条的方法，Yang 等[164]提出了一种利用图像自动生成非真实感线条画的技术，该技术能够对图像提取一组连贯、平滑和风格化的线条，描绘出主体对象的形状。Chen 等在 2001 年[165]和 2004 年[166]的工作中，采用画家绘制的人脸线描作为训练集，通过机器学习建立起线描数据库，对于用户输入的图像，将人脸分为多个子系统，针对不同子系统中的元素进行学习得到各个元素的线描，并最终组合得到人脸的线描图。随着技术的进一步发展，关于线描的识别及临摹工作已经越来越智能化，Yong 等[167]在 2011 年开发了 Shadow Draw 系统，建立庞大的数据库，存储了多类别的图片及对应的线描图，用户绘制线条时，系统会与数据库中的数据实时匹配，将结果以阴影的形式反馈给用户，以指导其绘画。鲁东明等[168]开发了敦煌墓室壁画计算机辅助临摹系统，提供可交互的墓室壁画线描生成工具，可基本实现在笔画临摹的基础上生成线描，但这种大量的交互并不能产生良好的效果。2017 年 Fu 等[169]提出了一种新的用于敦煌壁画的线描增强交互式系统，该系统由数据预处理、损伤区选择、线描组成，可用于交互式辅助线图轮廓的提取。2020 年 Alcocer 等[170]为辅助学生对古代建筑进行线图描绘，进行了多种计算机软件功能的调试，期望能够半自动的完成线图的描绘。同年，Abzal 等[171]介绍了一种新型的底板浮雕自动绘图系统，该系统由一种边缘投影扫描仪组成。使用该扫描仪，可将 2D 线转换为 3D 空间，形成文化遗产应用所需的线描图。文物系统为了方便快捷地得到第一手的文物线描图，做了大量的尝试。对于现有采集的高清唐墓室壁画，使用图像处理技术中的边缘检测是一种比较简洁且准确的方法，选取合适的边缘检索算子就可以快速产生线描图，这将大大减轻文物修复人员的工作强度。

3.2.2　边缘灰阶选择对墓室壁画轮廓描述适用性分析

提取墓室壁画的边缘有助于描绘出主体画面的布局，因其为陪葬品，具有工期短幅面大的特点，大部分都是直接通过起稿线限定绘画区域的，主画面轮廓线条流畅，多采用铁线勾勒的绘画手法[172]。通过二维信息处理技术中的边缘检索技术[173]可初步确定其轮廓边界，便于快速把握画面层的布局。由于墓室壁画的边缘[174]能勾画出整体目标对象，使观者可一目了然地对目标进行定位，其涵盖了丰富的画面信息，对于图像识别中抽取图像主要特征有很明显的作用。

边缘检索技术[175]通过对信息集群中灰度值梯度突变的像素进行定位，依据顺延边缘方向的像素灰度值变化较平缓，而垂直于边缘方向的像素灰度值变化剧烈的特点，进行边缘信息的定位。初始产生的边缘信息往往存在由于噪声等因素引起的过连通或欠连通等问题，需要对其进行二次连接。采用不同的连通域使其产生连接结果也不同，最终可以得到单个像素宽度的二值边缘信息。边缘像素的连通包括基本的标注和连接两个步骤，标注为连通邻域内的像素分配一个确定的标号。当边缘像素的灰度值和方向量满足特定的相似性准则时，则归属于同一个边缘段。最终，将属于同一个标注号的像素连在一起形成连续的边缘。边缘检索过程依据邻域选取与连通准则不同，可设计不同的梯度运算方法。

令待修复的画面为 I，则边缘像素的梯度算子为

$$\nabla I = \begin{bmatrix} g_x \\ g_y \end{bmatrix} = \begin{bmatrix} \dfrac{\partial I}{\partial x} \\ \dfrac{\partial I}{\partial y} \end{bmatrix} \tag{3.1}$$

令 M 表示灰阶，N 表示灰阶跳变方向，则有

$$\begin{cases} M(x,y) = \sqrt{g_x^2 + g_y^2} \\ N(x,y) = \tan^{-1}\begin{bmatrix} g_x \\ g_y \end{bmatrix} \end{cases} \tag{3.2}$$

墓室壁画轮廓的灰度跳变信息对于修复过程是非常好的先验知识，它在图像信息中表达为与灰阶梯度变化量最大值的正交方向的延续量。在修复填充的过程中，总是希望残存信息能够沿着强结构信息方向进行扩散，这将更加符合人眼的视觉标准。铁线勾勒的轮廓边缘上的灰度值具有一阶导数较大，而二阶导数值为零的特点。因此，利用梯度最大值或二阶导数过零点提取边缘是获取墓室壁画主体轮廓的可行手段。典型的边缘检索技术大都通过一阶微分运算或二阶微分运算，求梯度一阶导数最大值或二阶导数过零点，并选取适当的阈值来提取边缘。也可选择更高的灰阶导数，但因为噪声的影响，灰阶越高对噪点越敏感。因画面信息含有一定的颗粒度，三阶以上的灰阶导数信息会失去参考价值。因此，选择合适的边缘检索算子有利于非接触地提取光滑连续的画面轮廓和主体占比。

3.2.3 边缘检索技术及轮廓提取效果分析

目前，典型的二维信息边缘检测算子如 Roberts、Prewitt、Sobel、LoG、Canny 等，均需要先对边缘检索的画面信息进行灰度转换，通过对其连通域内进行灰阶分析，从而实现对强边缘的提取。其中 Roberts、Sobel、Prewitt 均采用一阶微分方程求解极大值进行灰阶计算，Roberts 算子[176]利用的是局部差分算子寻找边缘，处理后结果边缘不是很平滑，且通常会在图像边缘附近的区域内产生较宽的响应，故需做细化处理。Prewitt 算子[177]对图像进行滤波达到像素平均，因此对于噪声有一定的抑制作用，但对边缘的定位不如 Roberts 算子效果好。Sobel 算子和 Prewitt 算子都有加权平均环节，但是 Sobel 算子[178]对邻域中的像素距离不同赋予了不同的权值，也会对算子结果和边缘检索的效果产生影响；LoG 算子[179]使用的是高斯拉普拉斯算子，它是二阶微分算子，添加了平滑过程，对噪点干扰有一定的健壮性；Canny 算子[180]用一阶偏导有限差分计算梯度幅值和方向，但在检索之前进行了与 LoG 算子类似的高斯滤波平滑。通过边缘提取技术主要是通过图像来得到对应的线描图，目前主要应用集中在肖像[181]画的生成方面。

选择哪种边缘检测算子对墓室壁画进行线图提取，需要考虑对二维平面信息灰阶检测能满足两个条件：第一个是尽可能有效地抑制噪声；第二个是尽量精确确定边缘的位置。以图 3.3 房陵公主墓《托果盘仕女图》为例，采用经典检索算子对该画面进行线图提取实验。

图 3.3 房陵公主墓《托果盘仕女图》

1. Sobel 算子

基本 Sobel 算子进行边缘检测时，采用如下的两个模板进行卷积，分别检测水平与垂直方向，将卷积得到的最大结果作为边缘输出。

水平检测模板：$\begin{bmatrix} -1 & -2 & -1 \\ 0 & 0 & 0 \\ 1 & 2 & 1 \end{bmatrix}$。　　垂直检测模板：$\begin{bmatrix} -1 & 0 & 1 \\ -2 & 0 & 2 \\ -1 & 0 & 1 \end{bmatrix}$。

从模板的设计可以看出，Sobel 算子对于距离不同的像素赋予的权值不同，离检测点越远的像素影响越小。该算子是距离一阶离散型的差分算子，不是基于图像灰度处理的算子，并没有将图像的主题与背景严格地区分开来，检测出的结果与人眼的视觉感受不太统一。

Isotropic Sobel 算子[182]是较新颖的 Sobel 加权平均算子，其权值反比于邻点与中心点的距离，当沿不同方向检测边缘时梯度幅度一致，就是通常所说的各向同性。将检测模板中的权值改进如下。

水平检测模板：$\begin{bmatrix} -1 & -\sqrt{2} & -1 \\ 0 & 0 & 0 \\ 1 & \sqrt{2} & 1 \end{bmatrix}$。　　垂直检测模板：$\begin{bmatrix} -1 & 0 & 1 \\ -\sqrt{2} & 0 & \sqrt{2} \\ -1 & 0 & 1 \end{bmatrix}$。

各向同性的 Isotropic Sobel 算子和普通 Sobel 算子相比，其位置加权系数更为准确，在检测不同方向的边缘时梯度的幅度一致。

图 3.4 为 Isotropic Sobel 算子提取线图的实验效果。

（a）灰度阈值为 0.03　　　　　（b）灰度阈值为 0.05　　　　　（c）灰度阈值为 0.06

图 3.4　Isotropic Sobel 算子提取线图的实验效果

其中，图 3.4（a）选取的灰度阈值为 0.03，图 3.4（b）选取的灰度阈值为

0.05，图 3.4（c）选取的灰度阈值为 0.06。

Isotropic Sobel 算子的位置加权系数更为准确，在检测不同方向的边沿时梯度幅度一致。Sobel 算子并没有将图像的主体与背景严格地区分开来，即 Sobel 算子没有严格地模拟人的视觉生理特征，所以提取的图像轮廓有时并不能令人满意。

2. LoG 算子

LoG 算子使用的是高斯拉普拉斯算子（Laplacian of Gaussian，LoG）。它是二阶微分算子，其具有各向同性，即与坐标轴方向无关，坐标轴旋转后梯度结果不变。该算子对噪声比较敏感，所以检索之前一般先要经过平滑处理，因为平滑处理也是用模板进行的，所以，通常的分割算法都是把 LoG 算子和平滑算子结合起来生成一个新的模板。LoG 算子的平滑公式中使用高斯函数的目的就是对图像进行平滑处理，提供一幅用零交叉确定边缘位置的轮廓，并且还可抵消由 LoG 算子的二阶导数引起逐渐增加的噪声影响。其平滑公式如下。

$$G(x,y) = \frac{1}{2\pi\sigma^2}\exp\left(-\frac{1}{2\pi\sigma^2}(x^2 + y^2)\right) \tag{3.3}$$

其平滑性是通过参数 σ 来控制的。将 $G(x,y)$ 与墓室壁画画面 $I(x,y)$ 进行卷积，得到平滑后的画面信息，即

$$g(x,y) = I(x,y) * G(x,y) \tag{3.4}$$

对 $g(x,y)$ 进行高斯拉普拉斯运算，即

$$h(x,y) = \nabla^2\left(I(x,y) * G(x,y)\right) \tag{3.5}$$

当二阶导数的零交叉点，即 $h(x,y) = 0$ 时，判断其为边缘，常用的 5×5 的检索模板如图 3.5 所示。

$$\begin{bmatrix} -2 & -4 & -4 & -4 & -2 \\ -4 & 0 & 8 & 0 & -4 \\ -4 & 8 & 24 & 8 & -4 \\ -4 & 0 & 8 & 0 & -4 \\ -2 & -4 & -4 & -4 & -2 \end{bmatrix}$$

图 3.5　高斯拉普拉斯算子

LoG 算子在检索边缘前加入了图像平滑滤波过程，即在边缘检索之前消除

掉了尺度小于 σ 的图像强度的变化，因此当边缘宽度过小时容易出现边缘中断，且常产生双像素宽的假边缘。

图 3.6 为 LoG 算子提取线图的实验效果。

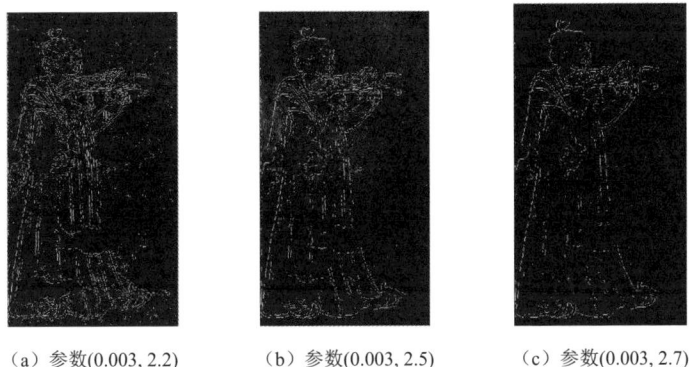

（a）参数(0.003, 2.2)　　　（b）参数(0.003, 2.5)　　　（c）参数(0.003, 2.7)

图 3.6　LoG 算子提取线图的实验效果

图中当灰度阈值为 0.003 时，选取标准差分别为 2.2、2.5、2.7 的实验结果。

LoG 算子是一种各向同性算子，比较适合只关心边缘位置而不考虑其周围像素灰度差值时的检索需求。该算子对孤立像素的响应要比对边缘或线的响应要更强烈，因此对于有大量细小菌斑污染的墓室壁画图像检索效果不是很好。

3. Canny 算子

Canny 算子是先对画面进行高斯滤波器平滑，然后求解一阶导数。二维高斯函数为仍采用式（3.3）的数据模型，在 $\boldsymbol{\theta}$ 方向 $\boldsymbol{G}(x, y)$ 的一阶方向导数为

$$\boldsymbol{G}_{\theta} = \frac{\partial \boldsymbol{G}}{\partial \boldsymbol{\theta}} = \boldsymbol{\theta} \nabla \boldsymbol{G} \tag{3.6}$$

其中，

$$\boldsymbol{\theta} = \begin{bmatrix} \cos\theta \\ \sin\theta \end{bmatrix}, \quad \nabla \boldsymbol{G} = \begin{bmatrix} \dfrac{\partial \boldsymbol{G}}{\partial x} \\ \dfrac{\partial \boldsymbol{G}}{\partial y} \end{bmatrix} \tag{3.7}$$

其中，$\boldsymbol{\theta}$ 是法向矢量，$\nabla \boldsymbol{G}$ 是梯度矢量。

将墓室壁画画面 $I(x, y)$ 与 $\boldsymbol{G}_{\theta}$ 进行卷积，$\boldsymbol{G}_{\theta} * I(x, y)$ 取得最大值时的 $\boldsymbol{\theta}$ 就

是垂直于检测边缘的方向。用 $\Upsilon(x,y)$ 表示图像在 (x,y) 点处的边缘强度。

求解过程采用数学模型如下。

$$E_X = \frac{\partial \boldsymbol{G}}{\partial x} * I(x,y), \quad E_Y = \frac{\partial \boldsymbol{G}}{\partial y} * I(x,y) \tag{3.8}$$

$$\Upsilon(x,y) = \sqrt{E_X^2 + E_Y^2}, \quad \boldsymbol{\theta} = \arctan\left(\frac{E_X}{E_Y}\right) \tag{3.9}$$

为了更好地确定边缘，细化图像中的屋脊带，需抑制非极大值，以保留图像梯度局部的最大点。$\Upsilon(x,y)$ 设计一个阈值，对低于阈值的值赋 0。针对假边缘与边缘中断的问题，该模型采用了双阈值法，先用小阈值检测到边缘存在诸多假边缘，再采用大阈值进行排除，若其 8 邻域内有大阈值检测到的边缘则连接形成边缘，否则放弃。

图 3.7 为 Canny 算子提取线图的实验效果。

（a）参数(0.004, 0.2)　　（b）参数(0.004, 0.3)　　（c）参数(0.004, 0.4)

图 3.7　Canny 算子提取线图的实验效果

图 3.7（a）中选取参数为 0.004 和 0.2，图 3.7（b）中选取参数为 0.004 和 0.3，图 3.7（c）中选取参数为 0.004 和 0.4。高的阈值用于将提取轮廓的物体与背景区分开来，以决定目标与背景对比度；低的阈值用于平滑边缘的轮廓，以校正高阈值产生边缘轮廓不连续或不够平滑的现象。

从线图提取结果对比可以看出，Canny 算子在对信噪比与定位乘积进行测度过程中得到最接近优化的结果，能在保证边缘细化的基础上，排除假边缘的干扰，是一个具有滤波、增强、检测的轮廓提取算子，其轮廓提取效果较好，较符合线图提取的需求。直接使用 Sobel、Prewitt、LoG 和 Canny 等算子对文物的数字图像进行边缘检测时，提取的特征线噪声多、不连贯，效果并不理想。然而，由于墓室壁画中的线具有一定的宽度并通过其宽度的变化反映不同画面的风格，直接应用于线的提取时，会对线的两侧产生响应，从而出现同一线对应两个边缘的情况。

3.2.4　改进的 Canny 算子检测墓室壁画线图

传统的 Canny 边缘检测算法是一种有效而又相对简单的算法，可以得到不错的结果，但是基于 Canny 算子本身的一些缺陷，为了更贴近博物馆档案的要求，在研究中做了以下改进。

1. 更新高斯模糊算子

Canny 算子边缘检测的第一步是用高斯模糊去掉噪声，但是也会平滑细边缘，使得边缘信息减弱，如前面实验中线图信息中断的现象。有可能使得在后面的步骤中漏掉一些需要的内容，特别是弱边缘和孤立的边缘，就可能在双阈值和联通计算中被剔除。通过实验对比可以预见，如果加大高斯模糊的半径，虽然对噪声的平滑力度加大，但也会使得最后得到边缘图中的边缘明显减少，因此如何精确地选择高斯半径就显得相当重要了。

在墓室壁画信息中，表面污染的病害是高频信号，绘画勾勒的轮廓也属于高频信号。高斯模糊会不加区分地对所有的高频信息进行模糊，为了在去除病害干扰的条件下尽可能地保留绘画轮廓信息，可以通过设定一个阈值，仅让与中心像素灰度差值小于这个阈值的像素参与计算。这样同中心像素相差过大的像素被认为是包含有效信息的，而不是噪声，不会参与平滑计算，从而保留了这些有用的高频信号，那么边缘信号自然也在保留的范围内。

2. 替换梯度算子

在最初的 Canny 算子中是使用最小的 2×2 邻域来计算梯度幅值的。这种方法对噪声很敏感，比较容易检测到伪边缘或漏掉真边缘。通过实验发现使用 3×3 的 Sobel 算子进行梯度计算，是一种比较好的选择。对于算法中的梯度算子可以有多种选择，其中一阶梯度算子和 Roberts 交叉算子都是 2×2 的算子，它们算出来的梯度在幅度上都要小于 Sobel 算子，即使用同样的高低阈值，最后的计算结果也不具有可比性。另外，还可以使用 3×3 的 Prewitt 算子和 5×5 的 Sobel 算子，它们仅仅参数不同，在平滑性能上略微不如 Sobel 算子。

3. 抑制非极大值

将角度划分成水平（0°）、-45°、垂直（90°）、+45°、水平（0°）、-45°、垂直（90°）、+45°，如图 3.8 所示。

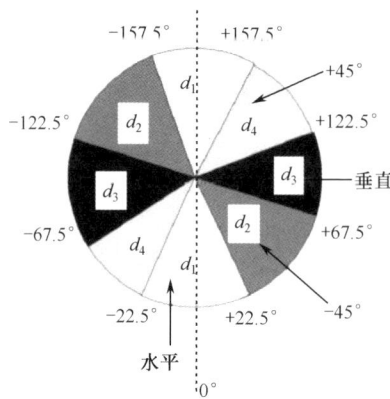

图 3.8　检索方向划分

对 3×3 检索模板区域的 4 个基本边缘方向进行非极大值抑制，如图 3.9 所示。

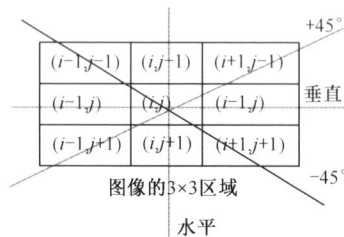

图 3.9　检索模板方向

做法：若中心点（访问点）在沿其方向上邻域的梯度幅值最大，则保留；否则抑制。

4. 设置滞后阈值

滞后阈值也称"双阈值"，设置大、小两个阈值，如果像素的梯度强度大于大阈值，则认为此像素一定位于边缘，所在边缘称为强边缘；如果像素的梯度强度小于大阈值、大于小阈值，则认为此像素可能位于边缘；如果像素的梯度强度小于小阈值，则认为此像素均不位于边缘。对于可能位于边缘的像素，如果其邻域内存在位于强边缘的像素，则认为此像素也位于边缘，所在边缘称为弱边缘。在实验中，设 Canny 算子的小阈值为 k，大阈值为小阈值的 3 倍，即 $3k$。图 3.10 为改进后的算法流程。

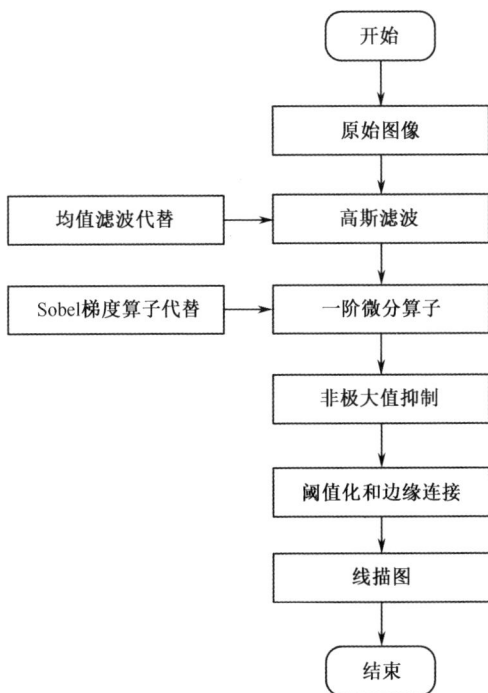

图 3.10　改进后的算法流程

改进后的边缘提取算法抑制了非极大值的误差，使产生的线描图更加光滑。

3.2.5　墓室壁画线图提取实验

上述章节已对提取墓室壁画线图的方法进行了说明，下面将展示不同边缘检测算法对提取效果的影响，然后说明改进前后 Canny 算子对墓室壁画线图的提取效果，最后用边缘检测的客观评价方法对实验结果做出评价。

由于墓室壁画存在大量全局随机分布的噪声，因此要基于全局角度考虑降图像噪声的方法，最大限度地减少对图像后期处理的影响。不同滤波预处理的对比效果如图 3.11 所示。

（a）　　　　　　（b）　　　　　　（c）　　　　　　（d）

图 3.11　不同滤波预处理的对比效果

其中，图 3.11（a）为原图。图 3.11（b）为均值滤波进行预处理后的结果，虽然噪声被平滑后降低了，但画面本身也变得模糊。图 3.11（c）为中值滤波进行预处理后的结果，消除噪声的同时边缘保存完好，但时间开销大且只能处理局部噪声。图 3.11（d）为 L_0 最小化平滑进行预处理后的结果，从全局角度平滑图像噪声，且保留了完好的边缘，有利于线条的提取。

对比了均值滤波、中值滤波和 L_0 最小化平滑的方法后，这里选择 L_0 最小化平滑方法消除图像的噪声，其主要原理如下：此方法是基于稀疏测量的全局平滑策略，通过构造一维信号量消除非零梯度对全局边缘的影响，并强化突出的边界。将二维图像转化为一维信号量，首先，计算像素 p 在 x 和 y 方向与其邻域间的颜色差。

$$\nabla S_p = \left(\partial_x S_p + \partial_y S_p \right)^{\mathrm{T}} \tag{3.10}$$

然后，按照一维信号思路，计算满足条件的像素个数。

$$C(S) = \# \left\{ p \middle| \left| \partial_x S_p \right| + \left| \partial_y S_p \right| \neq 0 \right\} \tag{3.11}$$

最后，与

$$\min_s \left\{ \sum_p \left(S_p - I_p \right)^2 + \gamma \cdot C(S) \right\} \tag{3.12}$$

相结合得到最终的一维信号量。

图 3.12 为实验结果，其中设置高斯模糊半径为 5，均值模糊半径为 2，Canny 算子上下阈值比为 3:1。

（a）　　　　　　　（b）　　　　　　　（c）

（d）　　　　　　（e）

图 3.12　不同平滑与梯度算子组合所提取的线图结果

图 3.12（a）～（c）显示了在 Canny 算法中同为高斯模糊的情况下的不同梯度算子的处理结果，图 3.12（a）是高斯滤波和一阶微分梯度算子的处理结果。图 3.12（b）是高斯滤波和 Prewitt 梯度算子的处理结果。图 3.12（c）是高斯滤波和 Sobel 梯度算子的处理结果，可以发现在同样高斯模糊和参数的情况下，更换梯度算子后效果出现明显不同。图 3.12（d）和图 3.12（e）则显示了在以均值模糊替换高斯模糊的情况下不同算子的处理结果。图 3.12（d）显示了 L_0 最小化平滑和 Prewitt 梯度算子，图 3.12（e）显示了 L_0 最小化平滑和 Sobel 梯度算子，很容易发现 Sobel 梯度算子的效果要好一些。通过实验结果可以看出，均值模糊要好于原来的高斯模糊。从边缘图上也可以直观地看出，图 3.12（a）中检测出的边缘数很少，欠完整。图 3.12（e）中边缘的连续性较好，完整性也占优。相比之下，图 3.12（c）和图 3.12（d）中的边缘很粗，噪声点很多。而图 3.12（e）中的边缘连接程度最佳，边缘的细节体现得最明晰，这对墓室壁画画面分析和理解非常有利。

3.2.6　墓室壁画线图信息的先验知识

通过对墓室壁画离散高斯分布中模板权值给出轮廓线图的先验参数的定义，设 i、j 分别表示图像单位模板的行、列数，定义残存墓室壁画轮廓信息的高斯分布权值为

$$m(i, j) = c \exp\left[-\frac{\left(i^2 + j^2 \right)}{2\sigma^2} \right] \tag{3.13}$$

其中，c 是规范化系数，对式（3.13）进行修正表示为

$$\frac{m(i, j)}{c} = \exp\left[-\frac{\left(i^2 + j^2 \right)}{2\sigma^2} \right] \tag{3.14}$$

通过调整 σ^2 值就可以在模板上对线条提取的效果进行测度。按照前面的叙述，从定量上分析，可以得出图 3.12（a）～（e）中提取轮廓线图的统计数据，分别对 5 幅图的边缘点、四连通域、八连通域和比值的高斯分布权值进行测算，结果如表 3.1 所示。

表 3.1　不同线图提取效果的高斯分布权值

线图检索点	（a）	（b）	（c）	（d）	（e）
边缘点 A（×10⁴）	0.5685	0.7932	0.8037	1.6213	1.8058
四连通通域 B	2264	2836	2940	5258	8352
八连通通域 C	1645	998	1002	1158	873
C/A	0.2894	0.1258	0.1247	0.0714	0.04834
C/B	0.7266	0.3519	0.3408	0.2202	0.1045

从表 3.1 中可以看出，基于均值模糊和 Sobel 梯度算子边缘图的 C/A 值与 C/B 值要比其余几种方法的值小得多。这表明改进后的 Canny 算子提取边缘线型的连接程度较好，画面效果最佳。因此可以通过线图检索中得到的边缘点与周边连通域的比值来表达墓室壁画画面中线状信息的连贯程度。

3.3　基于形变分割模型的主体先验知识

3.3.1　待修复墓室壁画的主体信息

当一幅墓室壁画的画面主体对象占整幅画面不到一半的比例时，在修复的过程中与地仗区域并不体现出同等重要的可参考性。相对于现有全局遍历的修复模型无差别的修复尺度，对于画面主体占比不同的情况，可使用对不同区域选用不同修复精度与尺度的方法。这需要充分考虑墓室壁画的创作过程并依照文物信息统计的需求进行主体先验知识的选取。我国古代绘画常通过留白来进行构图，墓室壁画也如此，留白底处并无涂料，则是地仗白灰区域，如图 3.13 所示。

图 3.13　墓室壁画主体绘画区和地仗白灰区域

对于整幅墓室壁画中的绘画主体、画面的起稿区域，以及地仗区域的保护和修复是具有不同精度要求的。特别是对于采用样本填充类的数字修复手段，主体区域和背景区域需要选用不同的样本模板尺度。因此，在进行现有信息先验知识的分析时，寻找合适的主体分割方法则显得非常重要。

3.3.2　主动轮廓动态收敛的主体信息捕获

通过墓室壁画绘画区域的边缘检索，可以获取主画面的基本轮廓信息，轮廓表达了墓室壁画获取后的第一手资料"文物线图"。不同的检索算子在遍历画面结束后得到了不同的轮廓图案，对于勾勒墓室壁画中的对象信息起到快速精准的作用。为了得到具体的画面主体份额比例，还需要通过非接触信息处理技术获得画面中主体分布情况。用来进行主体背景分割的技术有基于阈值[183]的分割技术、基于边缘[184]的分割技术、基于区域[185]的分割技术、基于图论[186]的分割技术和基于能量泛函[187]的分割技术等。

墓室壁画主体与背景信息的分割与提取，需要尽可能地圈定画面区域，使分割区域既靠近并包含所有的绘画区域，又不能使轮廓线产生间断。欠分割会导致数字修复过程中对部分墓室壁画的画面外延区域分配了相对较大的样本，当进行合成时，导致对于画面主体的修复精度不够。若过分割又会导致对地仗区域修复过于细致，使其均匀光滑丧失了纹理质感。

因此，需要寻找一种可以圈定主体背景区域，并可动态调整的分割技术。Kass 等[188]提出了主动轮廓模型，也称为 Snake 模型，是基于形变模型的信息分割处理技术。Snake 模型通过预先设定构成一定形状的控制点作为模板，控制点参数随图像局部特征产生自适应的弹性形变，逐渐向能量泛函内外均衡的方向收缩，最终圈定目标信息区域。

其基于能量泛函动态稳定的分割过程比较符合墓室壁画主体信息提取的需求，其过程如下。

（1）初始化一个任意形状曲线，作为初始轮廓控制点集。将待分割画面主体完全包含在控制点内部，如图 3.14 所示。

蓝色箭头表示向内的能量，绿色箭头表示向外的能量，该曲线可依据内外能量动态收缩。

图 3.14　主动轮廓模型示意

（2）构建能量方程。它由两个内容组成，一个用来规范曲线形状，称为内能量（Internal Force），最小化内能量使曲线向内部紧缩且保持平滑；另一个用来约束收敛对象边缘，称为外能量（External Force），其保证曲线紧缩到目标物体边缘时停止。

其能量方程的数据模型如下。

$$E_{snake} = \int_0^1 E_{snake}(v(s))ds = E_{int}(v(s)) + E_{ext}(v(s)) \tag{3.15}$$

E_{snake} 表示在控制点 $v(s) = [x(s), y(s)], s \in [0,1]$ 上定义的能量函数，包括内能量 E_{int} 与外能量 E_{ext}。

$$E_{int}(v(s)) = \int_0^1 \frac{1}{2}(\hbar |v'(s)|^2 + \lambda |v''(s)^2|)ds \tag{3.16}$$

在内能量公式中，$v'(s)$ 和 $v''(s)$ 为控制点连线的一阶与二阶导数，参数 $\hbar$ 是施加在控制点相邻两点连线的约束项系数，用于控制轮廓的弹性，$\hbar$ 越大其轮廓线收缩越快，所以以积分式的第一项也称为弹性能；λ 是控制点连线的刚度系数，它控制轮廓线的平滑性，λ 越大其轮廓越平滑，积分式的第二项也称为弯曲能。

$$E_{ext}(v(s)) = E_{img}(v(s)) \tag{3.17}$$

外能量函数中的 $E_{img}(v(s))$ 又称为图像能。

$$E_{img}(v(s)) = \int_0^1 p(v(s))ds \tag{3.18}$$

图像能表示图像边缘势能面，它驱使轮廓曲线朝着势能面的局部低谷处移动。其中，$p(v(s))$ 定义为图像 $I(x,y)$ 上的标量函数。

$$p(v(s)) = -\gamma |\nabla(G_\sigma(x,y) * I(x,y))|^2 \tag{3.19}$$

式中，$G_\sigma(x,y)$ 为高斯函数，σ 为均方差，γ 为加权系数。

（3）根据能量方程，计算出表示曲线受力的欧拉-拉格朗日方程。按照曲线各点的受力来对曲线进行变形，直至受力为 0。此时能量方程达到最小值，曲线就会收敛到目标物体边缘。图像能越小说明距离轮廓越近，求解其最小化过程可保证收敛的边缘不离开目标对象。在弹性能、弯曲能与图像能的综合作用下，主动轮廓模型逐渐包围墓室壁画对象的主体信息。

3.3.3 强梯度边缘约束下的 Snake 模型收敛实验

目前主动轮廓 Snake 模型多用于医学信息中对病灶的分割[189]，这类分割与墓室壁画主体分割有相同的目标需求，就是尽可能大的包含病灶，尽可能小的收缩外沿，通过不断迭代达到能量平衡后，圈定要分割的区域。

图 3.15 为使用 Snake 模型对墓室壁画局部画面中的人物对象进行主体分割，产生不同迭代次数下的收敛结果。

（a）《捧盒仕女图》局部　　　　　　　（b）迭代 300 次

（c）迭代 900 次　　　　　　　（d）迭代 1200 次

图 3.15　主动轮廓模型实验效果

图 3.15（a）为房陵公主墓《捧盒仕女图》局部，图 3.15（b）选择的迭代次数为 300 次，图 3.15（c）选择的迭代次数为 900 次，图 3.15（d）选择的迭

代次数为 1200 次。在能量趋于稳定后仍然有欠分割的情况，其效果并不能满足墓室壁画数字档案中对于主体画面的统计要求。

对于墓室壁画绘画层主体画面的统计，边缘提取与主动轮廓形变分割均只做到了一部分。基于边缘检测的实验结果提取出了画面的轮廓线，但是对于画面内部的区域没有进行归类，内部区域还需要填充，而 Snake 模型对于画面的欠分割会使主题画面分离成了若干个部分，其中部分信息归到了背景区域，导致结果不是一个整体，需要叠加统计。

本节使用前期边缘检索得到的连续曲线来表达目标边缘，通过定义能量泛函使得其自变量包括这段边缘曲线，通过求解能量泛函最小值时的曲线位置就可得到主体对象的区域。墓室壁画主动轮廓提取主体区域的流程如图 3.16 所示。

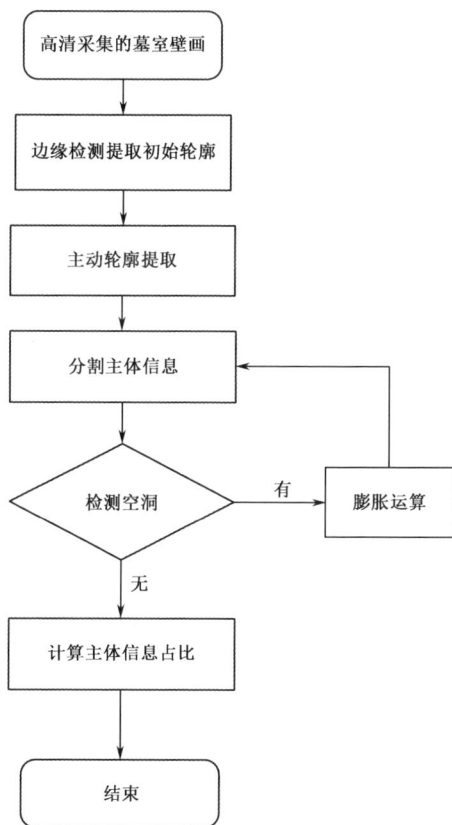

图 3.16　墓室壁画主动轮廓提取主体区域的流程

　　首先利用第 3.2 节中改进的 Canny 算子边缘检测提取出画面的轮廓线，并将该曲线集合设定为 Snake 模型的初始值，然后再以改进 Canny 算子检索输出的轮廓信息为初始限定区域进行收敛，对内外部能量均衡后的区域进行画面比例统计。在内能量和外能量的作用下，变形外能量吸引活动边缘朝画面主体运动，而内能量保持外围轮廓的光滑性和拓扑性。

　　对比改进前后墓室壁画主体信息提取实验，其结果如图 3.17 和图 3.18 所示。

（a）《捧盒侍女图》局部

（b）Snake 模型提取

（c）改进 Canny 算子检测

（d）检索结果作为初始值

（e）二次分割实验效果

图 3.17　边缘约束下 Snake 模型的形变结果（1）

（a）《执扇仕女图》局部

（b）Snake 模型提取

（c）改进 Canny 算子提取

（d）检索结果作为初始值

（e）二次分割实验效果

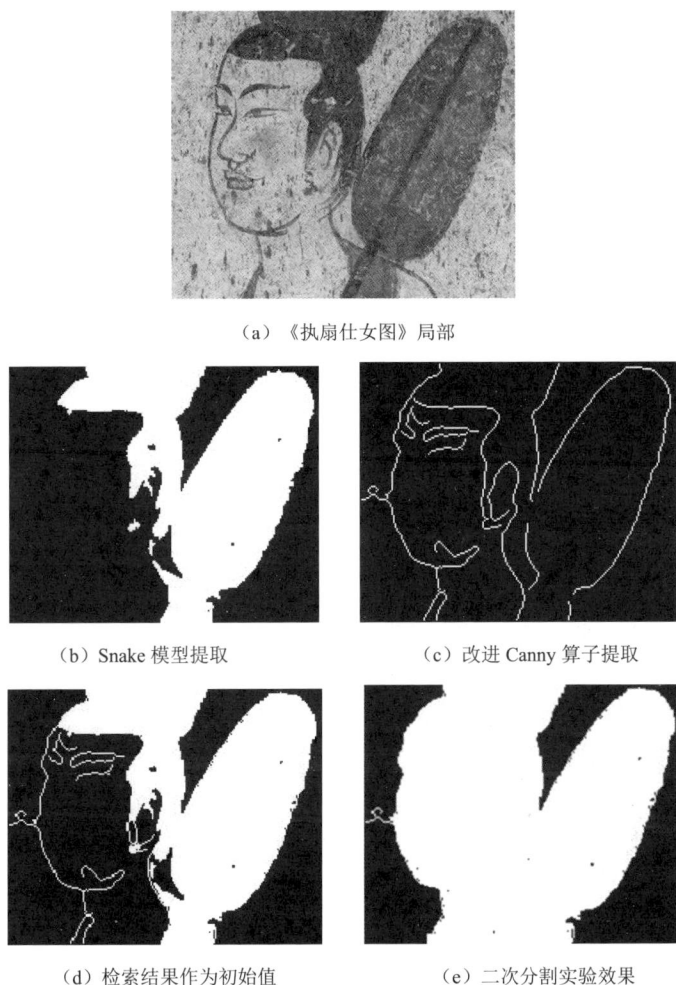

图 3.18　边缘约束下 Snake 模型的形变结果（2）

　　图 3.17 与图 3.18 采用原始主动轮廓动态分割产生多个局部分块，并没有完整地包含墓室壁画的主画面信息。采用改进后的 Canny 算子将轮廓作为初始参数来约束动态能量平衡过程，将两者结合以后，改进的 Canny 算子填补了 Snake 模型未检测到的轮廓，而 Snake 模型填充了改进的 Canny 算子所分割出的内部区域，其分割效果比较理想。表 3.2 为将主动轮廓模型与边缘检索约束的主动轮廓模型对墓室壁画的主体占比，以及博物馆通过人工统计的主体占比结果进行比较。

表 3.2　墓室壁画主体信息占比统计表

统计方法	《执扇侍女图》	《捧盒侍女图》
人工统计	80%	75%
主动轮廓模型	48.27%	63.13%
边缘约束的主动轮廓模型	78.12%	74.44%

　　从统计数据中可以看到人工统计比较粗放，测量精度较差，但能说明人眼观察对于主画面的整体把握。直接用主动轮廓模型进行分割，会产生将整体分离为多个小局部对象的情况，其统计结果偏小。边缘约束后再进行主动轮廓模型收敛，则可以获得与人工统计更加接近的量化结果。图 3.19 为墓室壁画主体信息统计实验对比的柱状图，可以直观地看到改进后的主动轮廓模型更加符合博物馆修复档案的信息统计要求。

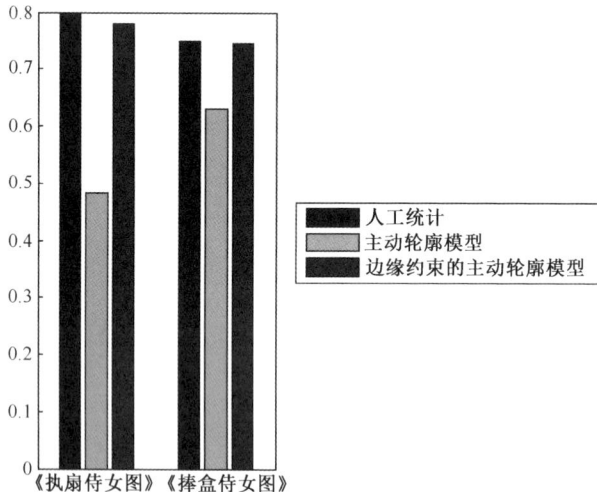

图 3.19　墓室壁画主体信息统计实验对比

　　因此，边缘约束的主动轮廓模型从统计数据与分割效果上均比较适合博物馆进行画面主体面积信息获取的需求。主体背景分割的结果可以作为墓室壁画主画面占比信息上传给博物馆信息中心，用于墓室壁画的基本数字档案。

　　墓室壁画中绘画层所占的区域作为整幅画面的主体部分，其标定的范围对于修复过程中修复精度、修复方法和修复评价的结果都具有重要作用。通过用边缘检索技术获取画面轮廓，并以此作为主动轮廓模型控制点的模板进行能量收缩，能够得到符合格式塔原则中主体与背景的视觉要求。

3.3.4　墓室壁画主体信息的先验知识

墓室壁画主体背景分割的结果作为绘画层主画面占比的先验知识，对于修复模型中信息源的采样过程有很好的参考意义。墓室壁画的背景区域为地仗层，主要是在草泥墙面上涂抹的白灰层，并不需要特别高的修复精度。考虑到数字修复模型为全局遍历寻优的过程，就需要给绘画层与地仗层赋予不同的权值，过程如图 3.20 所示。

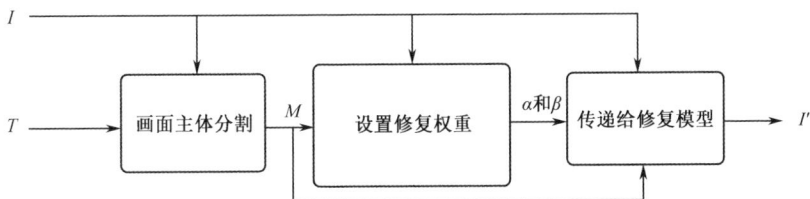

图 3.20　主体与背景区域权重设置过程

I 是待修复墓室壁画的图像信息，T 是施加的处理过程，这里为 Canny 算子梯度边缘信息约束下的 Snake 能量形变分割模型，处理结果得到主体信息区域（M），对于 M 区域和非 M 区域设定不同的修复权重 α 和 β。根据修复精度的需求传递给修复模型不同的样本取样权重，取 $\beta = n\alpha$，β 作为非 M 区域可以选择较大的样本尺寸进行合成，α 作为单位精度，可对 M 区域进行小样本填充。利用先验知识可以优化数字修复过程不同区域的修复精度，提高整体修复效率。

3.4　基于五行色聚类模型的颜色先验知识

3.4.1　墓室壁画的颜色体系

我国古代绘画颜料的分类具有独特的颜色体系[190]，其遵循易经中的相生相克规律，表现出富有中国传统文化内涵的五行色原则，充满中国哲学思想、宇宙观、世界观等综合形态。古代绘画艺术品的着色过程大都遵循了五行的思想，常用五种不同的基本色系来表现，即金、木、水、火、土这 5 种不同的属性。对于墓葬类壁画更是如此，对于五行色的运用并不需要进行华丽渲染，而是要突出天道轮回的意识形态，如图 3.21 所示。

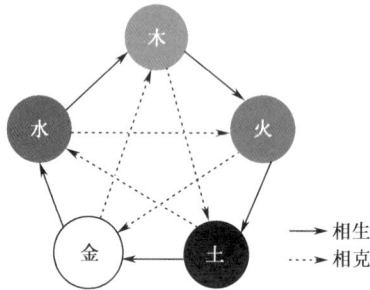

图 3.21　古代五行色示意

五行色颜料主要有矿物颜料和植物颜料，用于绘制墓室壁画的红色颜料有朱砂、铁红和含铁黏土矿物颜料、红丹、雄黄、锌铁尖晶石；黄色颜料有黄褐石、雌黄、藤黄和槐黄植物染料；蓝色颜料有群青、石青、藏青、靛青；绿色颜料有碱式氯化铜、孔雀石、碱式硫酸铜、砷酸醋酸铜；白色颜料有高岭石、白垩、云母、滑石、石膏、白云石、碳酸钙镁石、氯化铅、硫酸铅、角铅矿、砷铅矿、铅白、石英、氧化锌、露石、叶蜡石、水草酸钙石、氧化砷、蛇纹石；黑色颜料多为炭黑[191,192]。由于墓室壁画深埋地下，与敦煌壁画不同之处在于，其受外界自然环境中的紫外线影响较小，画面的颜色保真度高，可作为可靠的先验模型参数。通过五行色标准进行墓室壁画中颜色信息的分布，也为墓室壁画数字修复建立颜色先验模型提供了数据，隶属金、木、水、火、土各属性的古代颜色性分类如表 3.3 所示。

表 3.3　隶属金、木、水、火、土各属性的古代颜色性分类表

金属性	木属性	水属性	火属性	土属性
赤金	石绿	花青	银朱	炭黑
金色	柳黄	靛青	朱砂	赭石
银白	柳绿	石青	朱膘	藤黄

金属性	木属性	水属性	火属性	土属性
乌金	葱黄	群青	桃红	雌黄
老银	葱绿	靛蓝	石榴红	橘黄
缟	油绿	碧蓝	樱桃色	姜黄
素	碧绿	藏青	胭脂	缃色
茶白	青碧	藏蓝	茜色	茶色
霜色	翡翠	黛蓝	赫赤	驼色
莹白	草绿	玄青	嫣红	栗色
铅白	青色	乌色	炎色	棕色
白蛤	青翠	缁色	枣红	褐色

　　唐代西北地区的墓室壁画中五行色中的金属性为石膏、滑石、高岭石、方解石等白色矿物混合的白色颜料，木属性采用氯铜矿颜料，水属性采用青金石颜料，火属性采用红土矿颜料，土属性采用炭黑[193]颜料。唐代墓室壁画常用颜料的石膏涂片如图 3.22 所示。

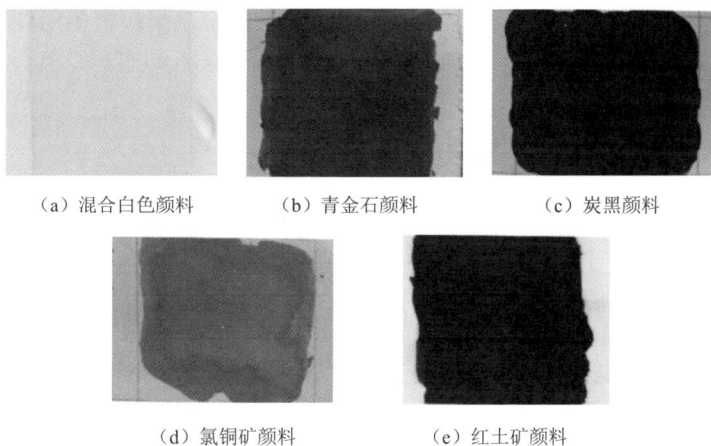

（a）混合白色颜料　　　　（b）青金石颜料　　　　（c）炭黑颜料

（d）氯铜矿颜料　　　　（e）红土矿颜料

图 3.22　唐代墓室壁画常用颜料的石膏涂片

　　对墓室壁画颜料的分析与统计是获取画面残存信息、推测其原始信息必不可少的部分，现有的化学分析[194,195]、拉曼分析[196,197]、显微分光镜分析[198]，以及非接触的 X 射线透射分析[199,200]均工序复杂且耗时较长，不适用在墓室壁画修复前期快速捕获画面所含的色彩种类与分布。

目前，一些辅助绘图的软件如 Mandrill Soft、ColorSchemer、ColorSucker 等可以某种特定颜色范围进行统计，但是这种方法只能统计图像中某种颜色值出现的频数，无法描绘其所在空间位置的信息，目前，我国还没有建立与墓室壁画相应的颜色标准库，需要通过对现有画面颜色的表达方式进行分析，并结合化学实验来确定其中所包含的颜色种类。

3.4.2　多颜色空间中颜色信息表达差异性分析

目前墓室壁画的采集数据使用 Raw 格式，并默认在 RGB 颜色空间中存储。要对墓室壁画的颜色分布进行统计，并希望统计结果与人眼辨识一致，则需要通过对可以表达墓室壁画颜色信息的颜色空间进行分析。典型的颜色空间有 RGB[201]、HSI[202]、Lab[203]等。

1. RGB 颜色空间

RGB 颜色空间是面向硬件的颜色模型，墓室壁画采集过程中所产生的原始图像数据就是以 RGB 颜色表达方式描述的。RGB 空间在笛卡儿坐标系下用立方体来描述其颜色表达的方式。如图 3.23 所示，原点从黑色 Black(0, 0, 0)开始，与之对角的为白色 White(1, 1, 1)，三个笛卡儿坐标轴上的点分别为红色 Red(1, 0, 0)、绿色 Green(0, 1, 0)、蓝色 Blue(0, 0, 1)，对应的三个顶角分别为蓝绿色 Cyan(0, 1, 1)、品红色 Magenta(1, 0, 1)和黄色 Yellow(1, 1, 0)。通过在笛卡儿立方体中的三个坐标值(x, y, z)，共同描述墓室壁画画面中用硬件采集获得的颜色信息。

RGB（Red，Green，Blue）颜色空间是采集与显示器系统默认的颜色模型，高清采集的墓室壁画通过彩色阴极射线管、彩色光栅图形的显示器，所表达最原始 Raw 格式的数字信息都使用 R、G、B 数值来驱动，并通过相加混合表达墓室壁画颜色。这种颜色空间硬件设备相关性较强，不同的显示设备上可能会得到不同的色域表现。

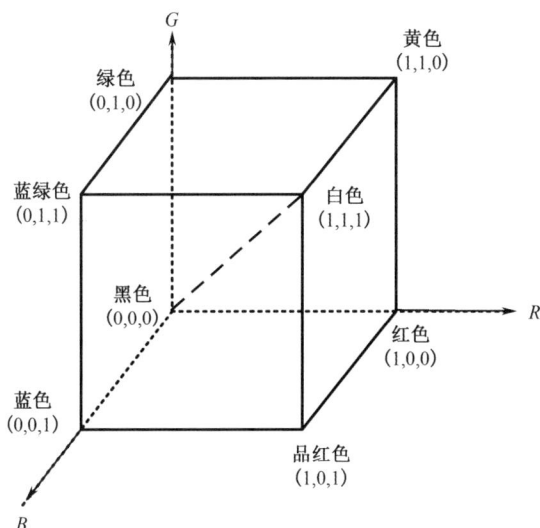

图 3.23　RGB 颜色空间

2. HSI 颜色空间

HIS 颜色空间是一种依据人类视觉系统设计的颜色模型，H（Hue）为色调，表示颜色的类别与深浅程度，在颜色模型中使用圆锥体的 0°～360°旋转角度表达颜色波长的大小。S（Saturation）为色饱和度，表达所选颜色的纯度与其最大纯度之间的比例，在颜色模型中可表示为圆锥的半径，半径越短则饱和度（0%～100%）越纯。I（Intensity）为强度，表达颜色的明暗程度，0%表示黑色，百分比越高颜色越亮，100%表示为白色，在颜色模型中以圆锥体的轴线表示亮度等级。该模型在极坐标中用圆锥体来表示，如图 3.24 所示。

因为人类视觉对亮度比颜色饱和度更加敏感，所以 HSI 比 RGB 颜色空间更符合人的视觉特性。

3. Lab 颜色空间

Lab 颜色空间是由 CIE 国际照明委员会制定的色彩模型，L（Luminosity）用于表示像素的亮度，即从纯黑到纯白的取值用[0, 100]表示。a 表示从红色到绿色逐渐变化的过程，取值范围是[-128, 127]。b 表示从黄色到蓝色逐渐变化的过程，取值范围是[-128, 127]。Lab 颜色空间可以表示为一个球体，使色彩表达更加丰富，如图 3.25 所示。

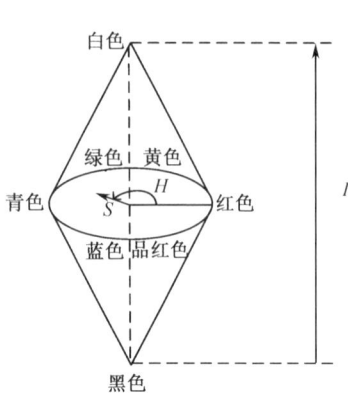

图 3.24　HSI 颜色空间

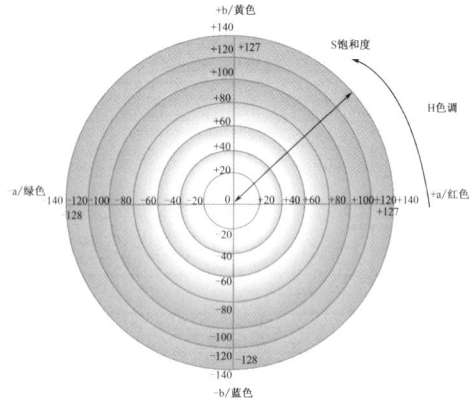

图 3.25　Lab 颜色空间

其空间坐标与笛卡儿坐标间的正向数学关系为

$$L = 116I(y) - 16, a = 500[I(x/0.982) - I(y)], b = 200[I(y) - I(z/1.183)] \quad (3.20)$$

其中，当 $x < 0.008856$ 时，$I(x) = 7.787x + 0.138$；当 $x \geqslant 0.008856$ 时，$I(x) = 1/3x$。

球体模型的 Lab 颜色空间比 RGB 颜色空间与 HIS 颜色空间都要大，并且能够表达画面颜色的所有种类，既不受亮度变化的影响，也不依赖于硬件设备。

3.4.3　改进巴氏距离的 K-means 聚类技术

聚类思想可归为划分聚类[204]（K-means 及改良）、密度聚类[205]（DBSCAN、SNN 及改良）、模糊聚类[206]（FCM 及改良）三类技术。针对于画面颜色分布情况较适合采用 K-means 划分型聚类技术，由麦克奎因（MacQueen）提出[207]聚类对象为空间的像素。在预先随机生成 k 个中心点后，通过设定中心点周围任意两点的距离或差异度 $\langle x_i, x_j \rangle$，计算所有像素的均值向量 $\mu = \text{mean}(x_1, \cdots, x_n)$，取 $\min \sum_{i=1}^{n}(u - x_i)$ 最小，达到把所有的像素分配到最接近其均值的聚类中的目的，然后更新均值向量 μ，并不断更新与迭代，直到聚类中心趋于稳定。K-means 的核心思想遵循 EM（Expectation Maximization）模型[208]，反复迭代 E 期望与 M 极大值，直至结果收敛，以保证同一类中的数据相似度最大，不同类间的数据差异性最大。K-means 属于无监督学习，与其他划分类聚类模型不同，如回归方程[209]、朴素贝叶斯[210]、SVM（Support Vector Machine）等[211]都是有类别标签的，即预先已经给出了聚类分类的类别标签。而墓室壁画的颜料特征需做化学分析实验才能确定，不同时期、不同墓室的颜料特征没有特定的参考意义。K-means 通过随机选取聚类中心，动态调整分类目标数量，可以在没有具体类别标定的情况下，做出聚类结果。对于彩色墓室壁画的基本聚类过程如下。

随机选取 k 个聚类中点 $(m_1, m_2, \cdots, m_k)$，对于每个像素 i，计算其所属的类别。

$$c^{(i)} := \arg\min_j \left\| x^{(i)} - m_j \right\|^2 \tag{3.21}$$

对于每个确定的分类 j，重新计算质心。

$$m_j := \frac{\sum_{i=1}^{n} 1\left\{ c^{(i)} = j \right\} x^{(i)}}{\sum_{i=1}^{n} 1\left\{ c^{(i)} = j \right\}} \tag{3.22}$$

其中，k 是随机人为给定的聚类数，$c^{(i)}$ 是样例 i 在 k 个聚类中所归属的类。m_j 为每次得到的质心，重复迭代直到质心不变。

基本模型的 $c^{(i)}$ 中相异度准则依据欧几里得距离（Euclidean Distance），定义为

$$d(x_i, x_j) = \sqrt{(x_{i1} - x_{j1})^2 + (x_{i2} - x_{j2})^2 + \cdots + (x_{ip} - x_{jp})^2}, \ i, j = 1, 2, \cdots, n \tag{3.23}$$

其中，x_i 和 x_j 为任意两个像素；p 为实体属性数；n 为实体个数；聚类准则函数 J 一般采用聚类误差平方和准则函数表示如下。

$$J = \sum_{i=1}^{k} \sum_{x \in c_i} d(x_i, m_j) \tag{3.24}$$

而聚类中心 m_j 为

$$m_j = \frac{1}{N_j} \sum_{x_i \in c_i} x_i \tag{3.25}$$

其中，N_j 为第 j 个类簇中实体的数目。

其聚类过程如图 3.26 所示。

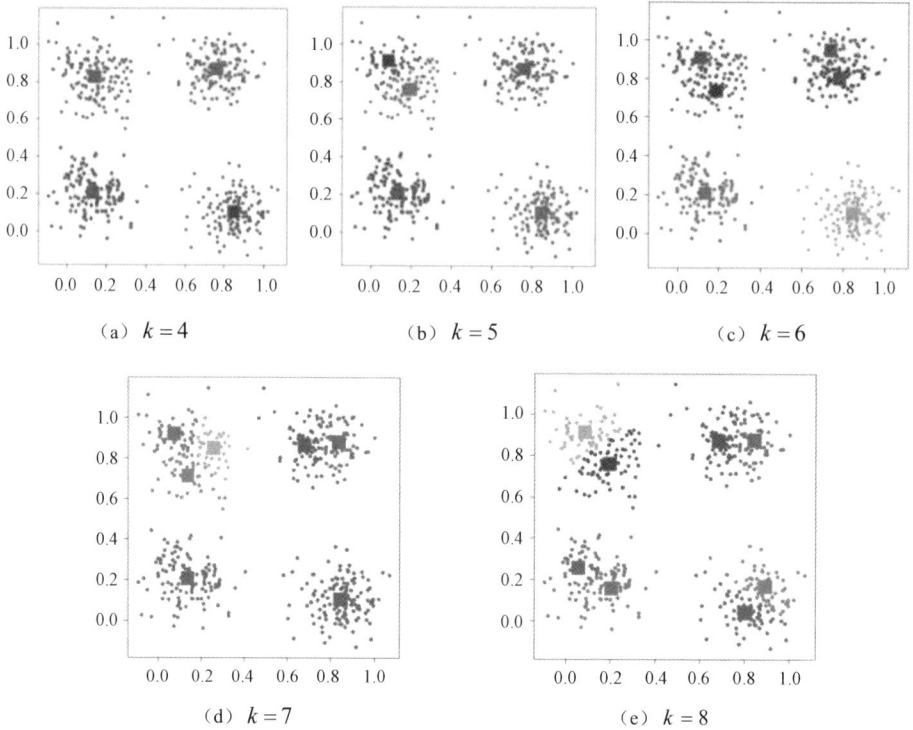

（a）$k=4$ （b）$k=5$ （c）$k=6$

（d）$k=7$ （e）$k=8$

图 3.26   K-means 聚类过程

随着聚类成簇的中心数目 k 的不断增大，聚类所得的结果也更加细致。K-means 算法的缺点是必须先给出要生成簇的数目 k，而且分类结果对初始 k 值比较敏感。在原始 K-means 聚类模型中，分类准则采用的是欧几里得距离，其在聚类过程中只考虑了位置信息。而墓室壁画画面中色彩丰富，相似的颜色像素并不总在相邻的区域里。因此，对于画面颜色分布先验知识的提取需要做到，既能表达颜色类别分布差异化的相异度方法，也要合理选择聚类的 k 值。

下面采用巴氏距离（Bhattacharyya Distance）替代欧几里得距离，以便于衡量两离散概率分布之间的可分离性。巴氏距离主要用于测量图块之间的特征相似度，数学模型为

$$d_B(p,q) = -\ln(\text{BC}(p,q)) \tag{3.26}$$

其中，
$$BC(p,q) = \sum_{x \in c_i} \sqrt{p(x)q(x)} \tag{3.27}$$

$BC(p,q)$ 是巴氏系数，若系数范围为 $0 \leqslant BC \leqslant 1$ 时，则 $0 \leqslant d_B \leqslant \infty$。因为墓室壁画的画面颜色聚类过程具有多元高斯统计特性。因此，当 $p_i = N(m_i, P_i)$ 时，

$$d_B = \frac{1}{8}(m_1 - m_2)^{\mathrm{T}} P^{-1}(m_1 - m_2) + \frac{1}{2}\ln\left(\frac{|P|}{\sqrt{|P_1||P_2|}}\right) \tag{3.28}$$

其中，m_i 和 P_i 分别是均值与方差，即 $P = \dfrac{P_1 + P_2}{2}$。

改进巴氏距离的 K-means 聚类流程如图 3.27 所示。

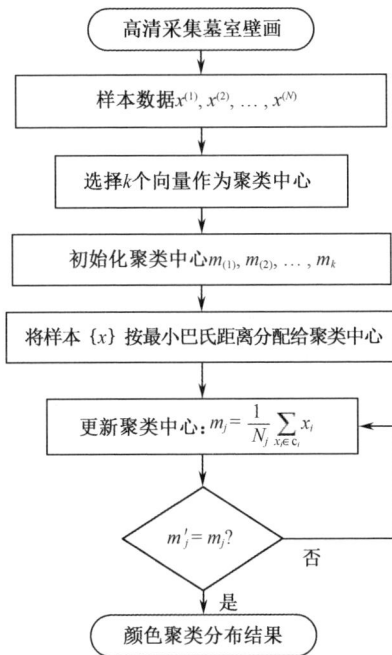

图 3.27　改进巴氏距离的 K-means 聚类流程

（1）采集样本数据；

（2）选择 k 个聚类中心；

（3）对聚类中心 $(m_1, m_2, \cdots, m_k)$ 进行初始化；

（4）对每个样本 x_i，通过式（3.26）计算样本差异值，寻找离它最近的聚类中心，并将其分配到该类；

（5）利用式（3.24）重新计算并进行修正；

（6）使用式（3.25）计算中心偏差。判断聚类过程是否收敛，若两次计算得到的 J 值无明显变化，算法终止；否则，继续迭代。

为了确定符合古代墓室壁画的颜色聚类种类，选择聚类数分别为 $k=3$、$k=4$、$k=5$ 和 $k=6$ 进行改进巴氏距离的 K-means 聚类实验，如图 3.28～图 3.32 所示。

图 3.28 永太公主墓《宫女图》（局部）

（a）分割区域 1　　　　（b）分割区域 2　　　　（c）分割区域 3

图 3.29 聚类数 k 取 3 的分割结果

（a）分割区域 1　　（b）分割区域 2　　（c）分割区域 3　　（d）分割区域 4

图 3.30 聚类数 k 取 4 的分割结果

（a）分割区域 1　　　　　　（b）分割区域 2

（c）分割区域 3　　　　（d）分割区域 4　　　　（e）分割区域 5

图 3.31　聚类数 k 取 5 的分割结果

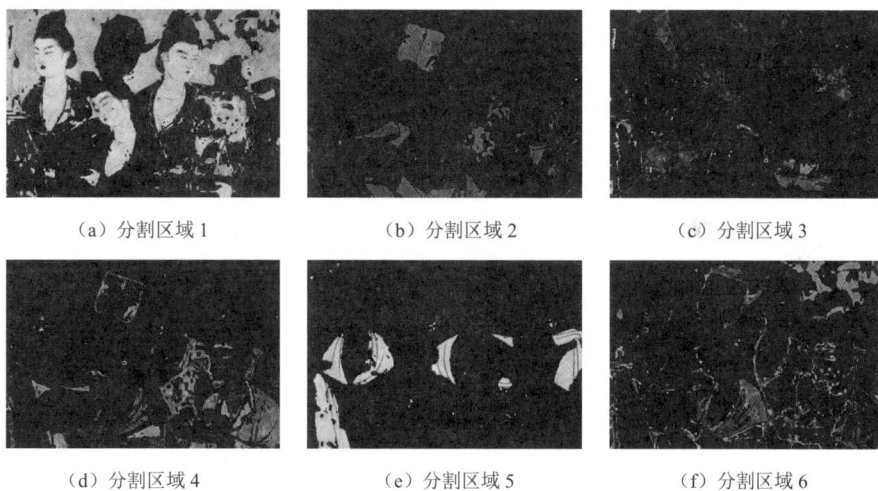

（a）分割区域 1　　　　（b）分割区域 2　　　　（c）分割区域 3

（d）分割区域 4　　　　（e）分割区域 5　　　　（f）分割区域 6

图 3.32　聚类数 k 取 6 的分割结果

通过以上 4 组实验结果可以看出，在图 3.29 和图 3.30 中，当聚类数为 $k=3$ 和 $k=4$ 时，画面存在明显的欠分割；在图 3.31 中，当聚类数为 $k=5$ 时，产生了过分割，这都不适合博物馆对其画面主色分布进行统计的需求。在图 3.32 中，当聚类数为 $k=6$ 时，其分割结果可以清楚地将主色分割出来，这也印证了中国古代颜料中五行色的颜色理论。

3.4.4 五行色颜色信息提取对比实验

为了对比不同颜色模型下能更稳定和客观地表达墓室壁画颜色分布的聚类结果，在实验过程中选择了 RGB 颜色空间、HSI 颜色空间、Lab 颜色空间，将当 k 值取 5 时的聚类结果进行比对，如图 3.33～图 3.35 所示。

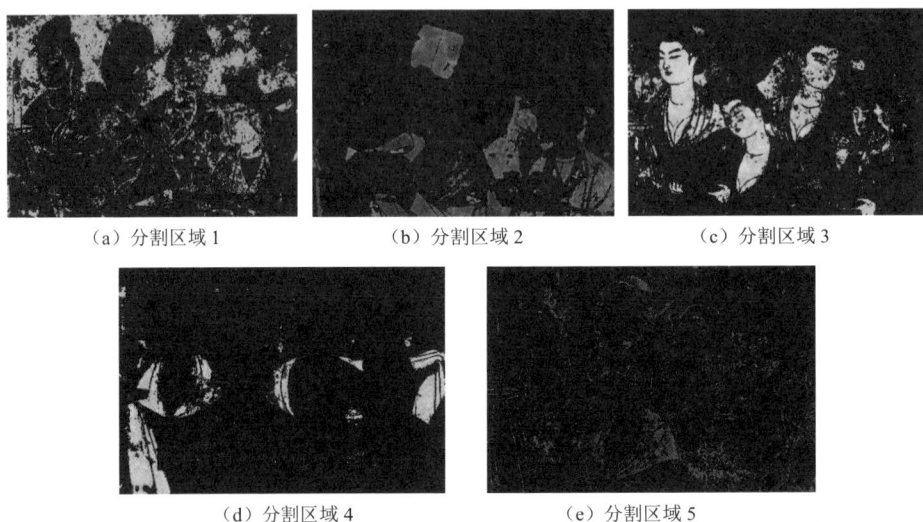

（a）分割区域 1 　　　　（b）分割区域 2 　　　　（c）分割区域 3

（d）分割区域 4 　　　　（e）分割区域 5

图 3.33　RGB 颜色空间的聚类结果

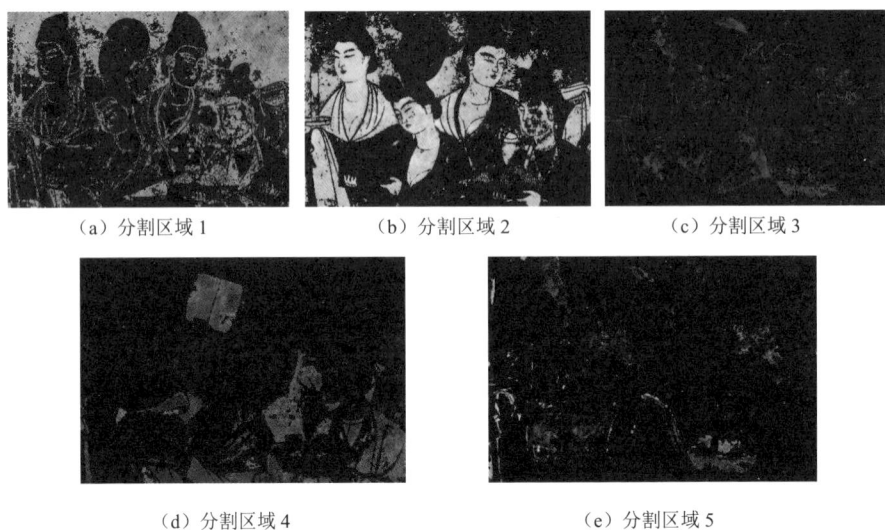

（a）分割区域 1 　　　　（b）分割区域 2 　　　　（c）分割区域 3

（d）分割区域 4 　　　　（e）分割区域 5

图 3.34　HSI 颜色空间的聚类结果

（a）分割区域 1　　　　　（b）分割区域 2　　　　　（c）分割区域 3

（d）分割区域 4　　　　　（e）分割区域 5

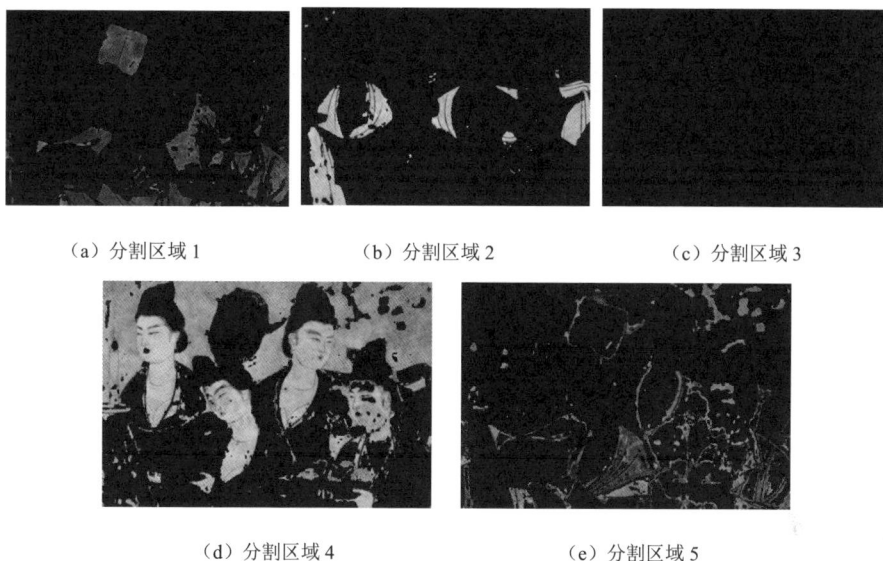

图 3.35　Lab 颜色空间的聚类结果

　　将不同颜色模型中 5 种颜色的统计结果与博物馆人工统计方法的结果进行比较，如表 3.4 所示。

表 3.4　墓室壁画颜色统计表

颜色对象	混合白色	青金石	炭黑	绿铜矿	红土矿
人工统计	30%	10%	15%	15%	30%
RGB 统计	19.15%	11.16%	27.53	14.41%	27.74%
HSI 统计	20.77%	10.82%	17.44	22.35%	28.62%
Lab 统计	31.76%	9.68%	16.23%	14.90%	27.43%

　　RGB 颜色空间与 HSI 颜色空间中红土矿与青金石两种颜色有部分混为一体，导致青金石中有部分红土矿颜色，而红土矿中又包含了绿铜矿的部分颜色，与实际人工统计的结果偏差较大。图 3.36 是不同颜色空间的聚类统计。

　　从数据分析中也可以看出，Lab 颜色空间的 k 取 5 时的分割结果比较适合建立文物数字档案信息的要求。RGB 与 HSI 都属于三个色彩通道相关性很强的颜色空间，任何一个通道值大小的变化都会导致颜色整体感到色差，且其颜色间的相似性无法用距离进行衡量。Lab 颜色空间分割结果符合格式塔心理学中的相似性原则。

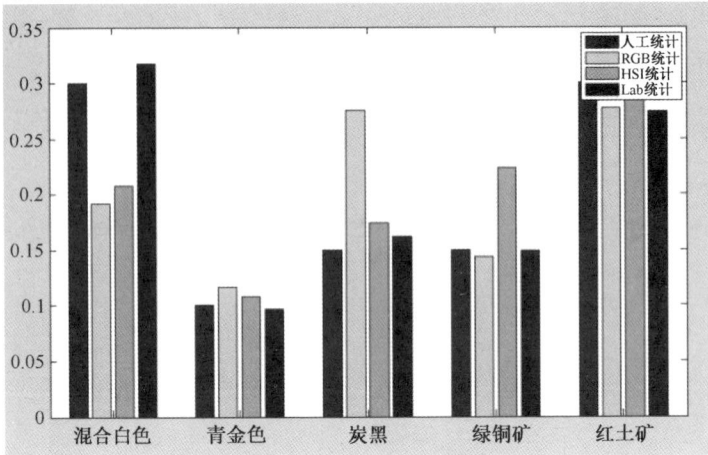

图 3.36　不同颜色空间的聚类统计

3.4.5　墓室壁画颜色信息的先验知识

下面以 K-means 聚类方法在 Lab 颜色空间中将墓室壁画以五行色标准进行聚类，将现存信息依据颜色进行聚类分成 K_1、K_2、K_3、K_4、K_5 等不同的区域，且各分类区域间属于不同的五行色分类，K-means 五行色聚类区域设定如图 3.37 所示。

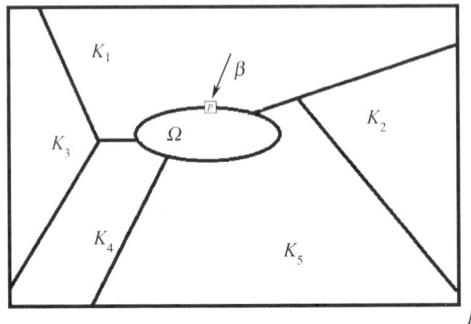

图 3.37　K-means 五行色聚类区域设定

其中，Ω 为待修复墓室壁画中信息缺损区域，依据五行色标准进行聚类后

产生的聚类区域用 K_1、K_2、K_3、K_4、K_5 进行标记，p 点为填充前缘上任意一个待修复点，在 $I \setminus \Omega$ 区域内，寻找与 β 为边长的 $\Psi_{\hat{p}}$ 匹配的 $\Psi_{\hat{q}}$，从聚类图中样本的分布情况，较有可能与之相似的样本在 K_1 的可能性要高，这也与马尔可夫随机场中所描述的待修复样本与其周边区域近似的可能性最高。

样本块 n_{ki} 和 n_{kj} 属于 ki 与 kj 的像素个数，且 $i \neq j$。当 $n_{ki} > n_{kj}$ 时样本寻优匹配区域优先选择 ki 区域。当 $n_{ki} < n_{kj}$ 时，样本寻优匹配区域优先选择 kj 区域。当 $n_{ki} = n_{kj}$ 时，样本寻优匹配区域优先选择 $ki \cup kj$ 区域。依据这个规律通过计算待修复样本所归属的类，优先在其所属类别中进行匹配运算，将全局遍历缩小到相似分类区域，以减少样本匹配的迭代次数。

3.5　基于频率域分解模型的纹理与结构先验知识

3.5.1　墓室壁画的结构信息与纹理信息

墓室壁画大部分为皇家贵族墓葬壁画，画面气势恢宏，信息丰富多彩。对于绘画区域分不同的侧重来进行描绘，其中人物、草木、山石、马匹、场景等均因人物社会等级与场景布局的不同，绘画的精细程度也不同。在第 2 章中分析了数字修复技术在发展过程中因对缺损信息重建方式的不同，分为变分 PDE 与纹理合成两大类研究方向，且各有优势。因此，Bertalmio 等提出了基于图像分解的修复思路[75]，如图 3.38 是 Bertalmio 在对一幅图像信息中结构信息与纹理信息的分解示意。

图 3.38（a）为原始受损信息，图 3.38（b）和图 3.38（c）分别为分解后的结构信息和纹理信息。结构信息用于侧重表达底层亮度信息，纹理信息则侧重表达上层特征信息。

（a）原始受损信息　　　　　　　（b）结构信息

（c）纹理信息

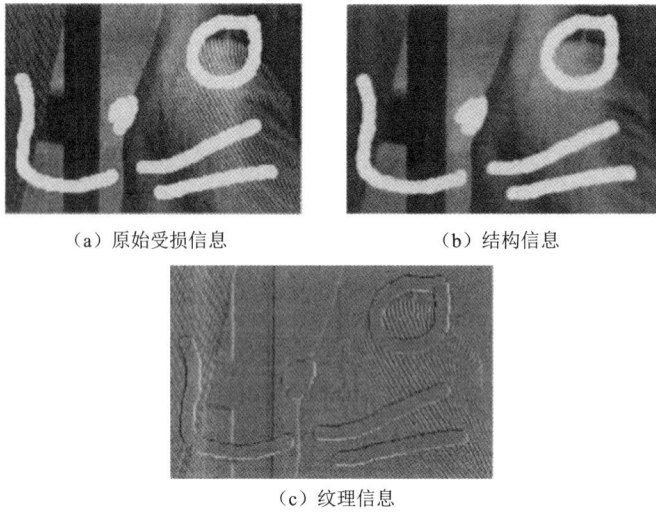

图 3.38　图像信息分解示意

其中，将亮度信息归为结构信息，而将细节归为纹理信息，这与格式塔视觉心理学原理中的格调与细节原则非常一致。设 I 为待修复图像，$I \in L^2\left(IR^2\right)$，则 I 对在有界变分空间（BV）的分解过程可表达为

$$\inf_{u \in \text{BV}} \left\{ F(u) = \int |\nabla u| + \ell \|v\|_{L^2}^2, I = u + v \right\} \qquad (3.29)$$

其中，u 表示图像灰度主能量变化量是结构信息；v 表示能量细节是纹理信息；ℓ 是分解调节参数。该分解过程是在空域中操作的，通过求解变分方程，将平滑后的待修复图 I 的底层分量设定为结构信息 u，再利用待修复图像与结构信息做差 $v = I - u$ 的结果作为纹理信息。

目前很多算法开始采用类似的分解思路，综合两大类型修复模型的优势进行修复，如 Bugeau 等[212]、Hesabi 等[213]、Dizdaroglu 等[214]均采用整体变分类模型求解极小值的方法。先震荡平滑待分解信息，提取出结构信息，然后与原始图像相减，得到纹理信息，最后通过分层先修复再重构，综合两种修复技术的特点使修复效果得到改善。但是该类分解技术通过整体变分模型的平滑作用对原始信息内容进行了改变，而墓室壁画图像作为文史资料，在信息处理过程中是不允许对现存有效信息进行任何篡改的，所以通过平滑后再相减得到结构信息的方式并不适用。若将空域信息转换到频率域分解方式显然更加适合文物图像修复的需求。Kedar 等[215]提出利用 DCT 变换，先通过高低频分解将图像分解成纹理和结构部分，并提取其中的轮廓线产生轮廓层，然后采用不同的修复方法进行各自修复，取得了很好的效果。Biradar 等[216]在频率域用离散小波变换把待修复信息分解为高频成分与低频成分，对不同频率的成分进行分别修补。

提取墓室壁画中所包含结构与纹理信息的先验知识，既可以区分画面的精细程度，又可为不同的修复尺度提供参考依据。而对于数字修复技术来说，在对墓室壁画进行修复之前，先对其画面信息进行分解，可以在适合修复结构信息的 PDE 类模型和纹理信息的样本填充模型中，寻找更加有效的修复方案，以扬长避短，提高修复效果。

3.5.2　分解位置对结构与纹理信息提取的影响分析

频率域分解技术将墓室壁画信息转换到频率域，通过信息自身频率特性，将其中低频信号对应待修复纯结构信息，高频信号对应待修复纯纹理信息。整个分解过程中对于空域的原始信息坐标、量纲没有任何改变。分解过程从空域转换到频率域，采用完全正交的频域分解技术则可满足墓室壁画信息空域保真的需求。

主分量变换（Karhunen-Loeve Transform，K-L 变换）[217]是均方误差意义上正交性能最好的频率分解技术，变换后各主成分之间的相关系数值为零。因此分解过程对病害标记得到的掩模不产生影响。但该算法因其统计特征运算过于复杂，并不适合高清墓室壁画大数据量分解的要求。由于数字修复过程具有马尔可夫过程（Markov Processes）的统计特性[218]，在此条件下，DCT 变换（Discrete Cosine Transform）的正交性可完全等同于 K-L 变换的正交性能。

这里采用无损 DCT 分解，是其 8 种标准类型中，最适于二维离散信息处理的类型。

定义 $F(u,v)$ 为 $N \times N$ 的待修复图像，对其进行二维 DCT 变换为

$$F(u,v) = \frac{2}{N} C(u)C(v) \left[\sum_{x=0}^{N-1} \sum_{y=0}^{N-1} f(x,y) \cos \frac{(2x+1)u\pi}{2N} \cos \frac{(2y+1)v\pi}{2N} \right] \quad (3.30)$$

离散余弦逆变换（IDCT）定义为

$$f(x,y) = \frac{2}{N}\left[\sum_{x=0}^{N-1}\sum_{y=0}^{N-1}C(u)C(v)F(u,v)\cos\frac{(2x+1)u\pi}{2N}\cos\frac{(2y+1)v\pi}{2N}\right] \quad (3.31)$$

$u,v,x,y = 0,1,2,\cdots,N-1$，$x,y$ 是空域坐标；u,v 是频域坐标。

$$C(u),C(v) = \begin{cases} \dfrac{1}{\sqrt{2}}, & u,v = 0 \\ 1, & \text{其他} \end{cases} \quad (3.32)$$

通过对 DCT 进行 ZigZag 扫描后产生 64 个系数，从 DC 分量到 AC 分量包含低频域、中频域、高频域各个分量，如图 3.39 和图 3.40 所示。

0	1	5	6	14	15	27	28
2	4	7	13	16	26	29	42
3	8	12	17	25	30	41	43
9	11	18	24	31	40	44	53
10	19	23	32	39	45	52	54
20	22	33	38	46	51	55	60
21	34	37	47	50	56	59	61
35	36	48	49	57	58	62	63

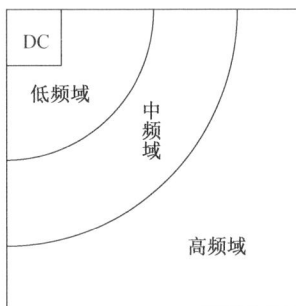

图 3.39　ZigZag 扫描示意　　　　图 3.40　DCT 系数的频带信息

从上面两图的左上角到右下角，系数越大，频率越高，纹理复杂度越大。待修复墓室壁画分解的表达式可由式（3.29）的形式改写为频率域形式。

$$I_{\text{DCT}} = \ell I_{\text{DCT}} + (1-\ell)I_{\text{DCT}} = I_{\text{DCTL}} + I_{\text{DCTH}}, \quad \ell = C_{\text{DCTL}}/C_{\text{DCT}} \quad (3.33)$$

其中，I_{DCTL} 为低频分量，I_{DCTH} 为高频分量；ℓ 是分解调节参数，为 I_{DCTL} 低频分量占总分解系数 I_{DCT} 的比例。选择不同分解位置进行分解实验，如图 3.41 所示。

图 3.41　待分解《马球图》局部分块

图 3.42 中，ℓ 值为分解调节参数，随着 ℓ 取值从 1%～n% 逐渐增大，DCT 分解所得到的结构信息与纹理信息的重构结果不同。因此，选择合理 ℓ 值有助于分别突出墓室壁画信息中的结构部分与纹理部分，以便设计有效的修复方案。

由于画面中含有不同纹理复杂程度的区域，应选择不同的分解调节参数 ℓ 进行分解，才能获取最佳的结构信息与纹理信息的组成效果，固定分解位置会降低修复效果。墓室壁画的分解位置与待修复区域的纹理复杂度有关，为了得到不同纹理复杂度的图像能量特征，这里采用轮廓波变换来统计画面中的纹理能量特征。

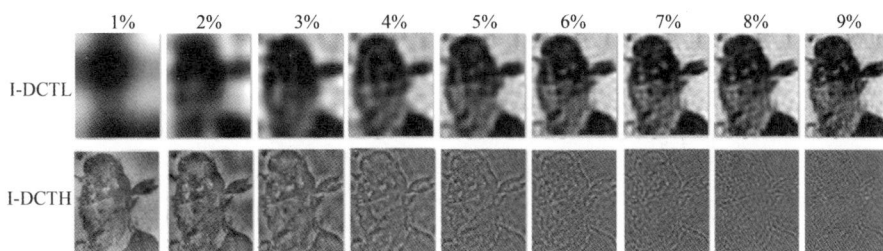

图 3.42　不同分解系数选取的分解结果

下面通过对墓室壁画进行 8×8（像素）的离散化，构建墓室壁画样本库，离散样本如图 3.43 所示。

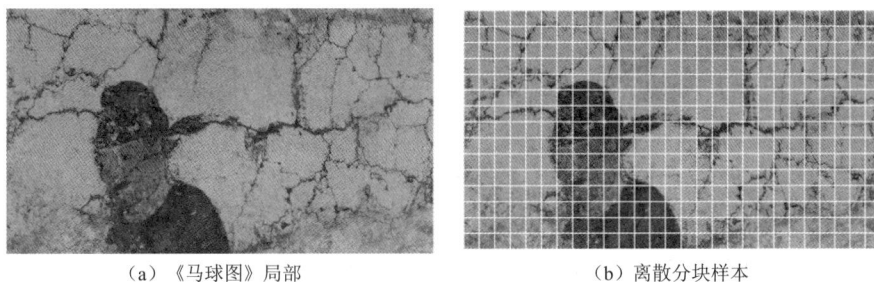

（a）《马球图》局部　　　　　　　　　　（b）离散分块样本

图 3.43　8×8（像素）离散分块示意

图 3.43（a）是待分解的画面，图 3.43（b）是 8×8（像素）离散化后的分块样本，对不同纹理复杂程度的分块进行分解时，只有选择与样本块自身信息复

杂程度相关联的分解位置，才能保证重构时得到较好的结构信息和纹理信息表达结果。

3.5.3　基于轮廓波能量的 DCT 分解技术

轮廓波（Contourlet）变换是由 Minh 提出的一种多尺度几何分析模型，该模型在处理二维甚至更高维含"非线性奇异"的信号时，不受张量积方向局限性的影响，可达到比较理想的逼近效果[219]。为更加"稀疏"的一种多尺度表述方式，它不仅能够提供任意方向上的信息，而且使用了迭代滤波器，使得计算效率高且复杂度低[220]。图 3.44 为小波和轮廓波对一段曲线的逼近过程。

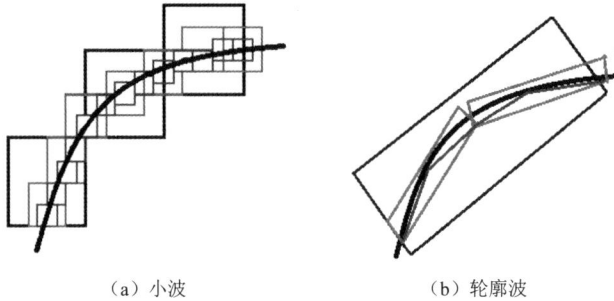

（a）小波　　　　　　　　　　（b）轮廓波

图 3.44　小波与轮廓波对一段曲线的逼近过程

图 3.44（a）为小波逼近曲线的过程，图 3.44（b）为轮廓波逼近曲线的过程。由两者的逼近过程，可以看出轮廓波基的支撑区间是具有随尺度变化长宽的条形结构，基函数支撑域的纵横比可以选择，其具有方向性和各异性特点。轮廓波因各向异性[221]特点对轮廓线条非常敏感，用轮廓波系数描述画面信息的纹理能量值会更加集中，较适合计算墓室壁画中铁线勾勒的纹理能量值。

利用 Contourlet 轮廓波多层分解的系数值，设计纹理能量参数，对于大小为 $m \times n$ 的样本块，其轮廓波 k 层分解第 l 个子带系数为 $x_{i,j}$。

令 $k \in (1,2,3,\cdots,k)$，$l \in (1,2,3,\cdots,l)$，第 k 层分解第 l 个子带均值的计算公式表达为

$$\mu_{kl} = \frac{1}{m \times n} \sum_{i=1}^{m} \sum_{j=1}^{n} \left| x_{ij} \right| \tag{3.34}$$

$$\sigma_{kl} = \sqrt{\frac{1}{m \times n}\sum_{i=1}^{m}\sum_{j=1}^{n}\left(x_{ij} - \mu_{kl}\right)^2} \tag{3.35}$$

其中，μ_{kl} 表示 k 层第 l 个子带的均值，σ_{kl} 表示 k 层第 l 个子带的方差，当图像纹理信息比较丰富时，轮廓波计算得到的每个子带方差值就比较大。

定义轮廓波分解系数能量 e_{kl} 公式为

$$e_{kl} = \sigma_{kl}^2 \tag{3.36}$$

选择 4 层轮廓波 16 个方向的多尺度分解，逼近墓室壁画的主轮廓结构，设每个图像分块归一化后的平均纹理能量为

$$\overline{E} = \frac{\sum_{k=1}^{4}\sum_{l=1}^{16}e_{kl}}{\Omega} = \frac{\sum_{k=1}^{4}\sum_{l=1}^{16}e_{kl}^2}{\Omega} \tag{3.37}$$

其中，Ω 为墓室壁画离散样本块中的总像素量。这里采用的是当 k 取 4 层和 L 取 4 层时，均为 16 个子带分量。$\overline{E}$ 表示该图像块的平均纹理能量，其值大小可描述图像分块中多方向纹理的复杂程度。

墓室壁画采用铁线勾勒起稿轮廓，颜料填涂的方式进行绘画，内容包括背景块、画面细节、铁线勾勒和画面残缺等，通过式（3.37）计算待修复墓室壁画 8×8（像素）样本块的 $\overline{E}$ 值，并对图 3.45 中的 400 个样本纹理进行 $\overline{E}$ 值统计。

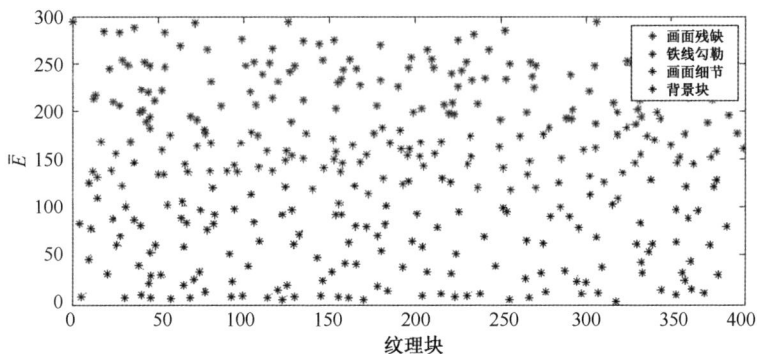

图 3.45 离散分块纹理复杂度分布

其中，红色为含有画面残缺的信息，这部分具有裂缝类病害，其纹理复杂度比较高。蓝色与紫色区域为背景块与局部细节分块，是相对平滑的信息块，纹理能量较小。浅紫色铁线勾勒轮廓的光滑曲线纹理能量值偏大。针对不同纹

理能量 $\overline{E}$ 的信息块应选取不同分解位置，$\overline{E}$ 值越高说明信息块中纹理细节越多，分解调节参数 ℓ 值应取值越大，低频结构分量比重越多，高频纹理分量比重越少，可自适应选择最佳分解位置。通过大量实验得到，墓室壁画最佳分解系数位置与纹理能量的对应关系如表 3.5 所示。

表 3.5　分解系数位置与纹理能量的对应关系表

分　块	背　景	细　节	线　条	缺　损
纹理能量（$\overline{E}$）	0～120	120～180	180～250	大于 250
分解位置（ℓ）	2%	3%	5%	7%

　　将墓室壁画的纹理能量与 DCT 分解位置互相关联，在其图像 DCT 频率域分解前，增加计算墓室壁画分块的纹理能量参数 $\overline{E}$ 值的环节，引导并自适应选择分解位置，可更加精准地分解与重构墓室壁画结构信息与纹理信息。墓室壁画频率域自适应分解算法流程如图 3.46 所示。

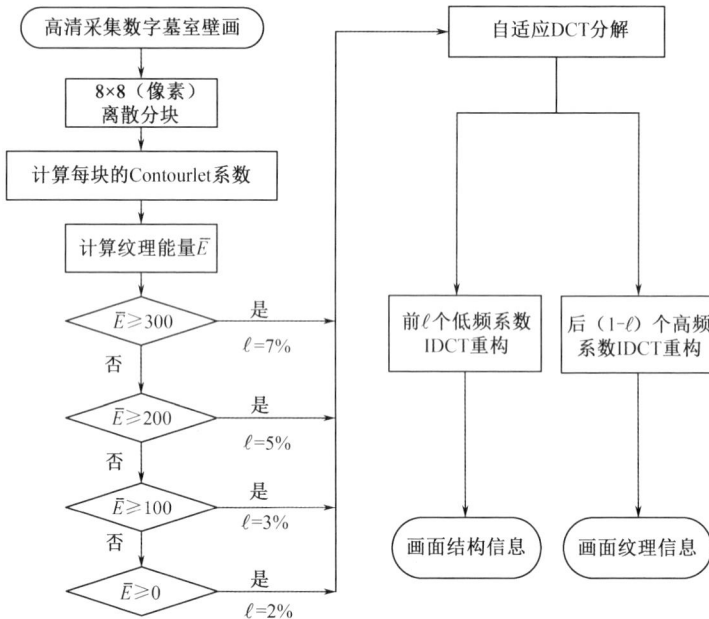

图 3.46　墓室壁画频率域自适应分解流程

对墓室壁画图像信息进行纹理复杂程度的量化后，分解获得表达墓室壁画底层信息的结构部分与表达墓室壁画上层信息的纹理部分。这两部分是比原始墓室壁画更为稀疏的图像信息，可分别采用不同的修复模型进行信息重建。

3.5.4　墓室壁画信息自适应分解实验

将离散 8×8（像素）分块的墓室壁画信息逐个进行分解，重构后得到纯结构信息与纯纹理信息，并对比这两种分解方案的效果。直接用 DCT 固定位置分解，结果如图 3.47 所示。

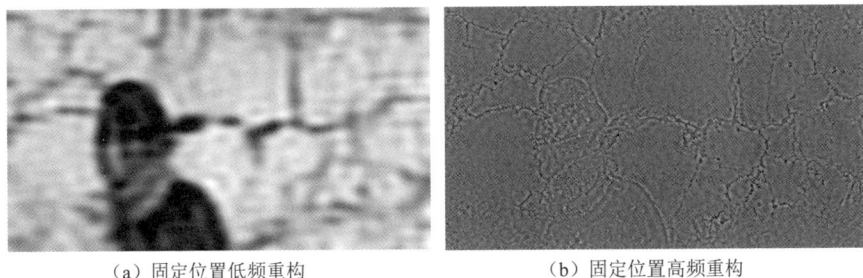

（a）固定位置低频重构　　　　　　　　　　（b）固定位置高频重构

图 3.47　固定分解位置效果

各个分块按照固定的分解位置进行重构，将前 5%重构成低频信息，后 95%重构为高频信息。

图 3.48 是将各个分块按照表 3.5 所提供的关联性，分别选择 2%、3%、5%、7%分解位置进行重构的结果。

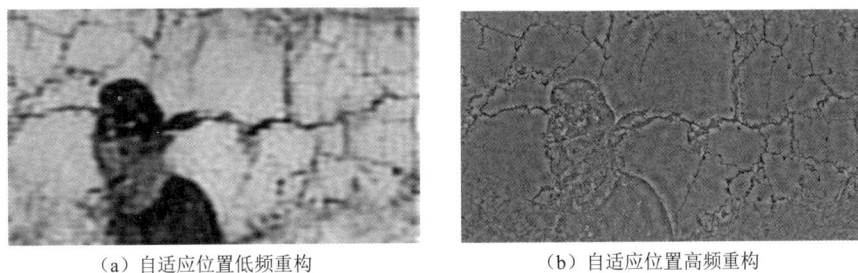

（a）自适应位置低频重构　　　　　　　　　　（b）自适应位置高频重构

图 3.48　自适应分解位置效果

对 8×8（像素）分块后的墓室壁画进行轮廓波能量分析后，选择与纹理能量复杂程度自适应的对应分解位置进行分解并分别重构，得到了 Bertalmio 所定义的彩色纯结构信息与纯纹理信息。为了满足视觉的一致性，避免不同通道重构产生的色差，上述实验中所采用的三通道同样用 Lab 颜色空间替代了 RGB 颜色空间。分解后的墓室壁画画面便于后期进行修复实验时，选择不同的模型，纯结构部分选择变分 PDE 类模型，纯纹理部分选择样本合成类模型。获取墓室壁画的纹理信息与结构信息有助于逐年对采集的墓室壁画图像的恶化情况进行检测。在接触结构信息不变的前提下，检测纹理信息比例是否增大，若增大则说明粉尘污染严重。

3.5.5　墓室壁画结构与纹理信息的先验知识

通过纹理能量来设定分解位置，可达到最佳的分解效果，有利于后期采用不同的修复方案实现修复结果。纹理能量中 ℓ 值的大小能体现画面的质感，通过自适应分解后，可将画面底层亮度信息与上层纹理信息完全正交无损的进行稀疏表达，有助于后期修复时分层处理。

通过提取原始墓室壁画信息分量在频率域进行重组的两部分图像，获得的先验知识以结构信息与纹理信息两个分量的方式传给修复模型。在进行高清墓室壁画信息重建的过程中，结合了像素扩散与信息块填充两大修复方案。将像素求导过程中产生模糊现象的变分 PDE 类模型，用于修复已经去掉纹理细节的纯结构分量，像素扩散过程可实现底层亮度信息的平滑过渡；将样本填充过程中出现块效应现象的样本合成模型，用于去掉结构信息的纯纹理分量的重建，满足上层细节信息的纹理相似性。在分别修复完成后，再对两部分信息进行重构，从频率域映射回空域，提高最终的修复结果。

3.6　本章小结

本章通过研究基于改进的线图轮廓检索模型，基于能量泛函的动态形变模型，基于五行色的巴氏颜色聚类模型，基于轮廓波自适应的频率域分解模型，分别对墓室壁画画面信息中的主体信息、颜色信息、结构与纹理信息进行了提取。可替代博物馆现有的人工压膜、手绘、测量的信息提取方式。不受人为因素的影响，所以结果更为客观。所提取的信息作为数字修复体系中的先验知识，可引导修复的取样、匹配与合成过程。主体分布先验知识可引导修复过程中样本尺寸大小的选取，对地仗区域可选择较大的模板而主画面部分可选择较小的，在保证精度的基础上提高修复效率；颜色分布的先验知识，有助于在搜索样本块时，优先在颜色相似的样本区域采样；纹理能量的先验知识，可自适应分层修复，可选择不同修复方案组合完成，达到事半功倍的效果。墓室壁画残存信息的提取为博物馆提供了重要的数字档案资料，也为墓室壁画实体修复提供了先验依据。

第 4 章
墓室壁画病害信息数据模型的建立

4.1 引言

墓室壁画画面中的病害标记与分布区域，是墓室壁画数字修复过程中定义的待修复区域表达有效信息与无效信息的数学模型。通过对墓室壁画病害区域的多尺度分析与分层标注，生成病害分布图，为墓室壁画信息的病害污染现状留存数据，并提供馆藏文物所需的病害档案信息。数字修复的过程将围绕数据模型所定义的缺损区域进行信息扩散和填充。对病害污染导致信息缺损区域的准确定义，能保证在修复过程中参考源的可信性，不会误将病害信息进行扩散，导致恶化其画面信息的后果。

墓室壁画因长年受多种病害侵袭，污染区域错综复杂且多种病害相互叠加，特别是生物病害，如菌斑和苔藓等致病机理，以及污染区域均需通过生化实验进行验证，因此大多数的病害标定还需由人工来完成。本章主要围绕图像特征信息比较明显，且对墓室壁画的画面连通性与结构一致性破坏严重的病害，包括泥渍、断裂、裂缝和龟裂等进行研究，并自动标记其分布情况。为了避免因其他病害产生的噪点造成误判，我们研究了数学形态学中的各种运算子的组合方式，设计既能平滑噪点，又可以凸显结构细节的方式，逐层多特征、多尺度地提取画面中的常见病害，为后期不同的修复精度需求，提供具有针对性的数据模型。

4.2　墓室壁画病害污染区域的特征分析

4.2.1　墓室壁画常见病害种类

由于墓室壁画深埋地下近千年，受地下水侵蚀、地面沉降、微生物附着，以及出土后保存环境的突变，产生了很多的病害。常见的病害种类包括泥渍、脱落、错误填充（早期修复造成的）、断裂、裂缝和龟裂等。这些病害不仅影响游客对墓室壁画的欣赏，还严重危害到墓室壁画实体的存亡。墓室壁画常见的病害类型如图 4.1 所示。

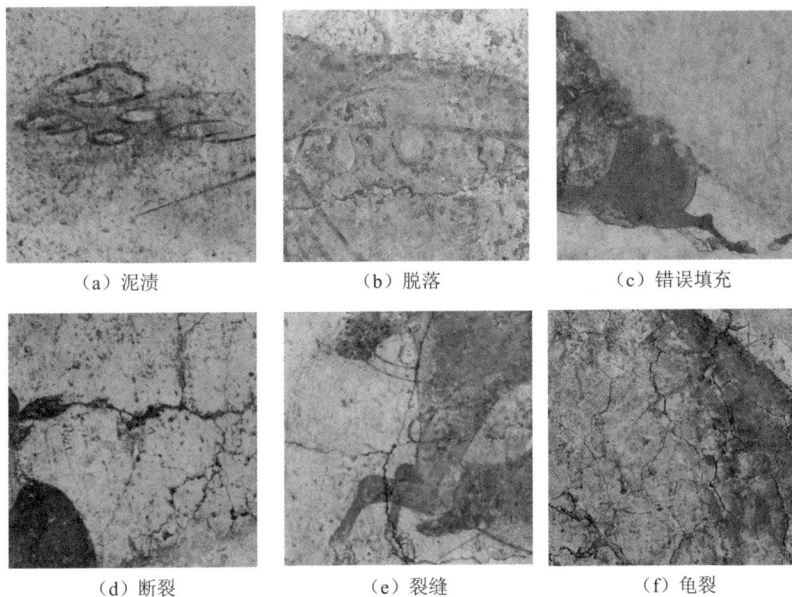

（a）泥渍　　　　　　　（b）脱落　　　　　　　（c）错误填充

（d）断裂　　　　　　　（e）裂缝　　　　　　　（f）龟裂

图 4.1　墓室壁画常见病害类型

墓室壁画的病害因其产生的原因不同，检测方法也不同，其中泥渍、脱落等块状病害，多为叠加污染，需要通过化学或物理分析的方法由文物修复人员手工进行标记。错误填充部分因早期修复手段有限和"修旧如旧"的原则，只做破损痕迹留存，并不进行原纹理填补。以龟裂、裂缝和断裂 3 种病害为例，因其信息特征比较直观，对墓室壁画画面的影响较为明显。《可移动文物病害评估技术规程——馆藏壁画类文物》[222]中对这 3 类病害的描述是，龟裂指墓室壁画颜料层细小的裂缝，数量较多，呈弥漫性，需监测其数量增加的趋势；裂缝指颜料层开裂露出了地仗层，该病害会对画面信息产生影响，因墓室壁画为铁线勾画，起稿线和外轮廓线同裂缝感官近似，若不清除会引起人们对画面内容的误解；断裂不仅是颜料层与地仗层裂开，还伴随着墓室壁画支撑体的塌陷，此类病害的出现，已经严重危及墓室壁画本体的留存，检测出包含此类病害时要提高墓室壁画需要修复的警戒级别，加速实际的修复流程。本章研究的基于信息处理技术的墓室壁画病害检测，主要针对块状的泥渍类病害和细长状的裂缝类病害的自动识别与标记。特别是龟裂、裂缝和断裂 3 种形态相似却危害不同的病害，对墓室壁画画面信息的影响表现为纵横交错的细长状特征，导致画面信息结构中断，容易引起视觉误判。通过计算机信息处理技术对不同形态和不同尺度的病害进行检测与标记，可生成墓室壁画所受病害的分布图，辅助制订修复方案时把握信息重建的尺度。

4.2.2　墓室壁画病害尺度特征

墓室壁画病害信息的提取与标定用于整个数字修复过程的数据模型建立，对于控制修复精度非常重要。我们以陕西历史博物馆（简称陕博）文修专家意见为标准对于面积大于 5×5（像素），长度大于 30 像素的墓室壁画表面污染物进行处理，如图 4.2 所示。低于此标准的病害不做处理，保留其颗粒质感，此部分信息并不在需要标记的病害对象中。

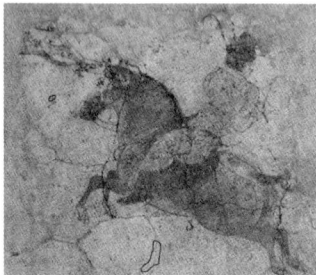

图 4.2　陕博文修专家指定修复标准示意

将需要标定的墓室壁画病害分为两类：一类为块状癥形病害，如泥渍、脱落、错误填充区；另一类为裂缝类细长状病害，如龟裂、裂缝、断裂。针对这两种形态的病害，在修复模型选择样本块填充和高阶偏导的曲率扩散时，需要先建立对不同形态的病害所导致的信息缺失状况的数学模型。

4.3　统计学多特征泥渍病害数据模型

4.3.1　泥渍类病害特征分析

墓室壁画数字修复流程中，需要对其画面所受损的信息进行分析，通过图像特征提取技术进行病害标定，用来传递给修复模型进行区分画面残存的有效信息和需要去除的病害信息。在博物馆文物实体修复环节中，这项工作主要依靠人工通过手动标记完成。当面临大型墓室壁画的标定需求时，人工标定不仅耗时耗力且人为主观性较强，加之泥渍类病害多为弥漫性分布，与绘画内容相互叠加容易在病害标定时引起误判。因此对墓室壁画中泥渍病害进行自动识别和标定，设计后续数字修复的掩模，并传递给修复模型待信息填充区域的数据模型等环节非常重要。

通过对《马球图》的观察发现，因墓道沉降和地下水的影响，墓室壁画画面存在弥漫性的泥渍。根据文物修复准则[223]，在修复时应本着不损坏墓室壁画内容、维持画面原有样貌、提高观赏效果的原则进行。

图 4.3 为《马球图》地仗层和绘画层的局部，方框标记的部分为需要进行修复的大尺度泥渍污染，而椭圆框标记的部分为小尺度泥渍污染，依据修复尺度的标准，面积小于 5×5（像素）的图像块可不需要修复。因此在对墓室壁画进行病害标定时，既要去除影响画面观展需求的病害污染区域，又要保持其沧桑的历史质感，对泥渍病害的标定要把握好尺度。

泥渍病害在墓室壁画中分布广泛，具有颜色单一暗沉、表面粗糙、不规则、颗粒性强等多个纹理特征。地仗层接近灰白色，绘画层则颜色多样，表面过渡较光滑。因此对古代墓室壁画泥渍病害进行标定时，应充分利用其颜色及纹理等多个特征。

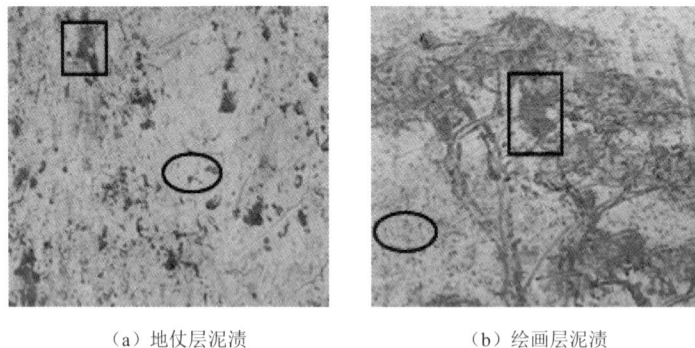

（a）地仗层泥渍　　　　　　　　（b）绘画层泥渍

图 4.3　《马球图》的泥渍情况

　　人们在形容某物体时，首先浮现在脑海里的往往是物体的颜色和纹理，如蓝蓝的天空、绿绿的森林、竖条纹、横条纹、粗糙、平滑等，不同的物体在颜色和纹理上都会表现出不同的颜色特征。颜色和纹理作为图像特征识别相比于其他特征，对尺寸，旋转和平移等的变化具有非常强的健壮性。图像的多特征提取与分类也在不同行业的检测中得到很好的应用。2016 年 Benjamin 等[224]提出了图像分割火焰区域的方法，结合火焰特有的颜色和纹理特征，分别在 RGB、HSV 和 YCbCr 的颜色空间中定义颜色规则，能够分离强度（亮度）和颜色特征（色度）。火焰像素具有高强度值，使用灰度共生矩阵计算火焰的 5 个纹理特征，这些颜色空间有助于测算这个特性。同年，Emmy Prema[225]提出了一种基于多特征的烟雾检测方法。在 YUV 颜色空间中进行颜色滤波，对候选烟雾区进行时空动态纹理分析，训练支持向量机分类器，并利用支持向量机分类器进行候选烟雾区决策，该算法在检测准确率、错误率和处理时间方面都取得了良好的效果。2017 年 Indriani 等[226]用纹理和颜色的特征对番茄成熟度进行了分析，纹理分析使用灰度共生矩阵方法，颜色分析使用色调、饱和度测试方法，并利用 k-nearest Neighbour 模型，使用 100 个数据集，包括 75 个训练数据和 25 个测试数据，对番茄的成熟度进行详细分类。Patil 等[227]利用叶子的颜色、形状和纹理特征，将颜色特征采用 HSV 颜色直方图进行提取，并将局部二值模式（LBP）和 Gabor 滤波器相结合，提出一种新的纹理特征，即局部灰色 Gabor 模式；对三种大豆叶片病害的检索精度进行了测试，将颜色、形状和纹理特征结合起来，提高了测试性能。2018 年 Barmpoutis 等[228]提出了一种基于多维纹理分析的木材物种自动判别方法，利用静态木材图像具有周期性的空间演化特征，引入新的空间描述符，将每幅木材图像视为多维信号的集合，使用支持向量机（SVM）分类器对病害进行最终分类。因此，我们采用多特征综合统计分析泥渍病害，标定与其相似的图像像素位置，用于建立泥渍病害污染的数据模型。

4.3.2　泥渍病害直方图统计

如果拍摄的墓室壁画分镜头中，只有地仗层信息，并且除泥渍病害外其他病害较少时，由于地仗层的颜色和纹理特征相对比较单一，就可以用简单的颜色特征提取方法对其进行自动识别和标定。颜色特征提取方法是描述图像内容的重要方法之一，常见的颜色特征提取方法有颜色直方图、颜色矩、颜色集、颜色聚合向量、颜色相关图等 [229]。由于颜色直方图对图像的尺寸、方向、视角的依赖性较小，从而具有较高的健壮性，下面介绍颜色直方图的使用方法。

颜色直方图[230]描述了图像中关于颜色的数量特征，能够反映图像颜色的统计分布和基本色调。它描述的是图像中颜色的组成分布，即图像中不同色彩在整幅图像中所占的比例。颜色直方图中的数值都是统计而来的，借用了数学统计学中直方图（Histogram）概念，使用一系列高度不同的柱状条纹或线段来表示图像中不同颜色的分布情况，而与每种色彩所处的空间位置无关。其对图像本身的尺寸、方向、视角的依赖性较小，从而具有较高的健壮性。

下面使用灰度直方图对墓室壁画地仗层的泥渍进行标定。先统计灰度较为均衡的地仗层中灰度跳变的泥渍，及其他常见病害灰度值分布的范围，再用自适应阈值分割法标定泥渍。图 4.4 为常见病害图像及其灰度直方图。

图 4.4（a）是霉变图像，图 4.4（b）是霉变灰度直方图，由图可知画面霉变后的灰度值集中在 175 左右；图 4.4（c）是裂缝图像，裂缝占图像的很小部分，而比较完好的地仗层占图像大部分面积，图 4.4（d）是裂缝灰度直方图，由图可知，表达裂缝灰度的是出现频率较小的部分，又由于裂缝较暗，所以裂缝的灰度值集中在 100 以内；图 4.4（e）是错误填充图像，图 4.4（f）是其灰度直方图，由图可知错误填充部分的灰度值集中在 175 左右；图 4.4（g）是泥

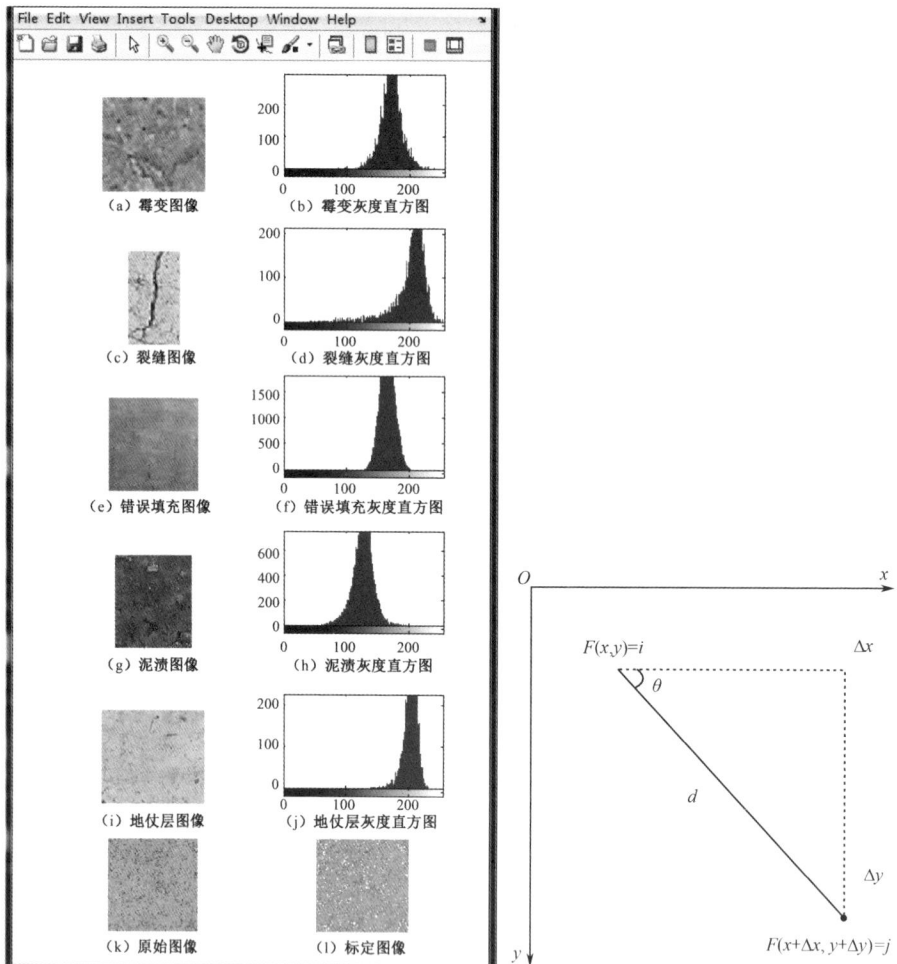

图 4.4　常见病害图像及其灰度直方图

渍图像，图 4.4（h）是泥渍灰度直方图，由图可知泥渍图像的灰度值集中在 110～
150；图 4.4（i）是比较干净的地仗层图像，图 4.4（j）是地仗层灰度直方图，由
图可知地仗层的灰度值集中在 195～210；图 4.4（k）是带有泥渍病害地仗层的原
始图像，图 4.4（l）是标定图像。通过多次实验得出上述结论，因此选择灰度值
在 110～150 的部分为阈值，标定为泥渍，而对其他部分不做标定，这样就实现
了对墓室壁画地仗层泥渍病害的自动识别和标定。

4.3.3　建立泥渍类病害数据模型

在拍摄的墓室壁画数据信息中，由于画面内容丰富，泥渍病害易和绘画内容混淆。由于泥渍呈现低灰度、低亮度、低色度的颜色特征和粗糙度高、光滑性低、颗粒度强、随机性大和规范性弱的纹理特征，所以可利用上述特征对绘画层中的泥渍进行自动识别和标定。在这个过程中，画面的纹理、亮度、色度，以及后期生成的掩模图像之间的运算都会对标定结果产生很大影响，会直接影响修复后的整体效果。

在计算机中颜色是用数字来表示的，也称为数字化颜色模式，所以数字和颜色标号之间存在一一对应关系。除了第 3.4 节所提及的用于颜色种类表达的颜色空间 HSI 和 Lab，还有面向显示输出的颜色空间如 YIQ、YUV、YCbCr 和 CMYK。它们与基本三原色 RGB 在颜色信号输出表达的区别如下。

（1）红色、绿色、蓝色三基色空间（RGB 颜色空间）一般用于计算机图形与彩色电视系统。

（2）色差色域 YIQ、YUV 和 YCbCr 用于电视广播系统。

（3）补色色域 CMYK 用于彩色打印机系统。

结合墓室壁画病害特征可选用 RGB 颜色空间和表示颜色亮度与色度的 YCbCr 颜色空间。由于采集的墓室壁画是彩色图像，会存在亮度信息和色差信息的问题，故这里主要讨论 YCbCr 颜色空间。与 RGB 颜色空间相比，YCbCr 颜色空间用亮度和两个色度来表示颜色，这样可以更好地表示图像信息，其中 Y 代表亮度信息，Cb 和 Cr 代表色度信息。从 RGB 颜色空间到 YCbCr 颜色空间的转换公式如下。

$$\begin{cases} Y = 0.256789R + 0.504129G + 0.097906B + 16 \\ Cb = -0.148223R - 0.290992G + 0.439215B + 128 \\ Cr = 0.439215R - 0.367789G - 0.071426B + 128 \end{cases} \tag{4.1}$$

由上式可以看到，YCbCr 颜色空间的格式可以直接对图像的亮度（Brightness）、色度（Hue）进行表示，使泥渍标定更加精确。

纹理是自然物体表面的重要特征和视觉线索，是图像处理领域一个经久不衰的研究热点。通过对纹理的直观描述可以提供区域的平滑、稀疏、规则性等特性[231]。微观上，纹理在局部区域内具有不规则性，而宏观上又呈现出某种规律性。对墓室壁画泥渍病害进行纹理分析时，我们发现泥渍病害就存在这种纹理特性，所以充分利用病害纹理特征，有助于对其进行准确标定。

常见的纹理特征提取方法有统计纹理分析、结构纹理分析、模型纹理分析、空间/频率纹理分析。在各种纹理分析方法中，这里使用数学统计分析法中的灰度共生矩阵法作为墓室壁画泥渍纹理特征的描述方法。灰度共生矩阵法是统计分析法中的典型方法，它从图像的灰度空间分布信息统计分析出发，利用图像灰度关于方向、相邻间隔、变化幅度的综合信息，从统计意义上的均匀性准则对图像纹理进行分割，具有抗噪声能力强、稳定性好的特点。选用这种方法进行墓室壁画泥渍纹理分析是可行的。

灰度共生矩阵法[232]对于在三维空间中，通过两个像素点间的灰度等级，找出两个像素点间联合分布的统计形式，从而提取纹理特征。因此，可以通过修改空间关系（如不同的方向或距离）来获得不同的共生矩阵。从不同的矩阵中得到不同的图像信息，提取出不同的纹理信息特征，对图像进行处理。灰度共生矩阵中的行和列的数量仅同纹理的灰度等级有关系，而不依赖于图像的大小。设定图像的灰度值为 N，那么该图像对应的灰度共生矩阵就被定义为 $N \times N$ 阶矩阵。可以这样定义图像中两个像素点间的空间关系：设图像中两个像素点间的方向为 θ，间隔距离为 d。那么灰度共生矩阵 $\boldsymbol{P}(i,j,d)$ 的值就是在灰度值 i 与 j 之间，两像素点间的方向为 θ，间隔距离 d 的空间关系条件下，灰度值发生变化的数量，其中 $i \geqslant 0$，$j \leqslant N$。在计算灰度共生矩阵之前，都会提前定义像素间的关系。一般情况下取 θ 的值为 $0°$、$45°$、$90°$、$135°$。表 4-1 表示图像灰度值，其灰度级为 3。图 4.5 对应的灰度共生矩阵如表 4.2 所示，其中取 $d=1$，$\theta = 0°$。

表 4.1　图像灰度值

图像灰度值			
0	2	2	1
0	2	1	0
1	2	1	1
2	0	0	1

表 4.2　灰度共生矩阵

灰度共生矩阵		
2	2	3
2	2	4
3	4	2

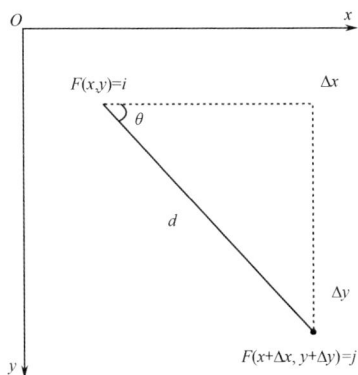

图 4.5　灰度共生矩阵

设置不同的间隔距离 d 和方向 θ 可以得到不同的灰度共生矩阵，纹理的粗细度就是从这个灰度共生矩阵中得到的。在间隔距离 d 的值比较小时，若灰度共生矩阵的主对角线的值偏大，则说明该图像的纹理较粗糙。如果一个图像的灰度级为 N，那么它的灰度共生矩阵是 $N \times N$ 阶矩阵。所以当灰度级过大时，它对应的灰度共生矩阵的阶数也会相应地变大，产生的计算量就会很大。在这种的情况下，需要先将灰度级进行压缩，再求出共生矩阵。

但是灰度共生矩阵是不能直接反映图像纹理特征的，所以，这里又选取了一些数字统计量，利用统计量来描述图像纹理特征，主要统计量[233]如下。

（1）均值（Average）。

$$\sum_{i=0}^{N-1}\sum_{j=0}^{N-1} i \cdot P(i,j) \tag{4.2}$$

（2）方差（Variance）。

$$\sum_{i=0}^{N-1}\sum_{j=0}^{N-1} (i-u)^2 \cdot P(i,j) \tag{4.3}$$

其中，u 为 $P(i,j)$ 的均值。

（3）逆差矩（Inverse Difference Moment）。

$$\sum_{i=0}^{N-1}\sum_{j=0}^{N-1} \frac{P(i,j)}{1+(i-j)^2} \tag{4.4}$$

（4）对比度（Contrast）。

$$\sum_{n=0}^{N-1} n^2 \left\{ \sum_{i=0}^{N-1}\sum_{j=0}^{N-1} P(i,j) \right\} \tag{4.5}$$

（5）熵（Entropy）。

$$-\sum_{i=0}^{N-1}\sum_{j=0}^{N-1}\boldsymbol{P}(i,j)\log\boldsymbol{P}(i,j) \qquad (4.6)$$

（6）角二阶矩（Angular Second Moment）。

$$\sum_{i=0}^{N-1}\sum_{j=0}^{N-1}\boldsymbol{P}(i,j)^2 \qquad (4.7)$$

（7）相关性（Correlation）。

$$\sum_{i=0}^{N-1}\sum_{j=0}^{N-1}\frac{ij\boldsymbol{P}(i,j)-u_1 u_2}{\delta_1^2+\delta_2^2} \qquad (4.8)$$

其中，$u_1=\sum\limits_{i=0}^{N-1}i\sum\limits_{j=0}^{N-1}\boldsymbol{P}(i,j)$，$u_2=\sum\limits_{i=0}^{N-1}j\sum\limits_{j=0}^{N-1}\boldsymbol{P}(i,j)$；$\delta_1=\sum\limits_{i=0}^{N-1}(i-u_1)^2\sum\limits_{j=0}^{N-1}\boldsymbol{P}(i,j)$，

$\delta_2=\sum\limits_{i=0}^{N-1}(i-u_2)^2\sum\limits_{j=0}^{N-1}\boldsymbol{P}(i,j)$。

在上述数字统计量中，均值是图像像素点的平均灰度值，可反映图像的明暗深浅，适用于灰度图像。方差是灰度变化的反映。逆差矩可反映图像纹理局部变化的情况，表示是纹理的规则程度。纹理越规则，其逆差矩的值就越大，反之亦然。对比度是灰度共生矩阵中有关主对角线的惯性矩，它度量的是图像的局部变化。从数学角度分析，如果灰度共生矩阵的元素远离对角线，则会导致式（4.7）变大，对比度值也会随之增大，相应的纹理基元对比越强烈，沟纹就越深，图像就越清晰，纹理效果越明显，反之亦然。熵是图像信息量的反映，度量图像内容的随机性，也表示纹理的复杂程度。所以，当图像没有纹理时熵值为 0，满纹理时熵值最大。角二阶矩也称为能量，是灰度共生矩阵中各元素的平方和。角二阶矩用于反映图像纹理的灰度变化均匀性、图像灰度分布均匀程度和纹理粗细程度。如果灰度共生矩阵中元素的值比较接近，那么角二阶矩的值也就会较小，说明图像纹理较细致，相反则图像纹理就会比较粗糙。相关性是度量空间灰度共生矩阵元素在行或列方向上的相似程度，是灰度线性关系的度量。当灰度共生矩阵中元素值均匀相等时，其相关值就大，反之亦然。所以，相关性用来判断纹理的光滑性、颗粒度、随机性和规范性等特性，与墓室壁画的光滑性低、颗粒度强、随机性强和规范性弱等纹理特性相对应，适合于对墓室壁画泥渍的标定。

在实际应用中，可根据具体需求选取某些统计量来表示纹理特征。基于灰度共生矩阵法提取纹理特征的流程如图 4.6 所示。

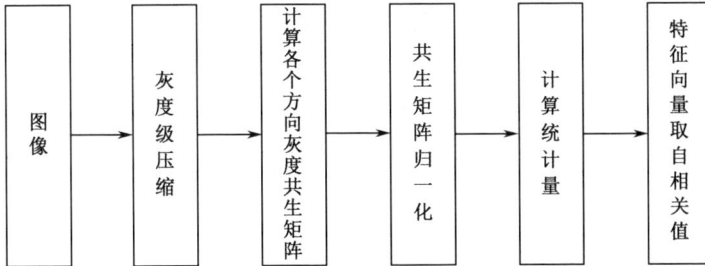

图 4.6 灰度共生矩阵法提取纹理特征的流程

利用上述颜色和纹理特征对墓室壁画绘画层泥渍病害进行标定，具体算法流程如图 4.7 所示。

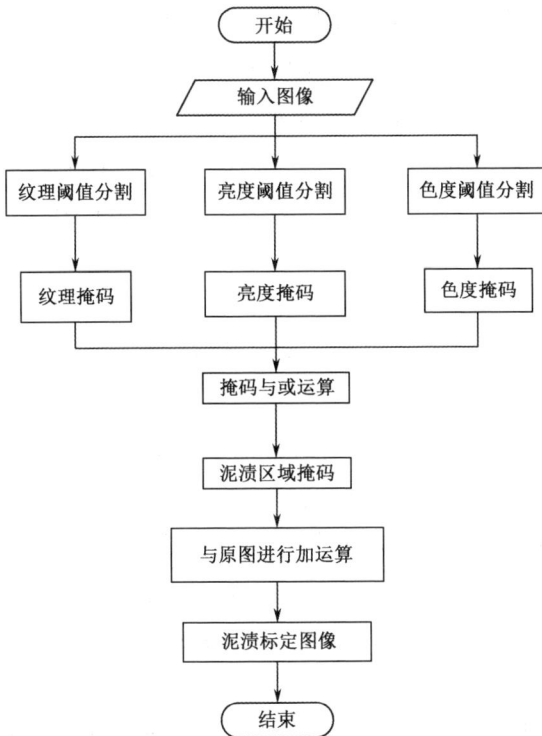

图 4.7 绘画层泥渍病害标定的算法流程

（1）泥渍纹理掩模。选取空间自相关函数作为纹理测度。设图像为 $f(x,y)$，自相关函数的定义如式（4.9）。

$$C(\varepsilon,\eta,j,k) = \frac{\sum\limits_{m=j-w}^{j+w} \sum\limits_{n=k-w}^{k+w} f(m,n)f(m-\varepsilon,n-\eta)}{\sum\limits_{m=j-w}^{j+w} \sum\limits_{n=k-w}^{k+w} [f(m,n)]^2} \tag{4.9}$$

上式是对 $(2w+1)\times(2w+1)$ 窗口内的每个像素点 (m,n) 与偏离值为 ε,η 的像素间相关值进行计算，空间自相关函数可以对图像的粗糙度、光滑性、颗粒度、随机性和规范性等纹理特性进行很好的反应，有助于泥渍自动识别和标定。

泥渍纹理掩模算法具体步骤如下。

① 将只带有泥渍的图像记为 f_m，待标定泥渍的图像记为 f_b。利用式（4.9）计算一组（30 张）f_m 的自相关函数的平均值记为 C_m。

② 为了使不影响视觉的小泥渍块不被标定，而只标定较大泥渍块，我们通过实验发现选取 9×9（像素）图像块处理比较合适。将 f_b 分为 n 个图像块，分别记为 f_{bi}，$i=1,2,\cdots,n$。计算每部分的 C 值，记为 T_{bi}，$i=1,2,\cdots,n$。

③ 阈值分割。f_{bi} 与 f_m 的差异性可以用 T_{bi} 与阈值 τ_T 值进行比较得到，此时阈值 τ_T 取 C_m，当 $T_{bi} > \tau_T$ 时，将 f_{bi} 赋值为 0，标记为非泥渍部分。当 $T_{bi} \leqslant \tau_T$ 时，将 f_{bi} 赋值为 1，标记为泥渍疑似点。如式（4.10）所示，可得到泥渍纹理掩模 T_{mask}。

$$T_{\text{mask}} = \begin{cases} 1, & T_{bi} \geqslant \tau_T \\ 0, & \text{其他} \end{cases} \tag{4.10}$$

（2）亮度掩模与色度掩模。

为了对图像泥渍进行标定，只用泥渍的纹理特征还不够充分，因为墓室壁画多为彩色图像，将泥渍的纹理信息和亮度、色度信息结合起来可以更好地反映图像泥渍的特点。利用式（4.1）将彩色的 f_m 和 f_b 由 RGB 模型转换到 YCbCr 模型，使用一个亮度分量 Y 和两个色度分量 Cb 和 Cr 来表示图像信息。这样就可以得到墓室壁画图像的色度和亮度这两个重要特性，利用泥渍病害区域和没有泥渍病害区域的色度和亮度特征的不同，对泥渍病害进行识别和标定。用同样的方法取一组图像计算 f_m 的亮度、色度的平均值，即阈值 τ_Y 和 τ_C，将 f_{bi} 的亮度与色度信息值分别记为 Y_{bi} 和 C_{bi} 并与 τ_Y 和 τ_C 比较，提取出泥渍疑似点。用与上面类似的方法通过式（4.11）计算亮度掩模 Y_{mask} 和式（4.12）计算色度掩模 C_{mask} 。

$$Y_{mask} = \begin{cases} 1, & Y_{bi} \geqslant \tau_Y \\ 0, & 其他 \end{cases} \qquad （4.11）$$

$$C_{mask} = \begin{cases} 1, & C_{bi} \geqslant \tau_C \\ 0, & 其他 \end{cases} \qquad （4.12）$$

将 τ_T 、 τ_Y 和 τ_C 作为 3 个最优阈值分别代入式（4.10）～式（4.12）中就可以求得 3 个掩模 T_{mask} 、 Y_{mask} 和 C_{mask} 。

（3）阈值的确定。

用灰度共生矩阵法中的能量、相关度、熵、对比度、逆差矩和方差等特征进行实验，选取大量没有泥渍的绘画层和仅有泥渍部分的图像进行实验，并对上述特征分析，发现相关度能较好地把泥渍和绘画层分开，仅有泥渍的图像，其相关度值的 95%都小于-4.4×10⁴，而没有泥渍的绘画层图像，其相关度的值有 95%都大于-3.9×10⁴。大量实验发现相关值取-4.1×10⁴ 时，就可以较好的把泥渍和完好绘画层分开，因此 τ_T 的取值为-4.1×10⁴。用同样的方法对图像的亮度和色度进行分析，发现将 τ_Y 和 τ_C 分别设定为 130.4 和 113.5 时可以较好的把泥渍和绘画层分开。

（4）泥渍区域掩模。

在对墓室壁画泥渍病害进行标定的过程中,重要的环节是对待标定的图像、生成的掩模图像（二值图像），以及其他过程图像进行基本的代数运算，这些基本的代数运算会直接影响标定结果。如果图像代数运算出现错误，标定就可能出现完全相反的结果，下面对图像代数运算进行简单介绍。

图像代数运算是指输入两幅图像，然后对这两幅图像的对应像素进行点对点的加、减、乘或除运算，将运算结果输出，就可得到一幅输出图像的运算。图像进行加法和乘法运算时，可能会有三幅或更多幅图像参加运算。一般情况下，输入多为常数，也还可以通过适当的组合形成涉及多幅图像的复合代数运算方程。

图像处理中加、减、乘、除 4 种代数运算的数学表达式如下。

$$C(x, y) = A(x, y) + B(x, y) \qquad （4.13）$$

$$C(x, y) = A(x, y) - B(x, y) \qquad (4.14)$$

$$C(x, y) = A(x, y) \times B(x, y) \qquad (4.15)$$

$$C(x, y) = A(x, y) \div B(x, y) \qquad (4.16)$$

其中， $A(x, y)$ 和 $B(x, y)$ 为输入图像， $C(x, y)$ 为输出图像。

这里运用掩模图像的加、乘运算，虽然有一部分图像是 RGB 颜色空间的，但实质上这些图像只有黑和白两种颜色，也可看作是二值图像之间的代数学运算。下面对这类图像的运算做简单介绍。

二值图像的代数学运算是图像运算的一个特例，它运算的图像是只有黑白两色的二值图像，当然二值图像运算完成后仍然是二值图像，计算机里用 0 表示黑，用 1 表示白。二值图像加法运算规则为 0+0=0，0+1=1，1+1=1，运算结果如图 4.8 所示。二值图像乘法运算规则为 $0 \times 0 = 0$ ， $0 \times 1 = 0$ ， $1 \times 1 = 1$ 运算结果如图 4.9 所示。

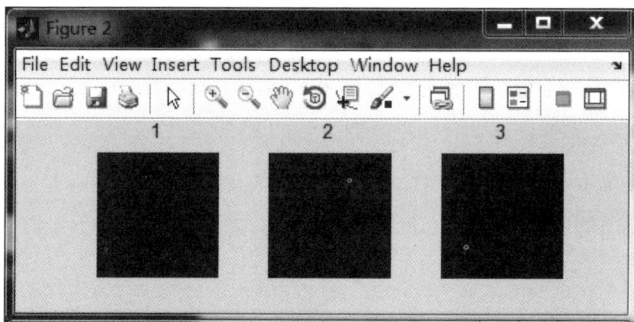

（a）灰度值为 0 的图像相加

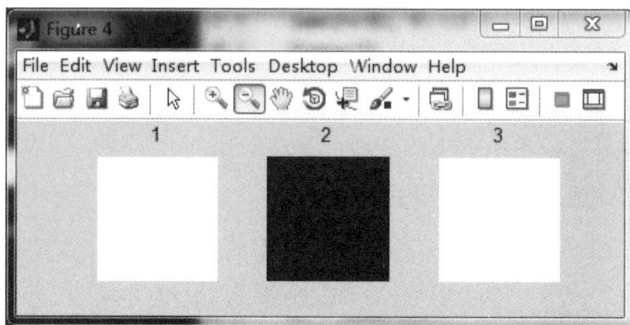

（b）灰度值为 1 和 0 的图像相加

图 4.8　二值图像的加法运算结果

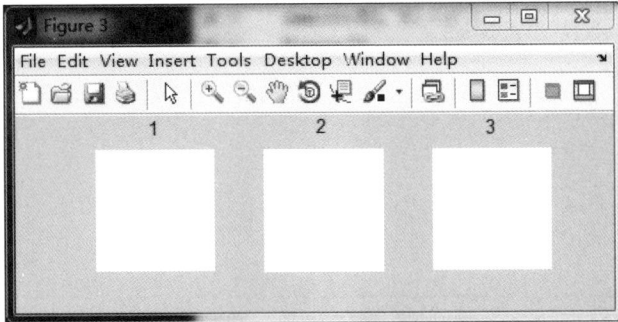

（c）灰度值为 1 的图像相加

图 4.8　二值图像的加法运算结果（续）

图 4.8 中标号 1 和标号 2 都是原图，标号 3 是标号 1 和标号 2 相加得到的图，由图可知，当图像像素点灰度值为 0（黑）的两个像素点相加仍为 0（黑）；当图像像素点一个为 0（黑），一个为 1（白）时，相加为 1（白）；当图像像素点为 1（白）时，相加得到的像素点仍为 1（白）。

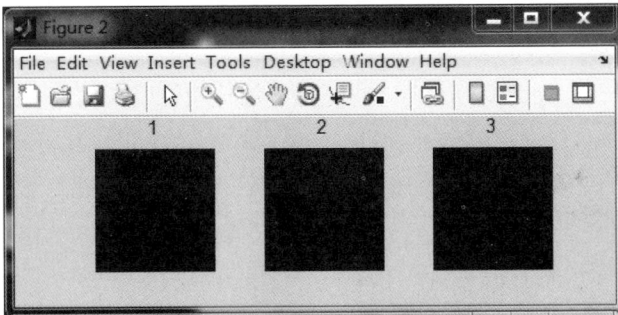

（a）灰度值为 0 的图像相乘

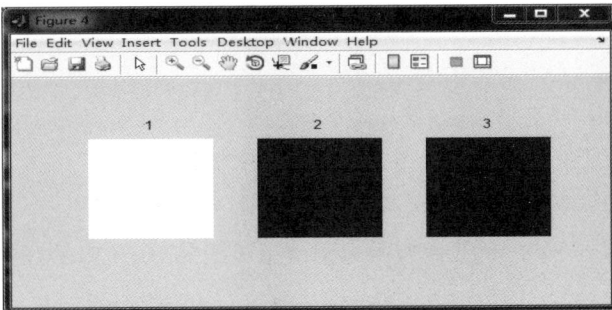

（b）灰度值为 1 和 0 的图像相乘

图 4.9　二值图像的乘法运算结果

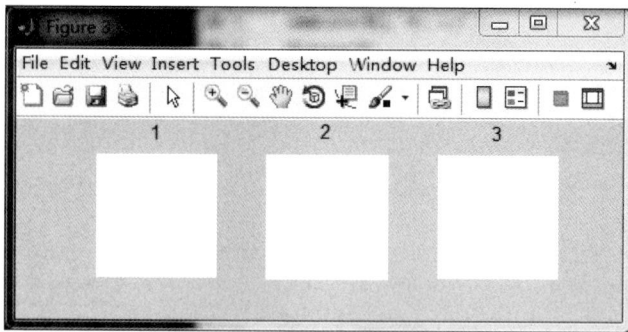

（c）灰度值为 1 的图像相乘

图 4.9　二值图像的乘法运算结果（续）

图 4.9 中标号 1 和标号 2 都是原图，标号 3 是标号 1 和标号 2 相乘得到的图，由图可知，当图像像素点灰度值为 0（黑）的两个像素点相乘仍为 0（黑）；当图像像素点一个为 0（黑），一个为 1（白）时，相乘为 0（黑）；当图像像素点为 1（白）时，相乘仍为 1（白），所以只有当两幅图像像素点都为白时，相乘的结果才是白。

对墓室壁画进行泥渍标定时，将泥渍区域掩模图像（RGB 图像阈值分割后得到的二值图像）与原待标定图像进行加法运算，如图 4.10 所示。

图 4.10 中标号 1 和标号 2 都是原图，标号 3 是标号 1 和标号 2 相加得到的图，由图可知，灰度值为 0 的像素点与任意灰度值相加的结果仍为任意值，灰度为 255 的像素点与任意灰度值相加的结果仍为 255。

根据上述图像运算方法，对掩模图像进行式（4.17）运算可得到最终泥渍区域掩模图像，设三个掩模图像为纹理掩模 T_{mask}、亮度掩模 Y_{mask}、色度掩模 C_{mask}，分别对其两两进行乘法运算。

$$M_{mask} = T_{mask} \otimes Y_{mask} \oplus C_{mask} \otimes T_{mask} \oplus Y_{mask} \otimes C_{mask} \qquad (4.17)$$

纹理掩模图像和亮度掩模图像相乘得到的掩模图像记为掩模图像 1，色度掩模图像和纹理掩模图像相乘得到的掩模图像记为掩模图像 2，亮度掩模图像和色度掩模图像相乘得到的掩模图像记为掩模图像 3。由上述运算规则可知，只有当两幅二值图像都是白时，其乘法运算结果才是白，所以当两幅掩模图像进行乘法时，只有当两幅图像中对应的位置都是白色区域时，该区域才会被标定为白色区域。因此掩模图像 1 中被标定为白色区域同时具备泥渍纹理和亮度特征，掩模图像 2 中被标定为白色区域同时具备泥渍纹理和色度特征，掩模图像 3 中被标定为白色区域同时具备泥渍色度和亮度特征，接着将掩模图像 1、掩模图像 2 和掩模图像 3 进行加法运算，得到的掩模图像记为掩模图像 4。

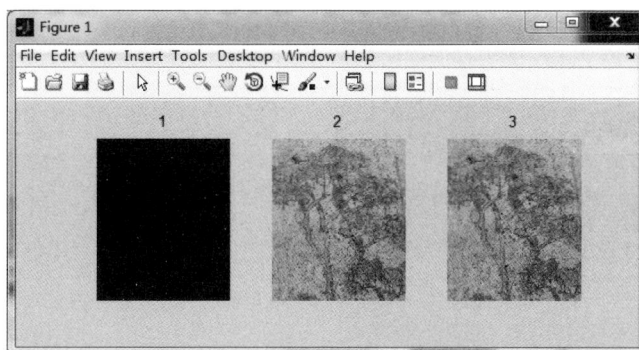

（a）灰度值为 0 的图像与任意图像相加

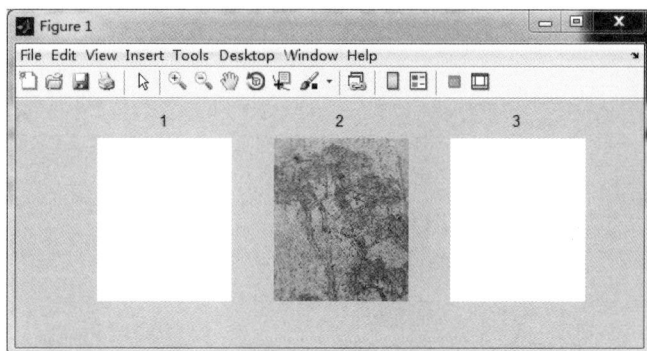

（b）灰度值为 255 的图像与任意图像相加

图 4.10 与 RGB 图像的加法运算结果

（5）泥渍数学模型。

泥渍区域掩模图像与原待标定图像按照式（4.18）进行加法运算，根据图像加法运算规则可知，泥渍区域掩模图像中白色区域在待标定病害墓室壁画中也对应变为白色区域，实现墓室壁画泥渍病害的数学模型为

$$f = f_b \oplus M_{\text{mask}} \tag{4.18}$$

根据上述图像加法运算规则可知，掩模图像 4 至少具备了纹理、亮度、色度中的两种特征，所以将掩模图像 4 作为最终泥渍区域掩模图像，用 M_{mask} 表示。经过这样运算得到的泥渍区域的掩模可充分兼顾 T_{mask}、Y_{mask}、C_{mask} 三者

中至少两者的信息，从而提高了泥渍区域的精度。

4.3.4　实验效果分析

实验全部基于 MATLAB 平台进行仿真。给出三组泥渍标定图，如图 4.11～图 4.13 所示。三组图中，图 4.11 和图 4.12 中的泥渍分布较集中，图 4.13 中的泥渍分布较分散。三组图都先分别使用纹理掩模图像、亮度掩模图像、色度掩模图像与原待标定图像进行加法运算，由于掩模图像中的白色区域就是待标定图像中泥渍区域，根据上述图像加法原理，进行运算后待标定图像中的泥渍区域被标定为白色，这样就得到三幅对应的泥渍标定图像，分别记为纹理标定结果图、亮度标定结果图、色度标定结果图。为了找出更准确的标定方法，将以上三幅掩模图像进行与或运算得到另一幅掩模图像，记为泥渍区域掩模图像，将泥渍区域掩模图像与原待标定图进行加法运算得到第 4 幅泥渍标定图像，记为泥渍标定结果图。

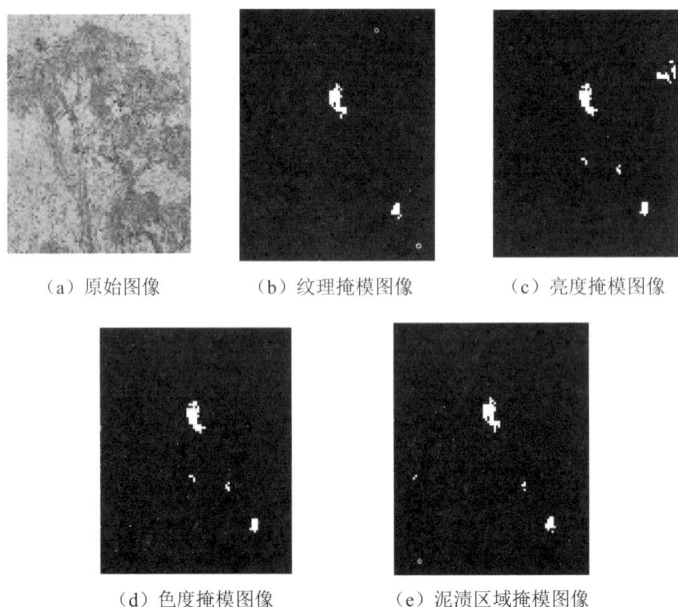

（a）原始图像　　　　　　（b）纹理掩模图像　　　　　　（c）亮度掩模图像

（d）色度掩模图像　　　　　　（e）泥渍区域掩模图像

图 4.11　树木绘画区域泥渍的自动识别和标定

（f）预期标定图像　　　　（g）纹理标定图像　　　　（h）亮度标定图像

（i）色度标定图像　　　　（j）泥渍区域标定图像

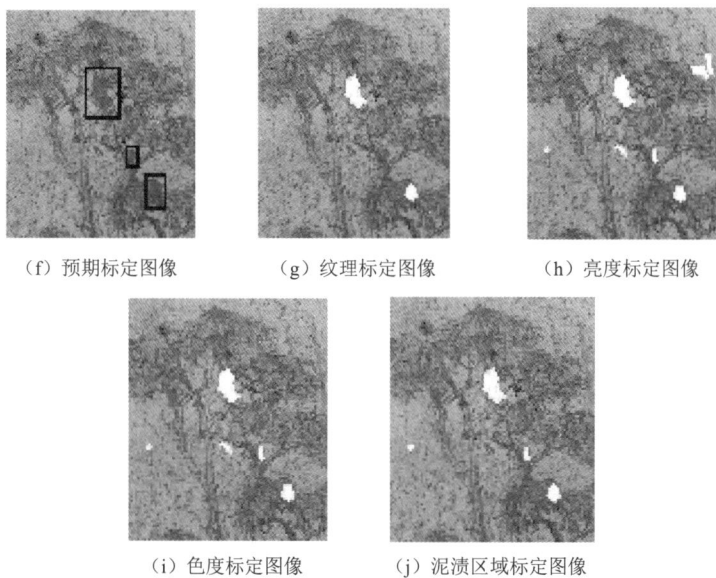

图 4.11　树木绘画区域泥渍的自动识别和标定（续）

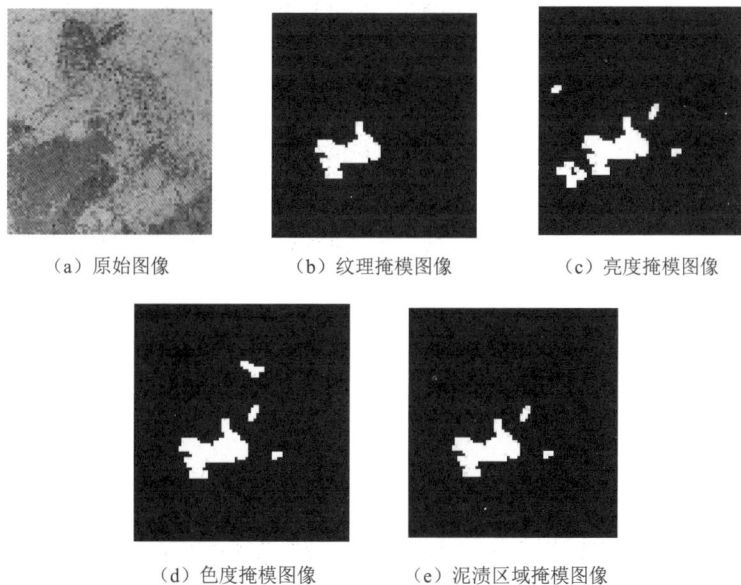

（a）原始图像　　　　　（b）纹理掩模图像　　　　（c）亮度掩模图像

（d）色度掩模图像　　　　（e）泥渍区域掩模图像

图 4.12　人物绘画区域泥渍的自动识别和标定

（f）预期标定图像　　　　（g）纹理标定图像　　　　（h）亮度标定图像

（i）色度标定图像　　　　（j）泥渍区域标定图像

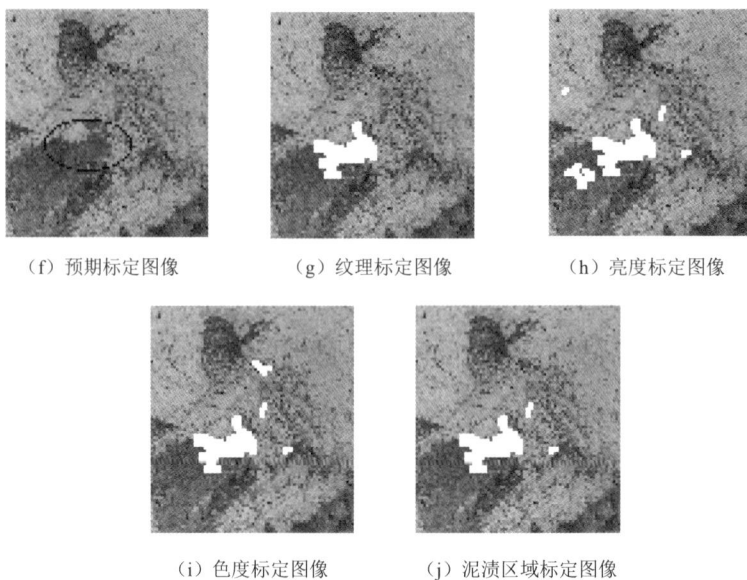

图 4.12　人物绘画区域泥渍的自动识别和标定（续）

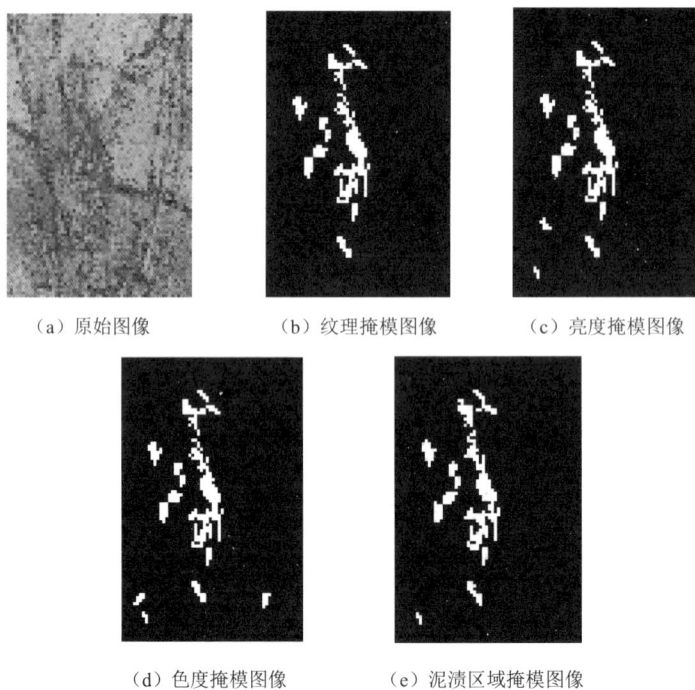

（a）原始图像　　　　（b）纹理掩模图像　　　　（c）亮度掩模图像

（d）色度掩模图像　　　　（e）泥渍区域掩模图像

图 4.13　绘画层泥渍的自动识别和标定

（f）预期标定图像　　　　　（g）纹理标定图像　　　　　（h）亮度标定图像

（i）色度标定图像　　　　　（j）泥渍区域标定图像

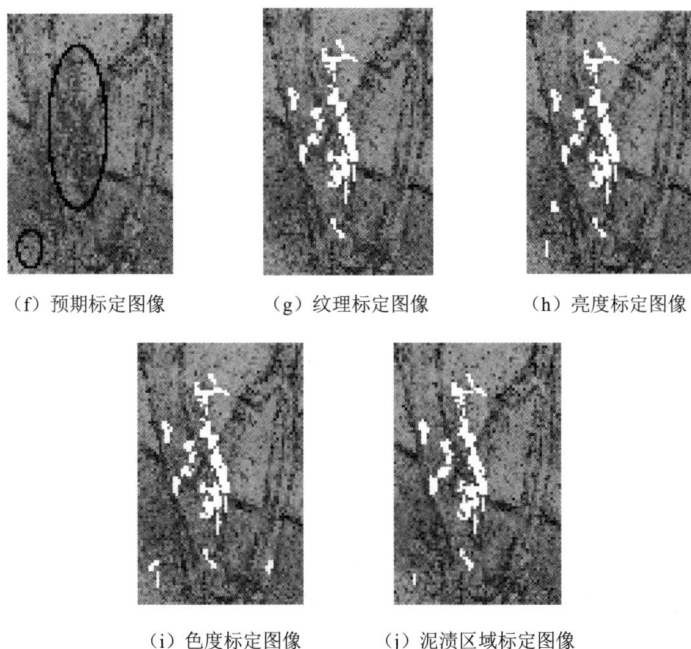

图 4.13　绘画层泥渍的自动识别和标定（续）

　　图 4.11～图 4.13 中的图（a）都为含有泥渍的原始图像，图（b）都为期待被标定区域，从标定图中可以得出，纹理方法对泥渍病害的标定不够完整，而亮度方法和色度方法对泥渍的标定结果都过多，标定了不是泥渍的部分，所以只用单一方法对泥渍进行标定就会出现多标定或漏标定的错误。而把三种标定方法结合起来，使被标定的泥渍部分至少符合纹理、亮度、色度三种方法中的任何两种要求，才能使泥渍标定结果更加准确。

　　利用三种掩模综合标定的第 4 种方法对墓室壁画图像进行病害标定。结合泥渍病害的颜色、纹理、亮度、色度特征，与墓室壁画自身特点对泥渍病害进行标定，其掩模生成过程能够给后续墓室壁画的修复提供病害区域的数学模型，这不仅可节省大量时间，而且提高了人工标定的精度，更为墓室壁画的虚拟修复提高了效率。

4.4 形态学多尺度裂缝类病害数据模型

4.4.1 裂缝类病害特征分析

墓室壁画有着诸多的病害污染，但它在挖掘出土前（地下密闭）与出土后（馆藏恒温）的保存环境相对比较稳定。与石窟壁画和殿堂壁画相比较，受外界自然环境与人为因素的影响较小，画面残存信息的保真度较高，标除病害信息后的画面内容可信度高。

在同一幅墓室壁画中，会错落地出现龟裂、裂缝、断裂这三种裂缝类病害，其画面信息特征非常相似，但在墓室壁画病害中定义为不同的种类，图 4.14 为墓室壁画三种病害的图像。

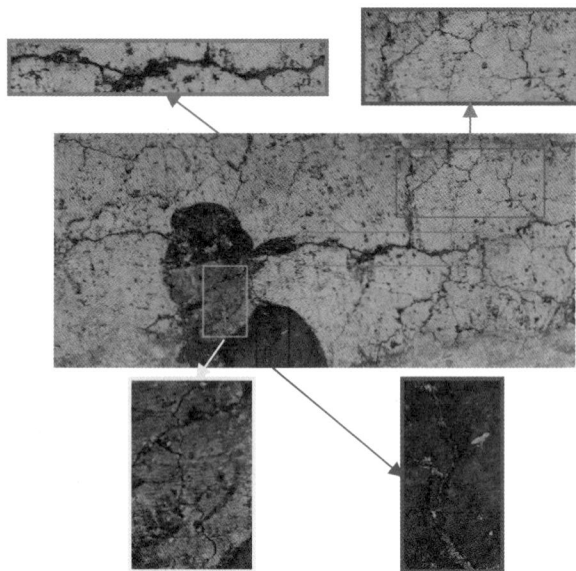

图 4.14 墓室壁画中断裂、龟裂、裂缝的病害图像

图中绿色方框部分是断裂图像，它具有方向性，一般与墓道的地基平行，表现为横断面的断裂宽度较大；蓝色方框中为龟裂图像，它表现为随机方向，方向延续性短，分支多，开裂宽度较小；黄色框与红色框中均为裂缝图像，其

中，黄色框中为亮背景上的暗裂缝，红色框中为暗背景上的亮裂缝。

裂缝是裂纹的后期症状，是一个裂纹源头断裂后形成的[234]。不同原因造成的裂缝往往呈现的形状也是多种多样的，有圆形状（Circular）、矩形状（Rectangular）、蜘蛛网状（Spider-Web）、单向状（Unidirectional）、树形状（Tree）和随机状（Random）。裂缝能够给文物修复人员提供一些引起墓室壁画表面退化的线索，通过这些线索可以对画面表层进行退化监测，或者进行更进一步的研究，如哪些因素导致了裂缝的产生，如果能够找到这些因素，就可以减少裂缝的产生[235]。通过研究裂缝作为一种非侵入手段来鉴定墓室壁画的结构成分已经被一些学者提出[236]。文物修复人员通过分析裂缝的形状结构来判断其产生的原因，以进行下一步的修复工作。裂缝检测技术包括简单的阈值分割、线性检测和多种形态滤波等。目前裂纹检测技术多用于公路、桥梁的表面病害探测。Oliveira 等[237]提出了一种用于道路柔性路面中裂缝的自动检测系统，采用摄像头捕获的图像，进行无重叠采样，建立样本库。对不同裂纹做适当的标签，计算每个检测到的裂纹宽度以确定裂纹严重性水平，并与手工标记结果做比较，实现全自动路面裂缝标记。Avila[238]针对路面纹理微小裂缝的自动检测，设计了从固定长度的路径段待检测信息中每个像素点上的最小路径，并进行动态规划，使其适用于实际条件，最小可检测到 2mm 的裂纹。Amhaz 等[239]在 Avila 的算法基础上，对不同路径长度设定不同的分值，附加考虑了路面图像的光度和几何特征。通过裂纹不同密集程度的验证，取得良好的效果。裂缝检测方法主要包括半自动和全自动两种方式，半自动检测方式利用的是区域生长法，全自动检测方式利用的是形态滤波法。

区域生长法[240]是图像分割中较为常见的一种方法，它是根据事先定义的准则将具有相同性质的像素点或像素块聚合在一起的过程。其基本思想是从一组种子点开始（种子点可以是单个像素点，也可以是某个像素块区域），将同种子点具有相似性质的相邻像素点或区域与种子点合并，形成新的种子点，重复此过程直到不能满足设定的条件为止。种子点和相邻区域的相似性判据可以是灰度值、纹理特征、颜色等多种图像信息。这个方法需要人为先选定一个种子点，然后根据设定的阈值进行区域增长和跟踪来检测出裂缝区域。区域生长法一般有三个步骤：（1）选择合适的种子点；（2）设定相似准则即生长准则；

（3）确定生长停止条件。因为只有人才能区别出哪些是缺损部分，哪些是属于画面内容的部分，所以需要人为在裂缝上选择一个像素点作为起始点，将起始点邻域内的点与起始点逐个进行比较，如果满足设定的阈值，则被归为一类。2003 年 Barni 等[241]提出了一种半自动的裂纹检测和修复算法。首先，在裂缝区域内选择一个种子点记为 A，在裂缝上特定邻域内所有的点 B，都按照以下的条件进行迭代。

$$| f(A) - f(B_i) | \leqslant T, f(B_i) \in [T_1, T_2] \qquad (4.19)$$

其中，$f(A)$ 是人为选定种子点 A 的灰度值，$f(B_i)$ 是其邻域像素点位置上的灰度值，T、T_1、T_2 是三个可以调节的阈值，如果满足上述条件就被认为是裂缝区域。他们还针对古代绘画中的脱落区域提出了一种半自动的分割方法，该方法是一种改进的区域生长法，在阈值选择方面，加入了对人眼视觉特性的考虑，将图像变换到 HVS 空间（色度、饱和度、亮度），利用 H 分量（色度）和 S 分量（饱和度）的颜色特征作为归类的标准，提出了一个新的目标函数，可以得到很好的分割效果。

形态学是图像处理中应用最为广泛的技术之一，主要用于从图像中提取对表达和描述区域形状有意义的图像分量，使后续的识别工作能够抓住目标对象最为本质的形状特征，如边界和连通域等。用形态滤波器中的高帽变换检测图像中的细节部分已经成为比较常用的技术手段，并且成功运用到裂缝的检测当中。对于检测亮背景下的暗裂缝可以采用黑高帽（闭高帽）变换，公式如下。

$$\text{TH}_b(I) = \varphi_b(I) - I \qquad (4.20)$$

其中，I 为原始图像，$\varphi_b(I)$ 为原始图像的闭运算，闭运算是指先膨胀后腐蚀。b 为结构元素，结构元素的选取取决于裂缝的大小和种类。对高帽变换后的图像利用 Otsu's 阈值法进行阈值分割得到包含黑色裂缝的二值图像。也可以用类似的方法用白高帽（开高帽）来检测亮裂缝，白高帽被定义为原始图像 f 与其开运算结果之差。

全自动检测方式就是利用数学形态滤波法，根据裂缝的大小和类型选择合适的结构元素对图像进行高帽变换，然后利用图像分割的方法分割出裂纹区域，这种方法的缺点是，在检测裂缝的同时会把与裂缝具有相似线性结构的线条也一并检测出来，这就需要后期选择一些新的特征设定阈值对线条进行滤除。2003 年，Somma 等[242]就先利用数学形态学的高帽变换（Top-hat）来提取图像中的裂缝信息，再对图像进行高帽变换以后，得到的图像中包含了裂缝和一些黑色的笔画，然后将图像转到 HVS 空间，利用 MRBEF 神经网络来分离裂缝和黑色笔画，取得了不错的检测效果，最后运用数字图像修复算法中基于各向异性扩散（Controlled Anisotropic Diffusion）的方法对裂缝区域进行填充复原。

目前，裂纹检测技术多用于公路、桥梁领域，如于泳波等[243]运用基于图像连通域的方法来提取桥梁中的裂缝。该方法首先利用裂缝低灰度的特性提取裂缝信息，然后利用连通域度量去除虚假裂缝，从而完成对桥梁中裂缝的提取。与墓室壁画中的裂缝相比，公路裂缝所处的背景颜色和内容都较为单一，所以提取方法也简单些。墓室壁画中裂缝所处背景可以分为两类，一类是地仗层中的裂缝，另一类是前景中的裂缝。前者与公路中裂缝所处背景相似，识别起来较为容易；后者所处背景较为复杂，有很多干扰因素，如与裂缝结构相似的线条，还有与裂缝的结构和颜色都相似的人物轮廓与头发等。文献[244]通过增强裂缝与背景的对比度，来去除噪声从而达到提取裂缝的目的。文献[245]在对桥梁中裂缝提取时，只利用了裂缝相对于背景颜色的相关特征进行提取，并没有考虑其他的性质，如线性等结构特征。但是墓室壁画的裂缝比公路和桥梁的背景要复杂很多，使用上述方法在提取画面中的裂缝时都不能达到满意的效果。通过分析裂缝在墓室壁画地仗层中的颜色信息和结构信息，采用数学形态学中高帽变换对画面中的裂缝进行提取，运用基于连通域度量的方法滤除了细小裂缝和噪声点的干扰，取得了满意的结果。

近几年也出现了对绘画中裂缝检测和修复的文章。如 2015 年，B. Cornelis 等[246]运用数字图像处理的方法，实现了对《根特祭坛》绘画中裂缝的检测和修复。因为《根特祭坛》是一幅巨大的祭坛组画，不同的组画有不同的内容特征，使得裂缝的检测过程较为困难，再加上绘画中的噪声及很多与裂缝具有类似属性的结构，通过常规的形态滤波法还是会有很多误检测（如后期不希望被修复的结构）的。为此，我们提出了一种多尺度形态滤波法，解决了绘画中裂纹的提取问题。该方法不仅能够有效减少误检率，还能检测到不同尺度大小的裂缝（从很细的裂缝结构到较大区域的缺损）。多尺度形态滤波是指选用不同尺度的结构元素从 3×3（像素）一直到 $n×n$ 的像素块，n 的选择取决于裂缝的宽度——对图像进行形态滤波。用小的结构元素不仅能够提取到很细的裂缝，同时还有一些非裂缝的细小结构。用大的结构元素可以提取到较粗的裂缝和非裂缝的粗结构。用 Otsu's 阈值法对这些经过多尺度形态滤波后的图像进行分割，得到不同的"裂缝地图"。对绘画的裂缝进行虚拟修复时，为了提高裂缝修复性能和减少噪声干扰，运用了基于像素块的修复方法。

目前，针对墓室壁画中裂缝的检测和标注的研究还比较少，因为全自动的裂缝检测算法误差相对较大，再加上墓室壁画的文物特殊性，所以更多地集中在半自动的检测算法的研究上面。可是，我国出土的墓室壁画数量巨大，加之普遍存在裂缝病害的情况，如果全部采用半自动的方式进行提取分割，则效率会很低。因此，需要根据墓室壁画特点采用半自动和全自动相结合的方式进行裂缝的检测，对于位于前景中的裂缝，为了降低误检率应采用人工交互的检测方式。对于位于地仗层或纹理较为简单区域中的裂缝，应采用全自动的检测方式。

墓室壁画作为绘画艺术品，其画面线条比较丰富，裂缝容易与画面本身的线条内容交错在一起。对于背景复杂且特征相近的墓室壁画中龟裂、裂缝和断裂这三种病害的标记，需要采用多尺度的检测方法。通过对画面中符合龟裂、裂缝和断裂尺度的不同病害进行标记，建立墓室壁画数字修复的数据模型，设定信息缺损区域范围和可用信息源区域，作为计算机进行信息扩散与收敛的依据，并产生相应的掩模。

通过分析墓室壁画中龟裂、裂缝、断裂的形状特性与叠加的现状，对于此类特征的病害检测，可采用数学形态学信息处理技术进行墓室壁画的病害检测。数学形态学的基础是集合论，它可以在简化图像信息的过程中保持信息的形状特性。通过用具有一定形态的结构元素去度量和提取墓室壁画中的对应形状，以达到对信息分析和识别的目的。

4.4.2　裂缝类形态学运算子的设计

数学形态学可以简化画面信息，并保留信息中的形态细节。它可用于从墓室壁画交错复杂的残存信息中，提取具有细长状病害特征的污染区域信息，使后续的识别工作能够抓住目标对象最为本质的形状特征。数学形态学方法利用结构元素作为"探针"收集图像中的信息，当探针在图像信息中不断移动时，通过计算信息各部分之间的数学关系，从而提取有结构元素具有一致性的几何信息。数学形态学基于探测的策略，与人的 FoA（Focus of Attention）的视觉特点[247]有类似之处。作为探针的结构元素,可直接携带知识(形态、大小,甚至加入灰度和色度信息)来探测、研究图像信息的结构特点。它是建立在格论和拓扑学基础上的多尺度结构信息检测方法。

形态学检测具有滤波性能,可去除噪点污染突出检测所需的细节部分,其模型如下。

$$TH_b(I) = \varphi_b(I) - I \tag{4.21}$$

其中,I 为待检测墓室壁画信息,$\varphi_b(I)$ 为形态学运算子,b 为进行形态学运算的结构元素。结构元素的选取有不同的形状与尺寸。选用不同类型的结构元素对检测信息进行各种形态学滤波与增强,可突出墓室壁画信息中感兴趣的区域,并将其映射到原信息区域,突显所需的病害细节。数学形态学可以用来解决抑制噪声、特征提取、边缘检测、形状识别等信息处理问题。

数学形态学运算子以不同形状结构元素作为基础,对图像进行遍历计算。采用具有一定形态的结构元素去度量和提取信息中的对应形状,以达到分析和识别的目的。数学形态学通过简化数字图像信息,能够在保留其形状特性的基础上,除去不相干的结构。经常用于检测医学信息中病害区域的增强与提取,如 Sarkar[248]通过将数学形态学检测用于 MRI(Magnetic Resonance Imaging)脑电图信息中病害区域的对比增强,然后借助于模糊 C 均值(FCM)聚类算法进行分割。Reif[249]通过形态学滤波与增强组合算子进行了光学微血管造影术(OMAG)中毛细血管的检测与膨胀显示。Zabihi 等[250]建立了自动视网膜血管提取模型,采用多尺度形态学算法进行彩色视网膜图像的局部对比度增强。不仅可以增强血管的彩色图像,还能增强图像的三色分量,便于区分血管和非血管对象区域。

医学影像检测中的此类病灶检测与血管标记,同本章要提炼的墓室壁画裂缝类病害的应用需求比较接近。通过多尺度形态学算法,利用形态滤波器来检测特定标准的龟裂、裂缝和断裂三种墓室壁画病害,并分别针对暗背景的亮裂缝和亮背景下的暗裂缝得到相应的病害提取结果。

数学形态学是由一组形态学的代数运算子组成的,包括腐蚀运算、膨胀运算、开运算和闭运算。腐蚀运算可以减弱甚至消除小于结构元素的明亮区域,填补空洞和填平图像上不平滑的凹陷部分。将腐蚀和膨胀进行组合运算,先腐蚀后膨胀为开运算，先膨胀后腐蚀为闭运算。开运算能平滑图像的轮廓，消除尺寸较小的亮细节；闭运算能融合窄的缺口和细长的弯口，消除尺寸较小的暗细节，其运算公式如下。

$$(I \ominus b)(x,y) = \min\left\{I(x+s,y+t) - b(s,t)\big|(s+x),(t+y)\in D_I;(x,y)\in D_b\right\}$$
$$= \underset{s,t=0}{\overset{m}{\mathrm{AND}}}[I(x+s,y+t)\ \& \ b(s,t)] \tag{4.22}$$

定义 I 为待处理信息集合，b 是结构元素，D_I 和 D_b 分别是 I 和 b 的定义域，则基本的处理过程如下。

（1）腐蚀运算。

腐蚀过程如图 4.15 所示。

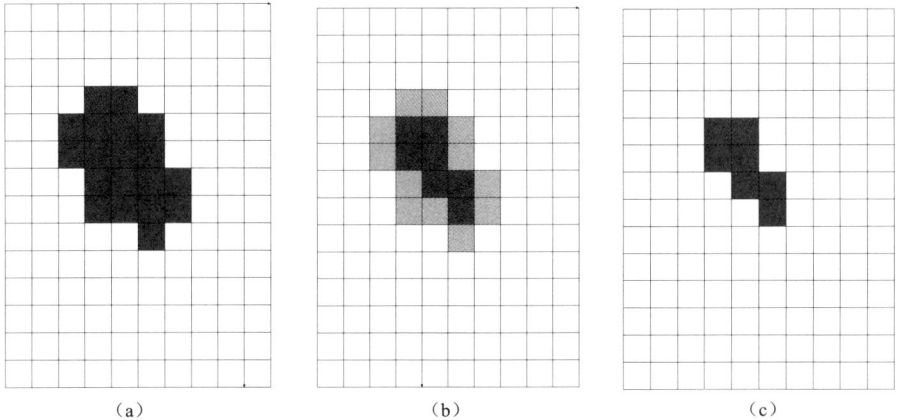

（a）　　　　　　　　　　（b）　　　　　　　　　　（c）

图 4.15　腐蚀过程演示

形态学腐蚀过程用结构元素 b 表示，扫描图 4.15（a）的蓝色区域中的每个像素点，做"与"操作，如果都为 1，该像素点保留 1 值，否则为 0。腐蚀处理的结果是使原来的二值图像减小一圈。图 4.15（b）的黄色区域为腐蚀所选用的四邻域结构元素对待处理信息区域进行平移，腐蚀后的结果如图 4.15（c）所示。腐蚀是边界向内部收缩的过程，可以用来消除小且无意义的物体。

（2）膨胀运算。

令待修复墓室壁画为 $I(x,y)$，结构元素为 $b(s,t)$。

$$(I \oplus b)(x,y) = \max \left\{ I(x\text{-}s, y\text{-}t) - b(s,t) \middle| (x\text{-}s), (y-t) \in D_I; (s,t) \in D_b \right\}$$

$$= \underset{s,t=0}{\overset{m}{\mathrm{OR}}} [I(x-t, y-t) \& b(s,t)] \tag{4.23}$$

膨胀过程如图 4.16 所示。

形态学膨胀过程用结构元素 b 表示，扫描图 4.16（a）的红色区域中的每个像素点，做"并"操作，只要有一个为 1，该像素点就会保留 1 值，否则为 0。膨胀处理的结果是使原来的二值图像增大一圈。图 4.16（b）的蓝色区域为膨胀所选用的四邻域结构元素对待处理信息区域进行平移，膨胀结果如图 4.16（c）所示。通过膨胀运算将背景点合并到该对象中，使边界向外部扩张的过程，用来填补物体中的空洞。

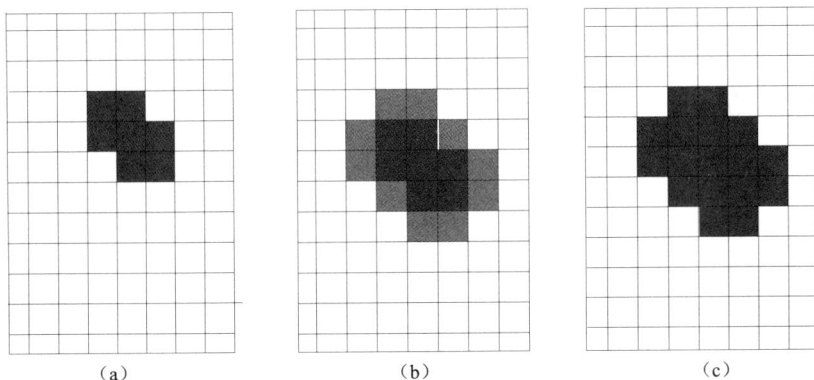

图 4.16　膨胀过程演示

以膨胀和腐蚀作为基本运算子，经过不同的组合方式，可以得到不同的信息提取效果。

（3）开运算。

$$I \circ b = (I \ominus b) \oplus b \tag{4.24}$$

开运算操作有助于去除小颗粒噪声，以及断开目标对象之间黏区域，并且可保持原有目标对象的大小不变。

（4）闭运算。

$$I \bullet b = (I \oplus b) \ominus b \tag{4.25}$$

闭运算操作可以用来填充物体内细小空洞，连接邻近的目标对象，并且平滑边界的同时不改变其面积。

若将原始待检测信息继续做形态学运算，可用其与开运算做差得到高帽算子，与闭运算做差得到低帽算子。

高帽运算中形态学算子的组合过程如下。

$$T_{hat}(I) = I - (I \circ b) = I - ((I \ominus b) \oplus b) \tag{4.26}$$

低帽运算中形态学算子的组合过程：

$$B_{hat}(I) = (I \bullet b) - I = ((I \oplus b) \ominus b) - I \tag{4.27}$$

对于数学形态学滤波处理，结构元素 b 的选择很重要。考虑到墓室壁画中的龟裂、裂缝、断裂为不同尺度的病害，所以对结构元素种类、大小的选择应能降低画面信息中噪点的干扰，增强病害区的细节。

现有的结构元素有菱形 $h_{diamond}$、正方形 h_{square}、圆盘形 h_{disk} 等，如图 4.17 所示。

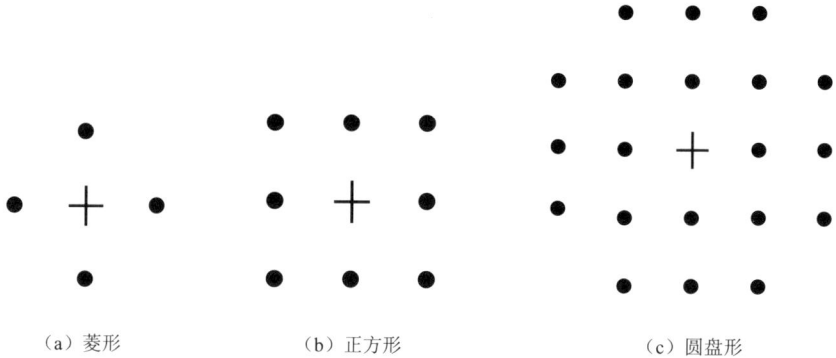

（a）菱形　　　　　　　（b）正方形　　　　　　　（c）圆盘形

图 4.17　不同形状的结构元素

墓室壁画形态学滤波的结构元素需满足以下条件。

（1）选择对称性的结构元素。因为当结构元素非对称时，形态学运算的结果一般会产生偏移。

（2）选择各向同性的结构元素。这可使得到的运算结果与方向无关。

（3）选择不同尺度的结构元素。用于应对龟裂、裂缝、断裂不同情况的病害。

圆盘形结构元素为各向同性的中心对称，我们进行病害检测试验时，选择从 5×5（像素）到 $n \times n$ 的圆盘形结构元素逐层对墓室壁画信息进行遍历。其中 n 的大小取决于被检测目标的最大实际宽度。形态学变换的滤波作用可实现在提取时减少背景的干扰。采用多尺度结构元素高帽算子与低帽算子进行墓室壁画画面的病害检测与标记，建立数据模型。

4.4.3　裂缝类病害数据模型

墓室壁画龟裂、裂缝、断裂三种病害数据模型建立的过程，依据现有已明确病害种类的墓室壁画龟裂、裂缝、断裂病害图库标准数据进行比对，其病害特征库如图 4.18 所示。

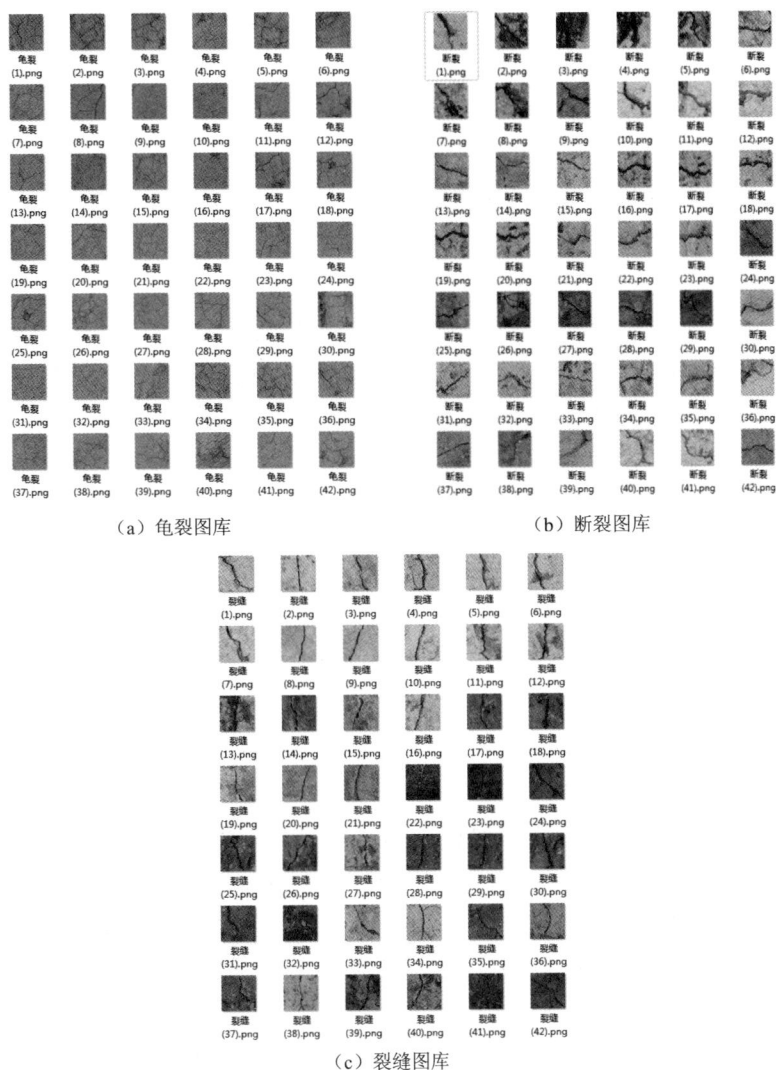

（a）龟裂图库　　　　　　　　（b）断裂图库

（c）裂缝图库

图 4.18　龟裂、断裂、裂缝病害特征库

本节针对同一幅墓室壁画中错综复杂的病害叠加情况，通过对结构元素进行从小到大的形态学运算，采用高帽算子遍历画面得到暗背景下的亮裂缝，以及低帽算子遍历画面得到的亮背景下的暗裂缝，并通过不同尺度的结构元素进行筛查，依据龟裂、裂缝、断裂三种病害的尺度标准，运算后得到的信息进行分割与标记。

依据陕博提供的标记尺度要求和病害图库中的标准，按照上述检索流程，对墓室壁画的数据模型建立的主要步骤如图 4.19 所示。

（1）形态学滤波。

通过多次的腐蚀算子与膨胀算子组合的过程，不断地对墓室壁画表面小于指定标准的对象进行滤除。

（2）对画面信息进行形态学变换。

高帽 $T_{hat}(f)$ 算子为原始图像与形态学开运算 $(f \circ b)$ 的差值，作用为突出图像中的亮度峰值；低帽 $B_{hat}(f)$ 算子为形态学闭运算 $(f \bullet b)$ 与原始图像 f 的差值，作用为突出图像中的亮度谷值。

考虑到画面中的龟裂、裂隙、断裂为不同尺度的病害，选择半径从 5×5（像素）到 $n×n$ 的圆盘形结构元素逐层对墓室壁画信息进行变换，其中 n 的大小取决于被检测目标的最大实际宽度。形态学具有滤波作用，可减少背景的干扰。

（3）建立病害数据模型。

依照龟裂、裂缝和断裂三种病害库中病害区域的最低灰度阈值，对唐墓室壁画的病害区域进行灰度计算得到阈值范围值为 90 左右，以此为阈值对画面信息进行阈值分割得到二值信息。分割后的部分小噪点，若全部作为病害区域进行标记，则会导致画面修复过于光滑，使其丧失表面颗粒感。下面通过统计连通域，并计算最大宽度的方法进行标定，将小于阈值的连通域置为 0，可在去掉虚假病害标记过程中保证墓室壁画修复后的沧桑感。

① 连通域的面积（s）：根据二值图像中每个连通域所含像素的数量，进行连通域统计。墓室壁画修复中，文修专家要求对连通域面积大于 5×5（像素）的病害进行修复。

② 连通域的最小长宽比（P）：根据二值图像中连通域长与宽的比值进行设定。该比值反映了裂缝的线状特征，对于基本宽度为 5 像素的分割区域，长度为 30 像素的墓室壁画的裂缝类病害 P 值设定为 6。

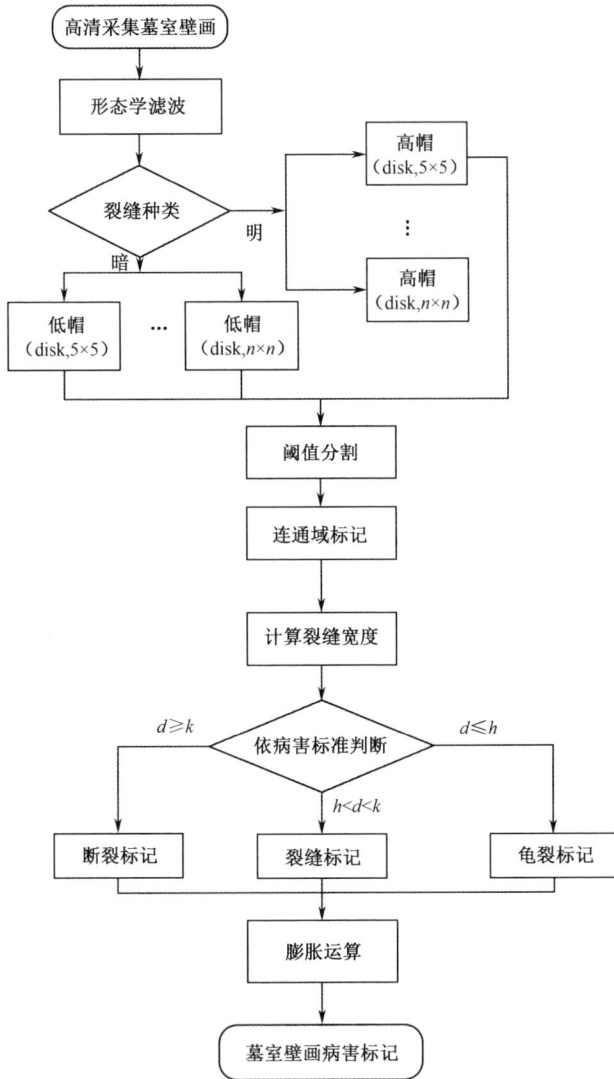

图 4.19 墓室壁画病害数据模型流程图

（4）多尺度标记。

不同的病害通过墓室壁画病害分类标准进行多尺度标记，对裂缝类信息进行逐行扫描，设定裂缝的左右边界坐标点分别为 (x_l, y_l) 和 (x_r, y_r)，根据平面上两点距离公式计算 d 值。

$$d = \sqrt{(x_r - x_l)^2 + (y_r - y_l)^2} \qquad (4.28)$$

通过对采集墓室壁画中的龟裂、裂缝和断裂图像进行测量与统计。得到墓室壁画的病害阈值为 $h=5$，$k=15$，则病害标记范围为

$$\begin{cases} d \leqslant h, & \text{龟裂区域} \\ h < d < k, & \text{裂缝区域} \\ k \leqslant d, & \text{断裂区域} \end{cases} \tag{4.29}$$

（5）病害区域膨胀。

墓室壁画病害标记产生的病害分布信息，将作为修复算法的掩模输入给数字修复模型，引导有效信息扩散过程。为了尽可能地填充病害区域，避免错误样本的引入，需将标定区域进行一次小尺度膨胀运算，即选择圆盘形结构元素进行膨胀运算得到最终的标记图。

4.4.4 实验效果分析

为了保证墓室壁画病害标记过程中能够保留原图像信息的颗粒度与沧桑感，对原始图像进行形态学滤波后，还要进行不同尺度结构元素的全局遍历，提取形态相近、尺度不同、危害程度不同、修复精度不同的病害图像，如图 4.20～图 4.23 所示。

图 4.20 形态学滤波后的《马球图》局部

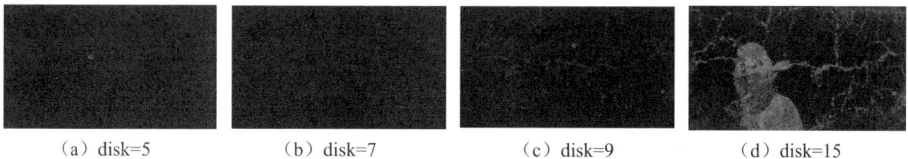

（a）disk=5　　　　（b）disk=7　　　　（c）disk=9　　　　（d）disk=15

图 4.21 低帽运算检测暗裂缝（1）

（a）disk=5　　　　　（b）disk=7　　　　　（c）disk=9　　　　　（d）disk=15

图 4.22　低帽运算检测暗裂缝（2）

其中，图 4.22 是低帽运算后暗裂缝不同尺度信息增强结果，图 4.23 是高帽运算后亮裂缝不同尺度信息增强结果。结构元素尺度的增加对应地呈现了龟裂、裂缝和断裂的不同病害类型的图像。

通过信息间做差去除病害累积，获得不同尺度的病害信息并进行分割，分割区域映射到墓室壁画上，得到不同尺度病害的标记结果。

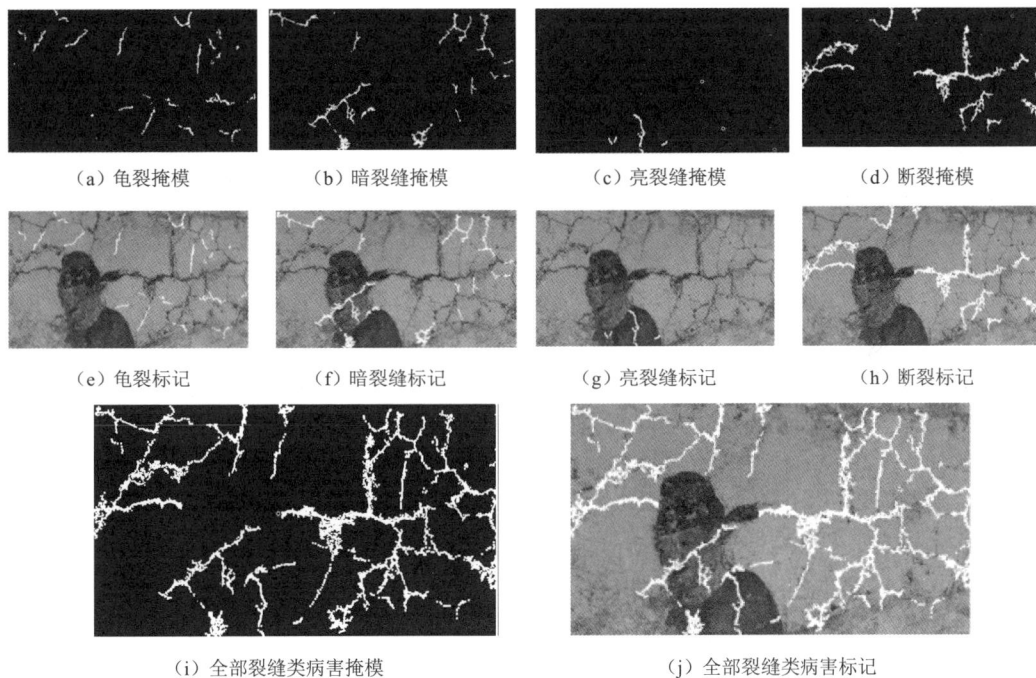

（a）龟裂掩模　　　（b）暗裂缝掩模　　　（c）亮裂缝掩模　　　（d）断裂掩模

（e）龟裂标记　　　（f）暗裂缝标记　　　（g）亮裂缝标记　　　（h）断裂标记

（i）全部裂缝类病害掩模　　　　　　　　（j）全部裂缝类病害标记

图 4.23　多尺度病害标记

其中，图 4.23（a）～（d）分别为不同尺度的结构元素提取的亮度突变信息的二值图像，可以作为墓室壁画修复过程中的掩模。图 4.23（e）～（h）为掩模映射后的病害标记结果。图 4.23（i）和图 4.23（j）分别为将所有不同尺度的标记叠加后的病害掩模与标记结果。

通过对龟裂、裂缝、断裂这三种不同种类病害的分层标记，可以为后期墓室壁画修复过程中依据实体修复需求进行多尺度分层修复。病害分布图是非常重要的墓室壁画数字档案，通过多尺度形态学运算产生不同尺度的病害标记作为数字修复必要的掩模信息传递给数字修复模型，是计算机信息重建所依赖的数据模型。

4.5　本章小结

本章围绕墓室壁画中不同尺度、不同形态的病害特征，将其归类为斑块状病害导致的大尺度信息缺损与裂缝类病害导致的小尺度信息缺损。对于斑块状大尺度病害的代表泥渍的标定，采用了多特征统计。因泥渍呈现灰度低、亮度低、色度低的颜色特征和粗糙度高、光滑性低、颗粒度强、随机性大和规范性弱等纹理特性，因此可以使用图像的颜色特征和纹理特征对泥渍进行自动识别和标定。对于形态相近、危害不同的三种细长状小尺度病害，如龟裂、裂缝、断裂进行基于数学形态学运算的自动病害标记。通过设定多尺度结构元素，统计病害分类特征，用数学形态学运算对墓室壁画中的亮度细节进行增强。对墓室壁画画面中暗背景的亮裂缝与亮背景的暗裂缝提取需求，分别采用高帽算子与低帽算子进行检测，并依据不同的病害类型设计不同尺度的结构元素，形成3 层病害标记图，可针对不同修复需求逐层进行多尺度修复。病害标记实现过程中，建立了以多特征、多尺度的多重组合的墓室壁画数据模型，该模型产出的二值数据可作为掩模提供给数字修复模型，并作为计算机进行信息重建到空洞区域的定义范围。数字修复模型将围绕此区域进行像素扩散或信息块填充，直至此区域收敛为 0。快速自动化式的病害标定不仅避免了人工标记对墓室壁画实体的二次损害，更是重要的墓室壁画修复档案，通过提取、存留、比对病害标定数据，可以检测画面的恶化趋势，以备在有条件修复时，快速将濒危的墓室壁画调阅出库。

图 1.2　Ecce Homo 手工直接修复损毁结果

图 1.4　《马球图》的分块挖掘保存情况

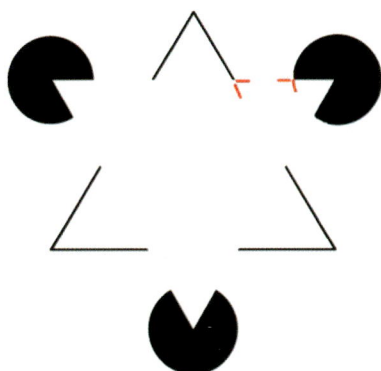

图 2.2　Kanizsa 三角的画面缺损现状

图 2.3　主体与背景示意

图 2.4　接近性与连续性示意

图 2.5　完整性与闭合倾向性示意

图 2.6　相似性示意

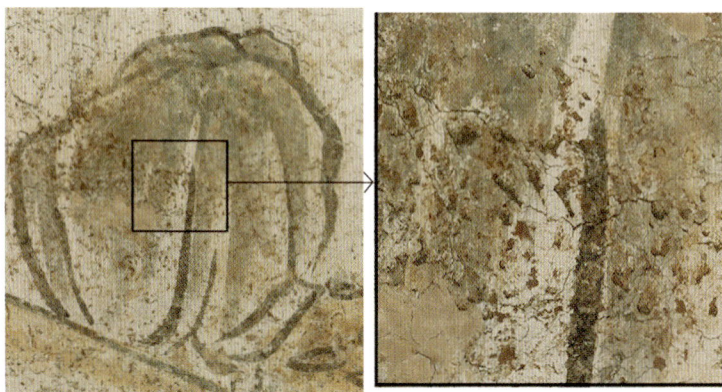

图 2.7　格调与细节示意

图 3.1　韦炯墓《男吏图》

图 3.3　房陵公主墓《托果盘仕女》

图 3.13　墓室壁画主体绘画区和地仗白灰区域

图 3.14　主动轮廓模型示意

（a）《捧盒仕女》局部

（b）迭代 300 次

（c）迭代 900 次

（d）迭代 1200 次

图 3.15　主动轮廓模型实验效果

（a）《捧盒侍女》局部

（b）Snake 模型

（c）改进 Canny 检测

图 3.17　边缘约束下的 Snake 形变结果（1）

（d）检索结果作为初始值

（e）二次分割实验效果

图 3.17　边缘约束下的 Snake 形变结果（1）（续）

（a）《执扇仕女》局部

图 3.18　边缘约束下的 Snake 形变结果（2）

（b）Snake 提取

（c）改进 Canny 提取

（d）检索结果作为初始值

（e）二次分割实验效果

图 3.18　边缘约束下的 Snake 形变结果（2）（续）

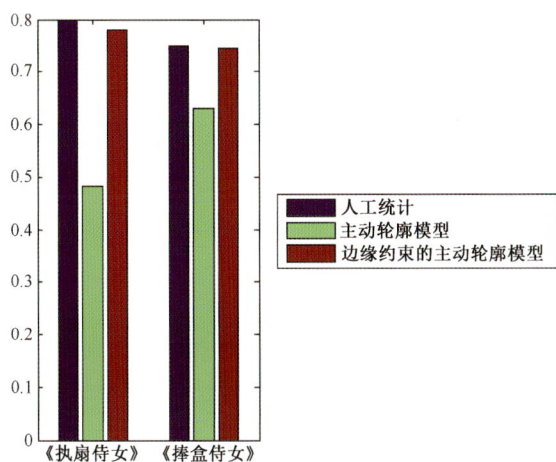

图 3.19　墓室壁画主体信息统计实验对比

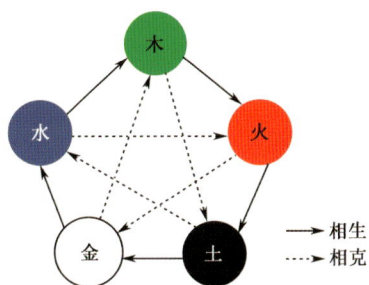

图 3.21　古代五行色示意

（a）混合白色颜料　　　（b）青金石颜料　　　（c）炭黑颜料

（d）氯铜矿颜料　　　（e）红土矿颜料

图 3.22　唐代墓室壁画常用颜料的石膏涂片

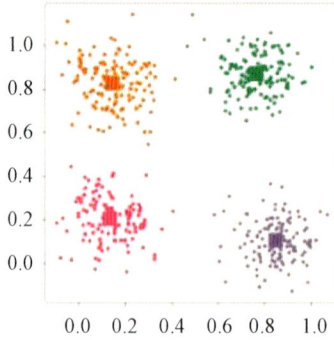

（a）$k = 4$

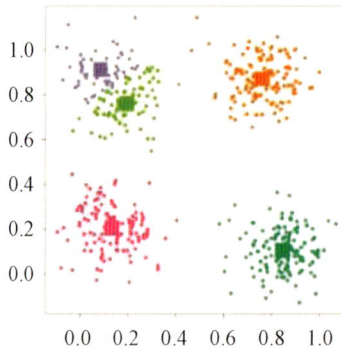

（b）$k = 5$

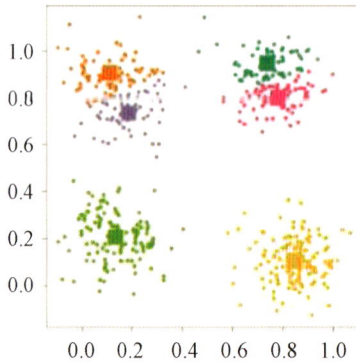

（c）$k = 6$

图 3.26　K-means 聚类过程

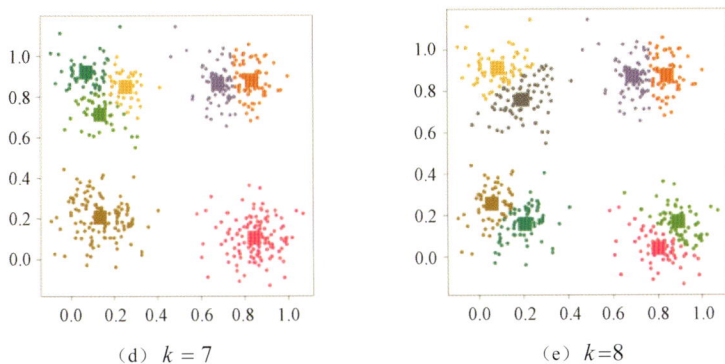

（d）$k = 7$ 　　　　　　　（e）$k=8$

图 3.26　K-means 聚类过程（续）

图 3.28　永太公主墓《宫女图》（局部）

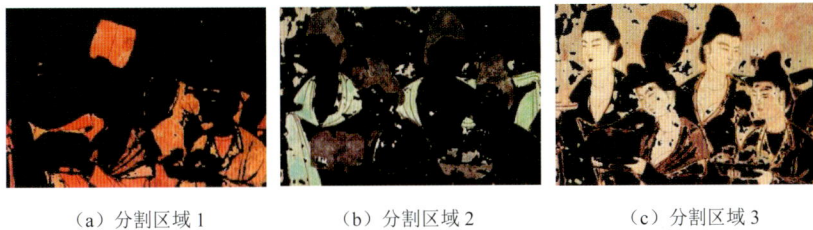

（a）分割区域 1 　　　（b）分割区域 2 　　　（c）分割区域 3

图 3.29　聚类数 k 取 3 的分割结果

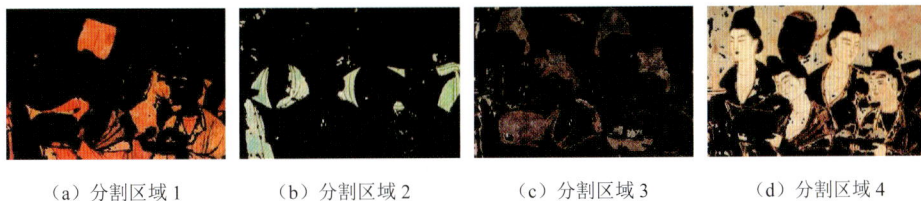

（a）分割区域 1 　　（b）分割区域 2 　　（c）分割区域 3 　　（d）分割区域 4

图 3.30　聚类数 k 取 4 的分割结果

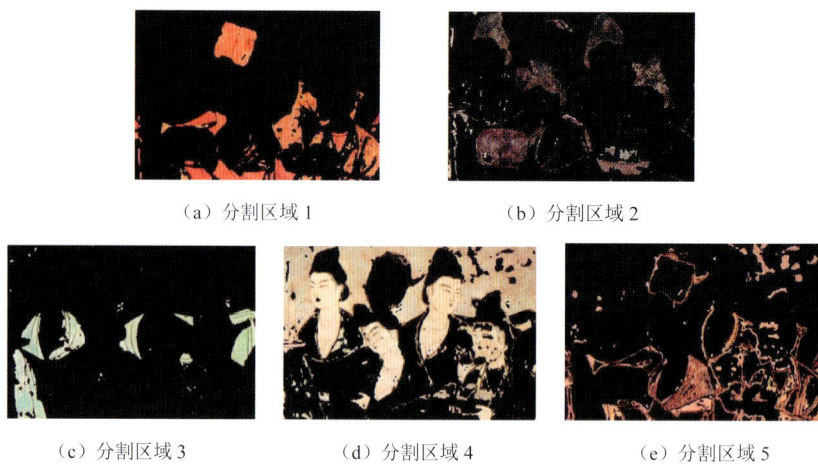

（a）分割区域 1   （b）分割区域 2

（c）分割区域 3   （d）分割区域 4   （e）分割区域 5

图 3.31　聚类数 k 取 5 的分割结果

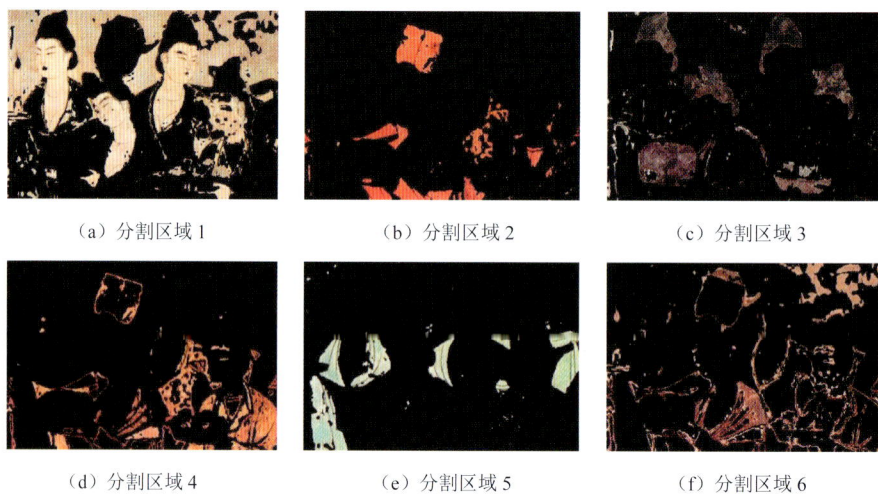

（a）分割区域 1   （b）分割区域 2   （c）分割区域 3

（d）分割区域 4   （e）分割区域 5   （f）分割区域 6

图 3.32　聚类数 k 取 6 的分割结果

（a）分割区域 1　　　　（b）分割区域 2　　　　（c）分割区域 3

（d）分割区域 4　　　　（e）分割区域 5

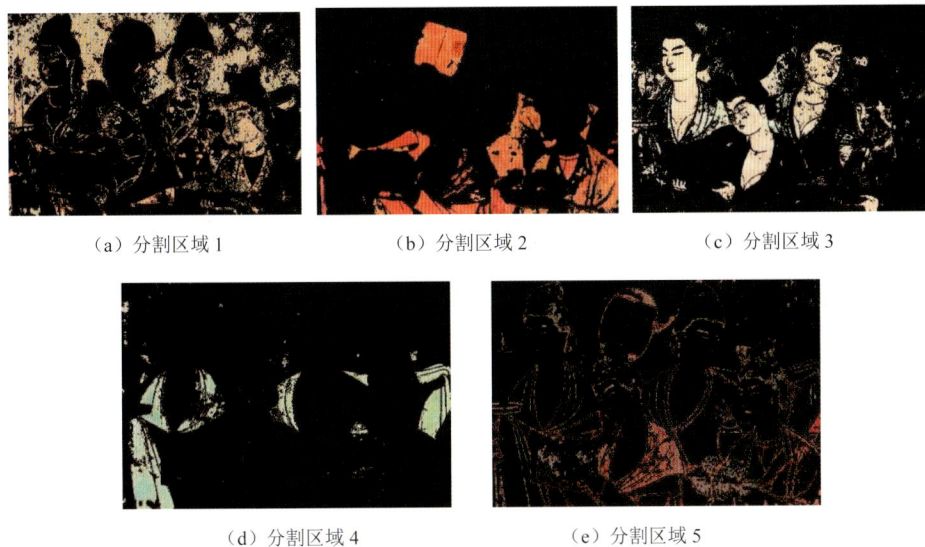

图 3.33　RGB 颜色空间的聚类结果

（a）分割区域 1　　　　（b）分割区域 2　　　　（c）分割区域 3

（d）分割区域 4　　　　（e）分割区域 5

图 3.34　HSI 颜色空间的聚类结果

（a）分割区域 1　　　　　（b）分割区域 2　　　　　（c）分割区域 3

（d）分割区域 4　　　　　　　　（e）分割区域 5

图 3.35　Lab 颜色空间的聚类结果

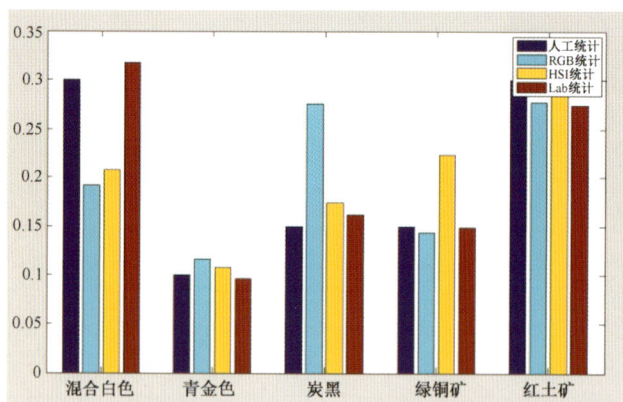

图 3.36　不同颜色空间的聚类统计

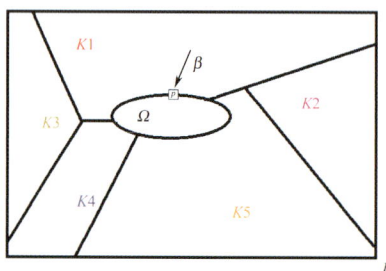

图 3.37　K-means 五行色聚类区域设定

图 3.41　待分解《马球图》局部分块

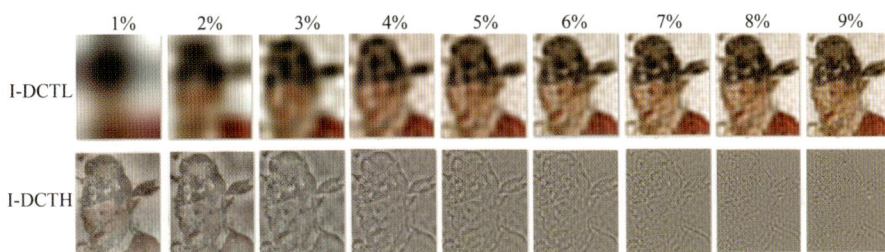

图 3.42　不同分解系数选取的分解结果

（a）《马球图》局部

（b）离散分块

图 3.43　8×8 离散分块示意

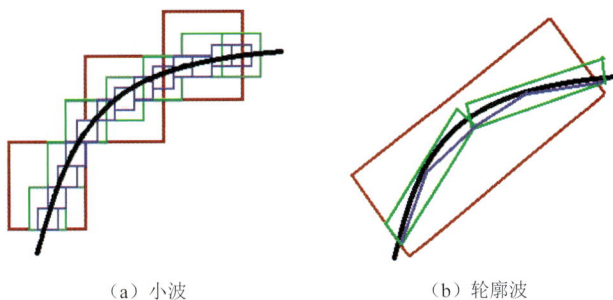

（a）小波　　　　　　　　　　　（b）轮廓波

图 3.44　小波与轮廓波对一段曲线的逼近过程

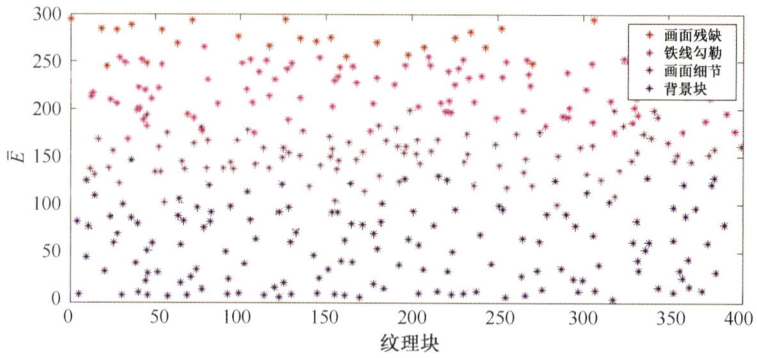

图 3.45　离散分块纹理复杂度分布

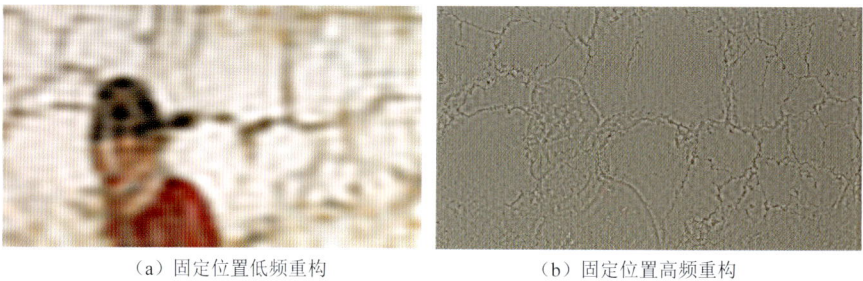

（a）固定位置低频重构　　　　　　　　　　（b）固定位置高频重构

图 3.47　固定分解位置效果

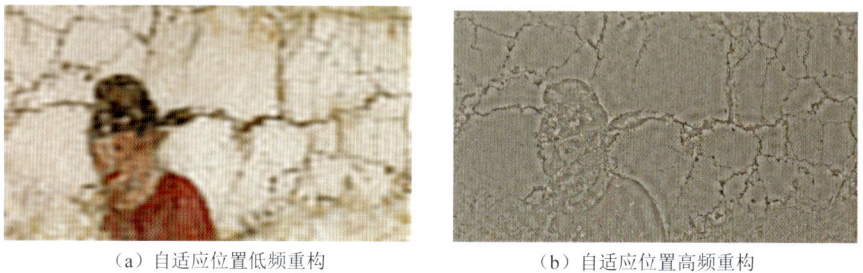

（a）自适应位置低频重构　　　　　　　　　　（b）自适应位置高频重构

图 3.48　自适应分解位置效果

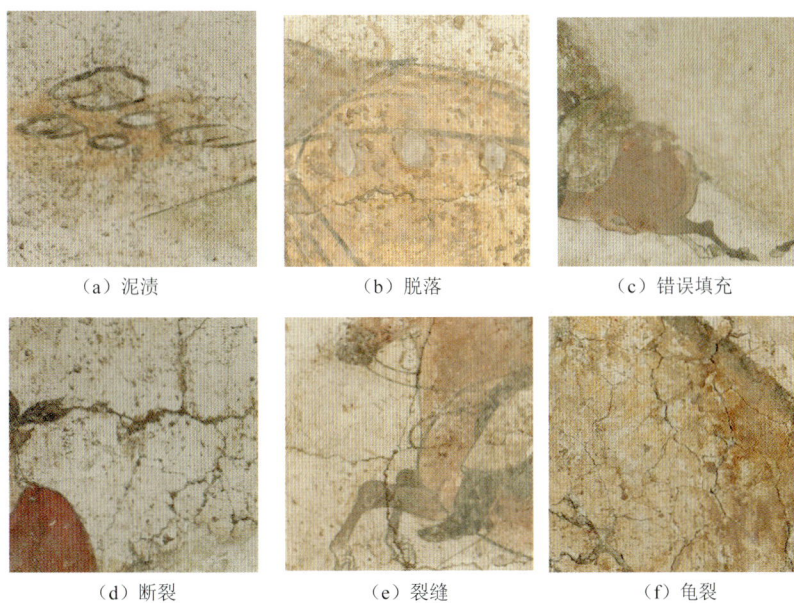

（a）泥渍 （b）脱落 （c）错误填充

（d）断裂 （e）裂缝 （f）龟裂

图 4.1 墓室壁画常见病害类型

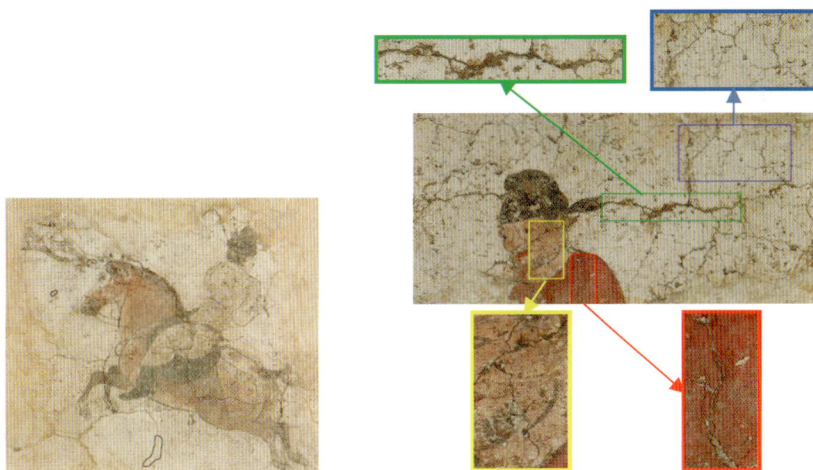

图 4.2 陕博文修专家指定修复标准示意 图 4.14 墓室壁画中断裂、龟裂、裂缝的病害图像

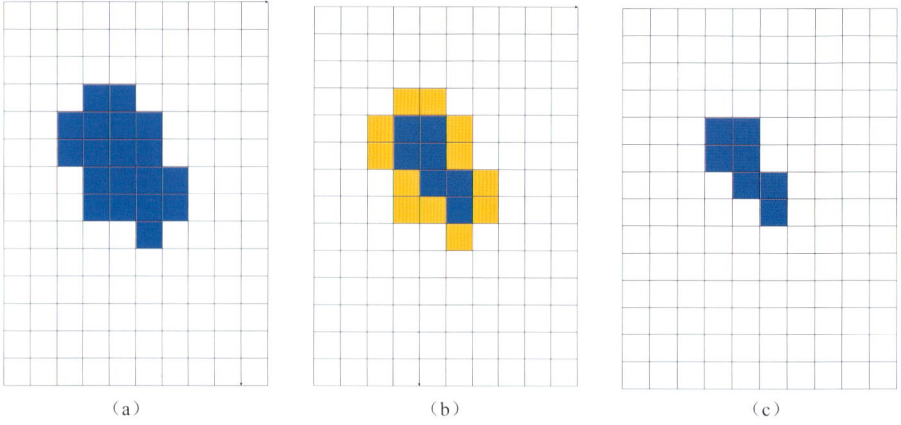

（a）　　　　　　　　（b）　　　　　　　　（c）

图 4.15　腐蚀过程演示

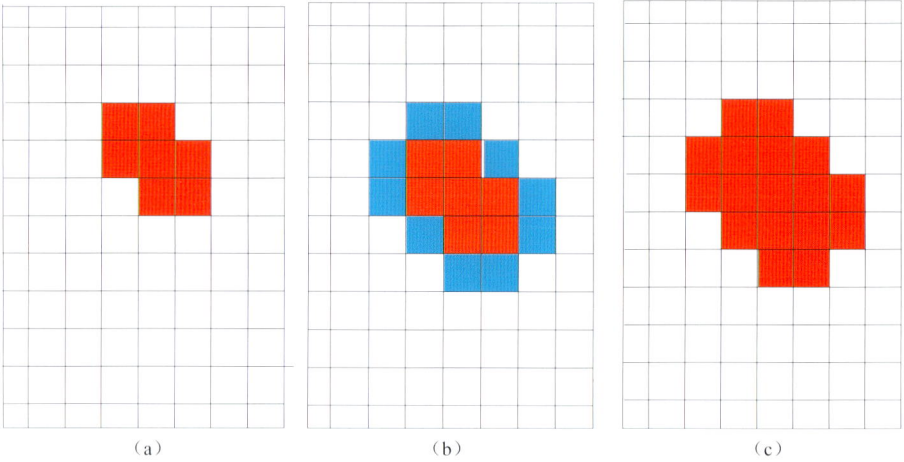

（a）　　　　　　　　（b）　　　　　　　　（c）

图 4.16　膨胀过程演示

图 4.20　形态学滤波后的《马球图》局部

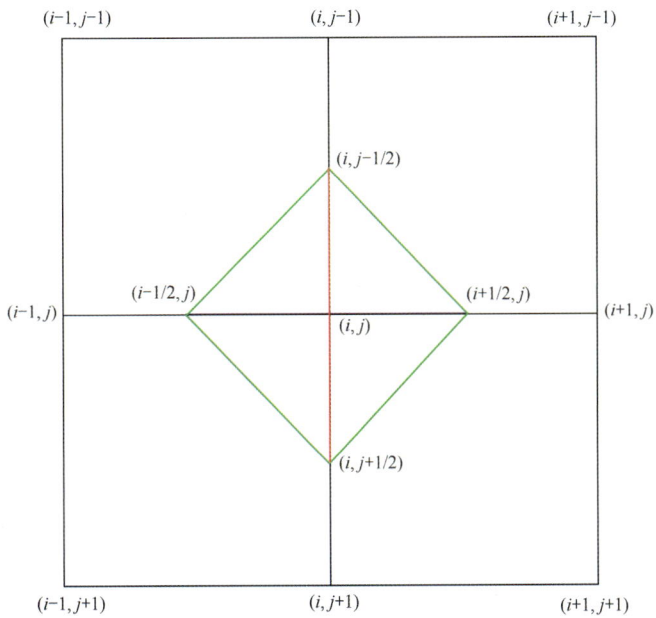

图 5.7　改进后的交叉采样过程

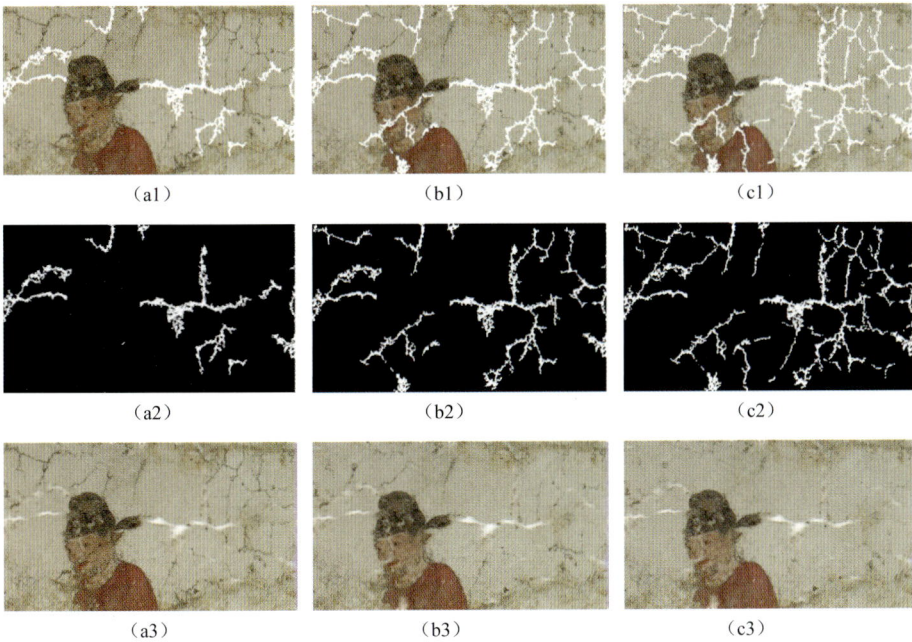

图 5.10　正交采样与交叉采样多尺度修复效果对比

（a4）　　　　　　　　　（b4）　　　　　　　　　（c4）

图 5.10　正交采样与交叉采样多尺度修复效果对比（续）

图 5.11　改进 CDD 模型修复局部细节

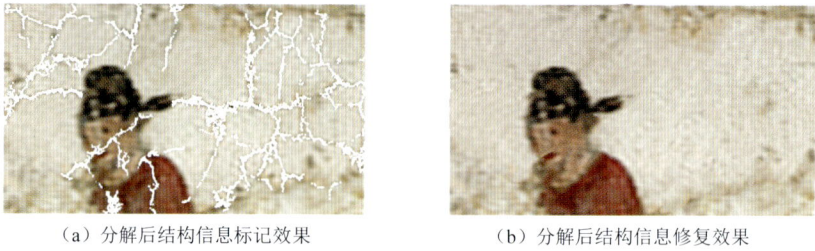

（a）分解后结构信息标记效果　　　　　（b）分解后结构信息修复效果

图 5.12　分解后结构信息交叉采样的修复效果

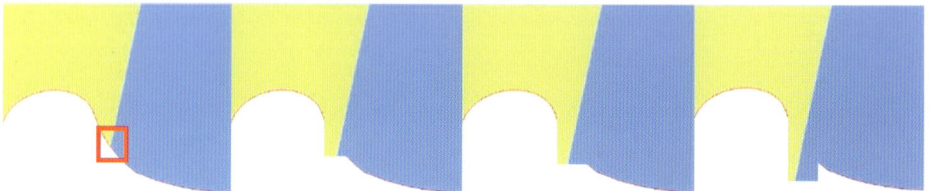

图 5.13　理想数字修复过程

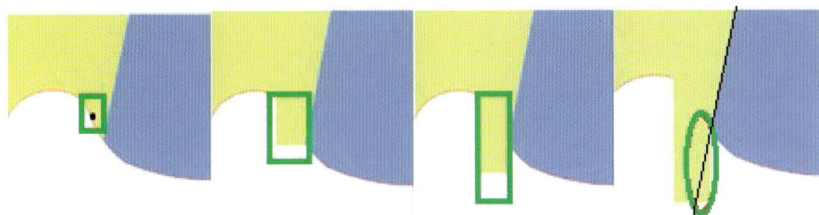

图 5.14　修复过程中产生的错误累积

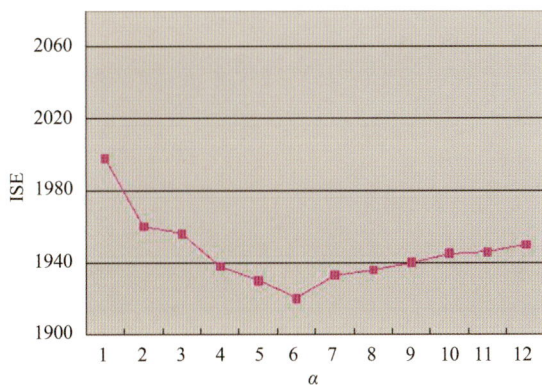

图 5.17　数据项比重与修复结果的关系

图 5.18　改进的样本填充修复效果对比

（a3）　　　　　　　　　（b3）　　　　　　　　　（c3）

图 5.18　改进的样本填充修复效果对比

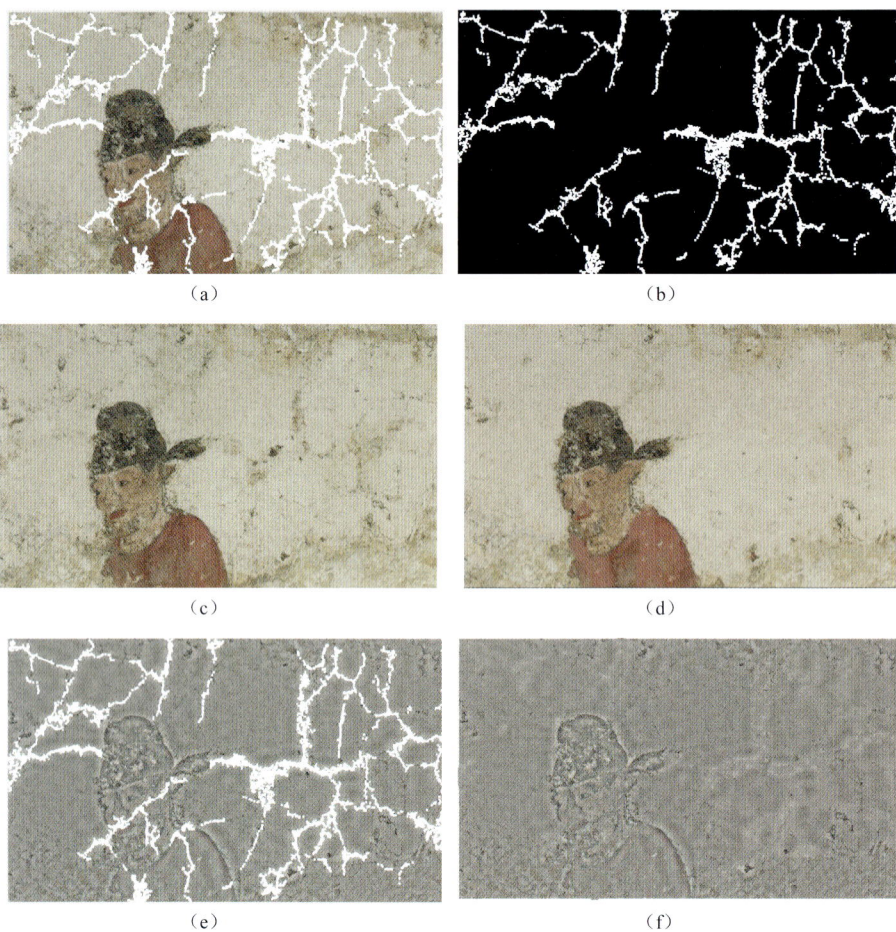

（a）　　　　　　　　　　　　　　　　　（b）

（c）　　　　　　　　　　　　　　　　　（d）

（e）　　　　　　　　　　　　　　　　　（f）

图 5.19　分解修复效果对比

（g） （h）

图 5.19 分解修复效果对比（续）

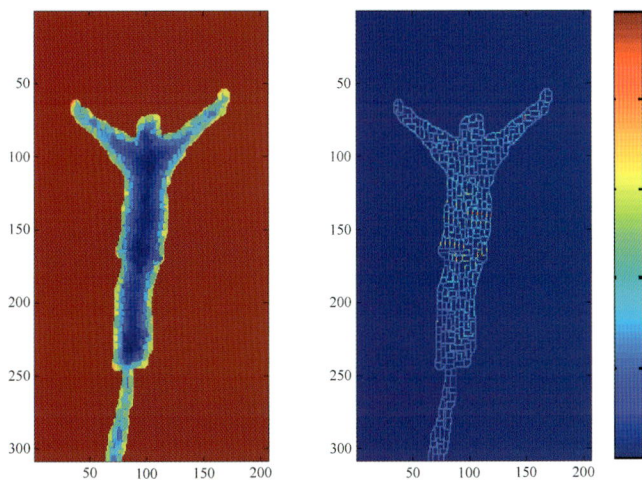

（a）置信度值 （b）数据项数值

图 5.20 置信度值与数据项数值迭代过程对比

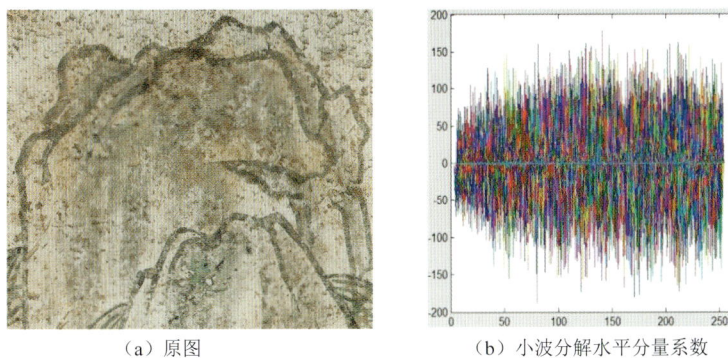

（a）原图 （b）小波分解水平分量系数

图 5.23 小波分解系数分量纹理特征的量化

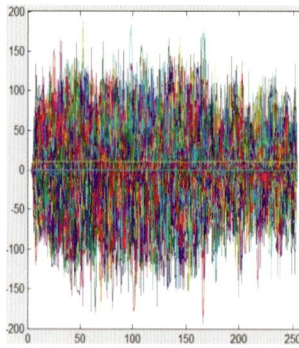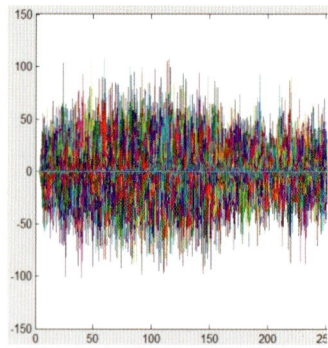

（c）小波分解垂直分量系数　　　　　　　　（d）小波分解对角分量系数

图 5.23　小波分解系数分量纹理特征的量化（续）

（a）平滑地仗区　　　　　　　　　　　　（b）流畅轮廓区

（c）均匀绘画区　　　　　　　　　　　　（d）细节绘画区

图 5.25　不同纹理特征图像

图 5.26　墓室壁画分镜头选取

图 5.27　墓室壁画分镜头冗余

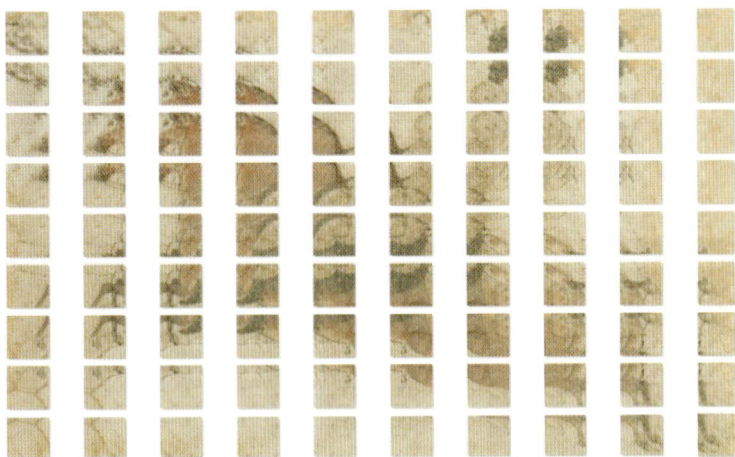

图 5.28　墓室壁画的分镜头离散分块集群

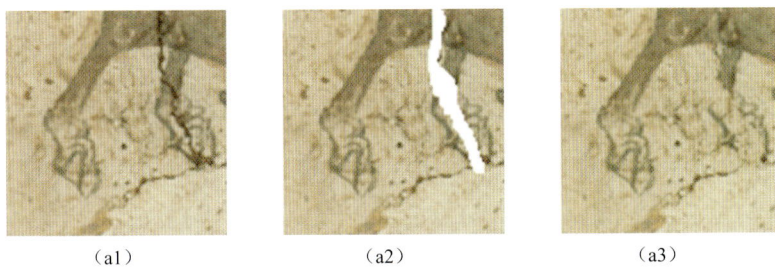

（a1）　　　　　　　　　　（a2）　　　　　　　　　　（a3）

图 5.29　分块修复可参考性信息源不足

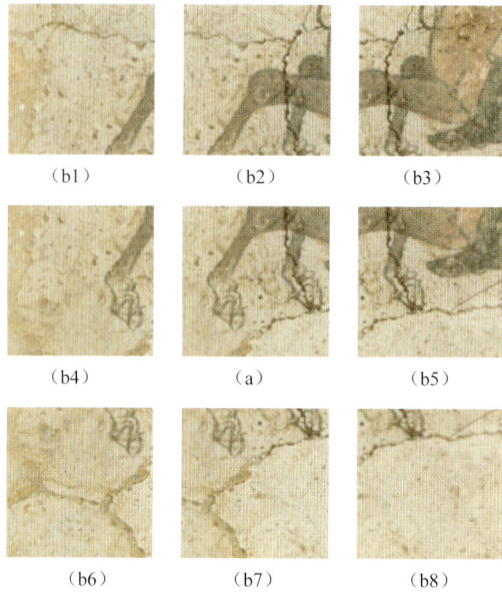

（b1）　　　　　　（b2）　　　　　　（b3）

（b4）　　　　　　（a）　　　　　　（b5）

（b6）　　　　　　（b7）　　　　　　（b8）

图 5.30　相邻近似分块图

（a）　　　　　　　　　　　　　（b）

（c）

图 5.31　跨镜头多样本扩源过程

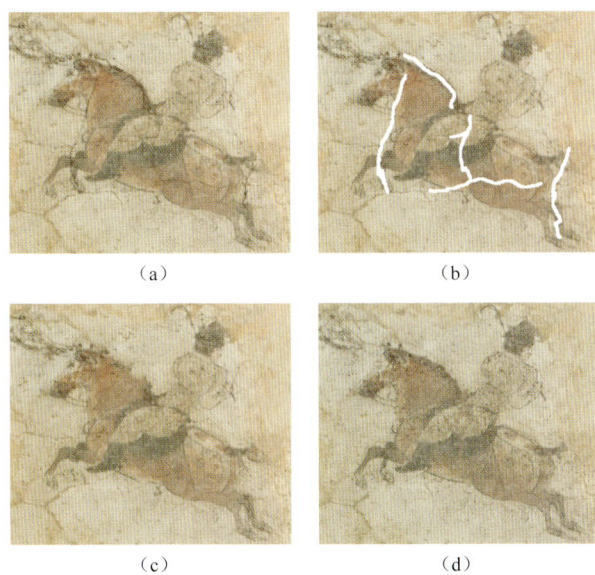

（a）　　　　　　　　　　　　（b）

（c）　　　　　　　　　　　　（d）

图 5.32　跨镜头扩大参考样本修复效果对比

图 5.33　墓室壁画中平坦区域、边缘区域、角点区域

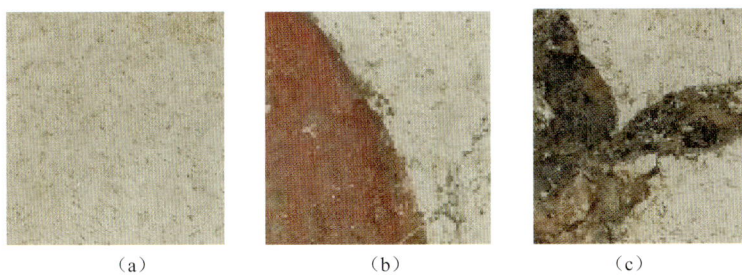

（a）　　　　　　　　（b）　　　　　　　　（c）

图 5.35　偏导数的分布

（a）$\lambda_1 \approx \lambda_2 \approx 0$ （b）λ_1 large, λ_2 small （c）λ_1 and λ_2 large

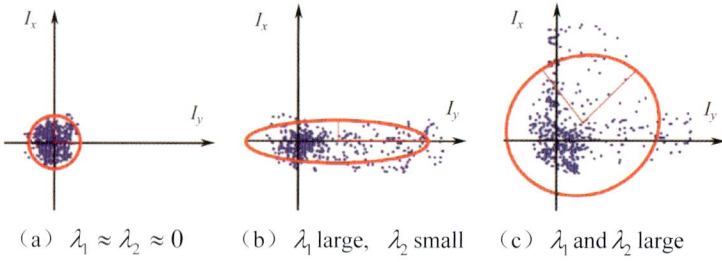

图 5.36　图像结构的分析

（a）墓室壁画局部　　　　　　　　　　　　（b）病害标记图

（c）经典 Criminisi 修复结果　　　（d）文献[250]修复结果　　　（e）本书算法修复结果

图 5.37　墓室壁画图像修复结果

（a）　　　　　　　　　　　　　　（b）

图 5.38　墓室壁画图像采用本书算法修复过程

（c） （d）

图 5.38 墓室壁画图像采用本书算法修复过程（续）

（a）Bungee 原图 （b）待修复图像 （c）经典 Criminisi 修复图像

（d）文献[248]修复结果 （e）文献[249]修复结果

（f）文献[250]修复结果 （g）本书算法修复结果

图 5.43 Bungee 图像修复结果

（a）墓室壁画原图局部

（b）待修复图像

（c）经典 Criminisi 修复图像

（d）文献[248]修复结果

（e）文献[249]修复结果

（f）文献[250]修复结果

（g）本书算法修复结果

图 5.44　墓室壁画修复结果

图 5.48　墓室壁画待修复原图

（a）待修复图 1　　　　　（b）标注后的待修复图 2　　　　　（c）H 分量图

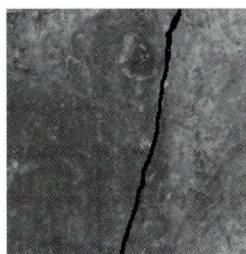
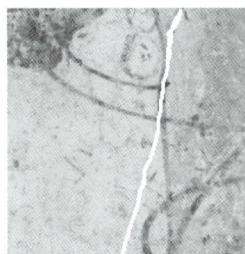

（d）S 分量图　　　　　　　　（e）V 分量图

图 5.49　按照 HSV 色彩空间分解后的各分量图

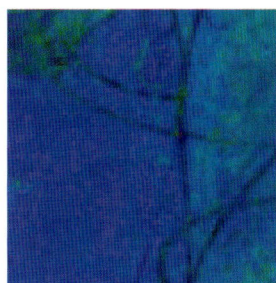

（d）HSV 图像　　　　　（e）本书算法修复结果　　　　（f）经典 Criminisi 算法修复结果

图 5.54　待修复图像 1 修复结果

（g）基于 TV 算法修复结果 　　　　（h）文献[262]修复结果

图 5.54　待修复图像 1 修复结果（续）

（a）待修复图像 2 　　　（b）标注后的待修复图 　　　（c）本书算法修复结果

（d）经典 Criminisi 修复结果 　　（e）基于 TV 算法修复结果 　　（f）文献[262]修复结果

图 5.55　待修复图像 2 修复结果

图 5.56　墓室壁画分块割取的残缺现状

图 5.58　树干轮廓缺损标记

图 5.59　标记"T"点

图 5.60　添加控制点

图 5.61　Bezier 曲线拟合

图 5.62　样本填充修复效果

图 5.63　Bezier 约束样本填充修复

图 5.64　设定"T"所在的点 p_0 和 p_2

图 5.65　设定延续路径上的点 p_2

图 5.66　Bezier 曲线拟合产生的轮廓

图 5.67　不同的结构约束区域

（a）

（b）

图 5.68　分块间的拼接效果（1）

（a）

（b）

图 5.69　分块间的拼接效果（2）

（a）　　　　　　　　　　　　　　（b）

图 5.70　分块间的拼接效果（3）

（a）　　　　　　　　　　　　　　（b）

图 5.71　分块间的拼接效果（4）

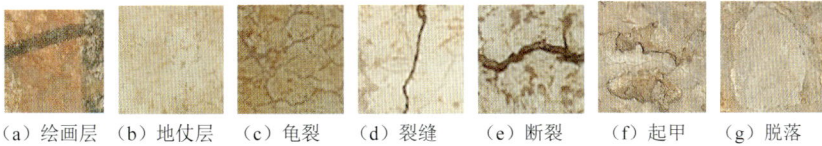

（a）绘画层　（b）地仗层　（c）龟裂　（d）裂缝　（e）断裂　（f）起甲　（g）脱落

图 6.6　墓室壁画的不同分块

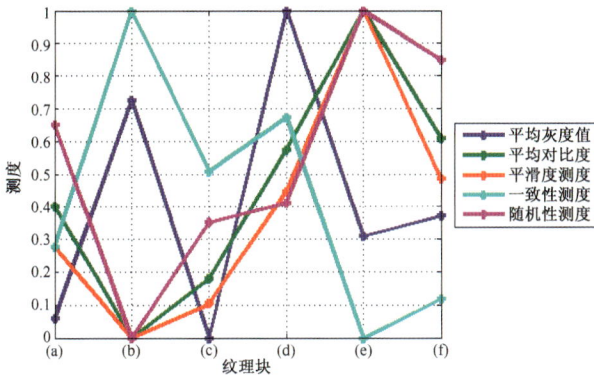

图 6.7　常规无参考客观评价结果折线图

（a）　　　　　　　　　（b）　　　　　　　　　（c）

图 6.8　样本填充过程中的块现象

（a）待修复图像　　　　（b）原始 CDD 模型修复效果　　　（c）改进 CDD 模型修复效果

图 6.10　《马球图》小尺度缺损的扩散类修复效果

（a）待修复图像　　　　（b）Criminisi 模型修复效果　　　（c）改进 Criminisi 模型修复效果

图 6.12　《马球图》大尺度缺损的填充类修复效果

（a1）　　　　　　　　　（b1）　　　　　　　　　（c1）

图 6.13　墓室壁画不同修复方案实验效果

（a2）　　　　　　　（b2）　　　　　　　（c2）

（a3）　　　　　　　（b3）　　　　　　　（c3）

（a4）　　　　　　　（b4）　　　　　　　（c4）

（a5）　　　　　　　（b5）　　　　　　　（c5）

图 6.13　墓室壁画不同修复方案实验效果

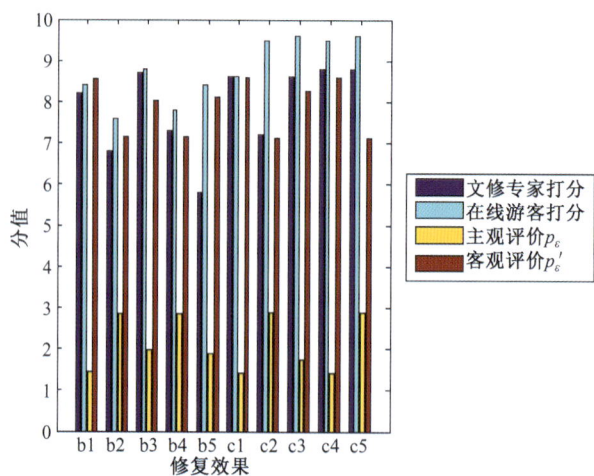

图 6.14　修复效果评价柱状图

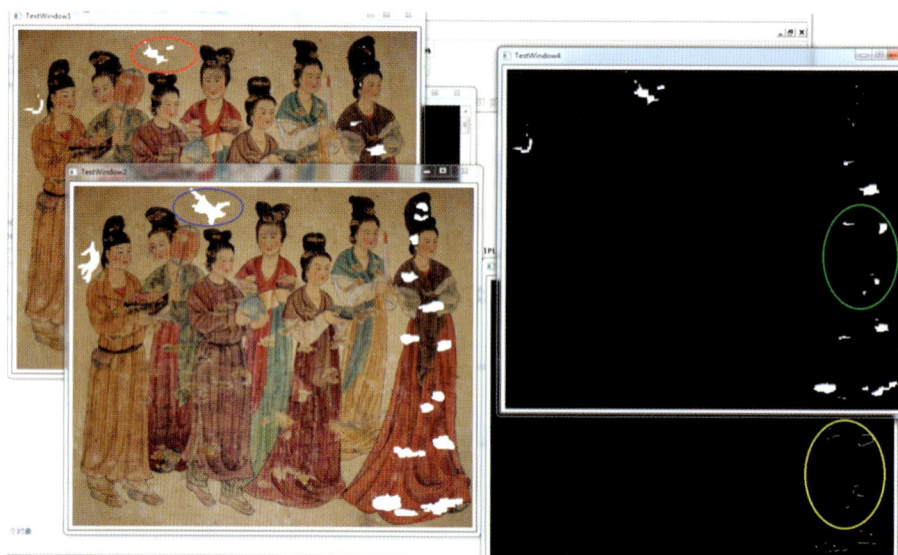

图 6.22　懿德太子墓《掌食宫女图》数字修复过程

国家自然科学基金项目（61701388）

陕西省自然科学基础研究计划（2018JM6080）

馆藏墓室壁画数字修复技术
（下册）

吴萌　王慧琴　杨文宗　著

电子工业出版社

Publishing House of Electronics Industry

北京·BEIJING

内 容 简 介

　　研究馆藏墓室壁画数字修复技术，用数字化信息处理的方式，模拟博物馆手工修复的流程，预演馆藏壁画修复的效果，可非接触、无损、重复、多方案实现墓室壁画缺损信息的重建。本书主要研究墓室壁画残存信息的先验知识、病害信息的数据模型、缺损信息的修复模型等内容，并通过搭建交互式数字修复管理平台，为博物馆提供墓室壁画实体的修复效果预演与远程方案论证。本书的研究内容为智慧博物馆和数字人文领域的发展提供了技术基础，在此基础上可不断探索，持续丰富文博行业数字保护科技的内容，让信息技术为传承中华民族传统文化插上科技的翅膀。

图书在版编目（CIP）数据

馆藏墓室壁画数字修复技术：上下册 / 吴萌，王慧琴，杨文宗著. —北京：电子工业出版社，2022.9

ISBN 978-7-121-43501-0

Ⅰ. ①馆…　Ⅱ. ①吴…②王…③杨…　Ⅲ. ①数字技术－应用－墓室壁画－修复－研究　Ⅳ. ①K879.414

中国版本图书馆 CIP 数据核字（2022）第 086361 号

责任编辑：刘小琳　　　文字编辑：王炜
印　　刷：北京市大天乐投资管理有限公司
装　　订：北京市大天乐投资管理有限公司
出版发行：电子工业出版社
　　　　　北京市海淀区万寿路 173 信箱　邮编 100036
开　　本：720×1000　1/16　印张：19　字数：320 千字　彩插：18
版　　次：2022 年 9 月第 1 版
印　　次：2022 年 9 月第 1 次印刷
定　　价：158.00 元（上下册）

　　凡所购买电子工业出版社图书有缺损问题，请向购买书店调换。若书店售缺，请与本社发行部联系，联系及邮购电话：（010）88254888，88258888。

　　质量投诉请发邮件至 zlts@phei.com.cn，盗版侵权举报请发邮件至 dbqq@phei.com.cn。

　　本书咨询联系方式：liuxl@phei.com.cn，（010）88254538。

目 录

第 5 章
墓室壁画缺损信息修复模型的设计

5.1 引言

　　墓室壁画画面缺损信息修复模型的建立需要考虑多方面的因素：第一个方面是信息源的影响因素。对于可用信息源区域的大小、数量、色域、纹理、结构等均需要充分考虑，尽可能利用画面残存信息传递的先验知识进行信息源区域采样、匹配与合成，使重建的信息与现存信息保持连续性、一致性、相似性、完整性。第二个方面是向待填充区域扩散像素和填充信息块时，对扩散和填充方向的影响因素。对墓室壁画中特定病害区域的数学模型的建立，可引导修复中信息流动的方向，限定迭代与收敛过程。需要围绕病害标记所产生的掩模信息，进行由信息源到空洞的不断延伸。第三个方面是信息扩散或填充顺序的影响因素。信息源中不同像素的权重不同、填充的顺序不同、填充过程中的方向不同，均会因修复模型本身的病态性而产生不同的修复结果。

　　本章依照对墓室壁画修复尺度要求的不同，将待修复对象分为小尺度信息缺损与大尺度信息缺损。对于这两种修复需求，需要采用不同的修复思路。改进变分 PDE 类修复模型，对像素曲率驱动扩散（CDD）模型中的已知信息扩散方式进行研究，并通过实验对比改进该方法的扩散顺序，使之适合泥渍类和裂缝类病害的不同类病害型，以及不同尺度病害的修复需求；改进样本块合成类模型，分析合成过程中置信度与数据项对修复效果的影响程度，对样本优先值进行改进，依据第 3 章中提取的先验知识，对样本采样约束、填充顺序优化、填充区域引导、样本尺寸自适应改进，并以第 4 章中的病害数据掩模信息为特定填充区域。将这两类修复思路综合用到分解后的纯结构信息与纯纹理信息的修复对象中，可让墓室壁画修复的效果事半功倍。在高清采集的墓室壁画数字修复过程中针对特定的修复场景，会在基本修复模型的基础上进行优化调整。面对墓室壁画全景信息数据量过大、单一分镜头信息量不足、分块割取画面块间的大量信息缺损等问题，需要对修复模型增加样本去冗余、扩源和结构约束等环节；针对高清墓室壁画数据量过大，不能直接采用遍历寻优，对信息源冗余度进行分析，设定冗余阈值，排除相似度过高的样本；对于单一分镜头可参考样本不足，结合多镜头信息源，扩充样本数量提高修复效果；对于分块揭取后结构中断，纹理缺损严重的画面块间拼接需求，采用辅助结构线的方式连接两大分块，进行结构约束下的信息重建，完成看似拼接实则分块间样本填充的数字修复模型；利用前期获取的残存画面信息的先验知识与提取的病害标记信息，整体数字修复流程如图 5.1 所示。

从流程图的执行过程可以看到，通过将第 3 章获取的墓室壁画残存信息的先验知识与第 4 章建立的病害信息数据模型，分别建立适合细长状小尺度信息缺损的变分 PDE 类修复模型与适合块状大尺度信息缺损的样本填充类修复模型。这两种模型在第 2 章中均有分析。变分 PDE 类修复模型通过建立高阶偏微分导数公式，重建像素的客观性强，更加真实可靠，但是随着缺损区域的逐渐增大，会因像素间的数学依赖关系过强而导致模糊现象；样本合成类修复模型通过建立以样本块为基本单位的采样、匹配、合成过程，依据优先值设定的填充顺序，对信息缺损区域进行重建，可以同时完成结构与纹理的修复，并在修复的过程中不断调整优化策略，通过计算纹理能量、结构张量、马尔可夫随机场等参数，调整优先值大小和匹配准则，将修复过程与修复对象特点自适应来优化修复效果。但因修复过程是从其他区域搜寻的相似样本，只能尽可能地达到视觉一致，样本块之间容易出现垃圾块累积与块效应现象。为了进一步优化修复效果，通过第 3 章中提取墓室壁画纹理能量的频率域分解技术，可以将画面分解为结构信息部分与纹理信息部分，分别进行修复后进行频率域逆变换重构画面信息，这是扬长避短的措施。

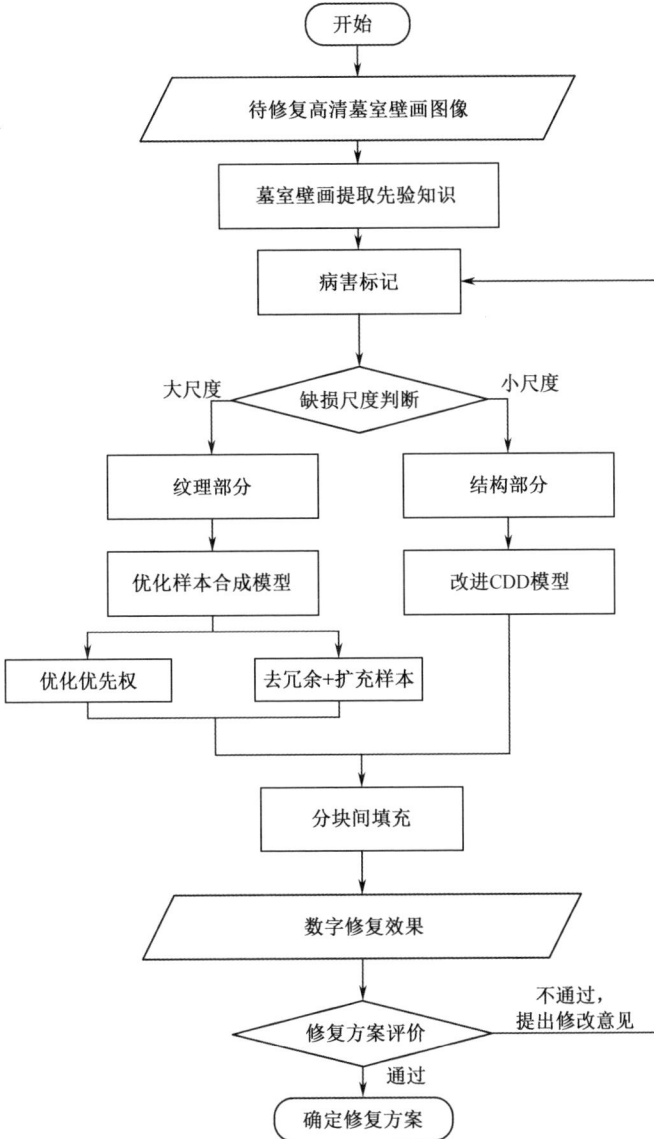

图 5.1　墓室壁画数字修复流程

5.2 像素扩散类小尺度缺损信息的修复模型

5.2.1 墓室壁画缺失信息的曲率驱动扩散过程

墓室壁画因其表面破损区域的大小不同，其修复方案的设计也不同。对于细长状小尺度的破损区域，在数字修复模型中优先选用客观性更强的高阶偏微分导数对破损区域原始的信息值进行推导。此类修复模型依据马尔可夫随机场，认为丢失的像素只与相邻像素有关，通过建立高阶偏微分方程或建立能量泛函等方法进行逐点推算。在第 2 章中对不同的变分 PDE 类修复模型进行了分析与对比，对于铁线勾画描绘的墓室壁画中小尺度信息缺损，采用 CDD 模型更为适合。CDD 模型属于 PDE 类修复算法，是由美国 UCLA 的 Chan 与 Shen 提出的经典修复模型，是在 Chan 的整体变分（TV）类的修复模型的基础上发展起来的。如图 5.2 所示为待修复区域的变分 PDE 类修复模型示意。

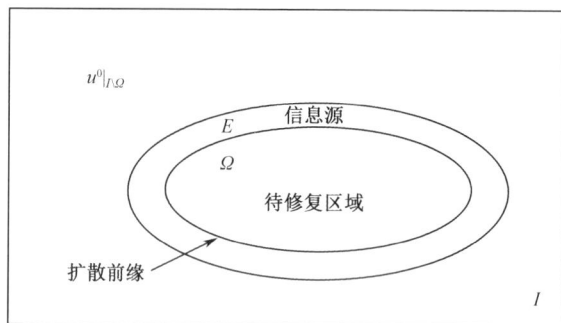

图 5.2 待修复区域的变分 PDE 类修复模型示意

其中，Ω 表示待修复的区域，E 是包含 Ω 的一个窄带区域。I 表示整个图像区域，$I \setminus \Omega$ 表示已知信息区域，u^0 为 $I \setminus \Omega$ 上的可利用的像素集，u 为需要重建的完备像素集。

TV 模型在 Ω 的扩展区域 E 中寻找 u，使如下方程最小化。

$$R(u) = \int\limits_{\Omega \cup E} r([\nabla u]) \, \mathrm{d}x\mathrm{d}y \qquad (5.1)$$

当 $R(u)$ 取得最小值时，迭代过程结束。$u(x, y)$ 是要求解的信息，r 是实正函数，∇u 是 $u(x,y)$ 的梯度值。

该方程满足如下信息受损的约束条件。

$$\frac{1}{A}\int_{\Omega}|u-u_0|^2\mathrm{d}x\mathrm{d}y=\sigma^2 \tag{5.2}$$

其中，A 为缺损区域 Ω 的面积，u 是原始完整的信息，u_0 是受损后的信息，σ^2 为受损信息的标准差。

由于缺损信息边缘处的梯度是一个冲激函数，因此为了满足修复缺损区域的边缘信息，令

$$\int_{I}r(\delta)\mathrm{d}x\mathrm{d}y<\infty \tag{5.3}$$

把函数 $r(s)$ 展开成如下形式。

$$r(s)=s^t+低阶项 \tag{5.4}$$

令 $s\to\infty$，当 $t\leqslant1$ 时，式（5.4）是有限的。

令 $t=1$，TV 模型采用拉格朗日算子表达为

$$R(u)=\int_{\Omega\cup E}|\nabla u|\mathrm{d}x\mathrm{d}y+\frac{\lambda}{2}\int_{E}|u-u_0|^2\mathrm{d}x\mathrm{d}y \tag{5.5}$$

λ 为拉格朗日乘子。$R(u)$ 的欧拉-拉格朗日方程为

$$-\nabla\left(\frac{\nabla u}{|\nabla u|}\right)+\lambda(u-u_0)=0 \tag{5.6}$$

其中，$(x,y)\in E\cup\Omega$。式（5.5）中的拉格朗日乘子 λ 如下。

$$\lambda=\begin{cases}\lambda, & (x,y)\in E\\0, & (x,y)\in\Omega\end{cases} \tag{5.7}$$

考虑高斯白噪声时，TV 修复模型的计算能量泛函函数最小值的模型为

$$\frac{\partial u}{\partial t}=\nabla\bullet\left[\frac{\nabla u}{|\nabla u|}\right]+\lambda(u-u^0),\qquad x\in I\setminus\Omega \tag{5.8}$$

传导系数为 $\nu=\dfrac{1}{|\nabla u|}$，该模型只是考虑拉格朗日算子中值定理，将两点之间的距离作为能量参数，取线段最短的扩散过程，导致当图 5.3 中 Ω 的长度为 $L>w$ 时，扩散沿着 w 进行，产生线条结构中断。图 5.3 是一个线条结构中断的图像示例。

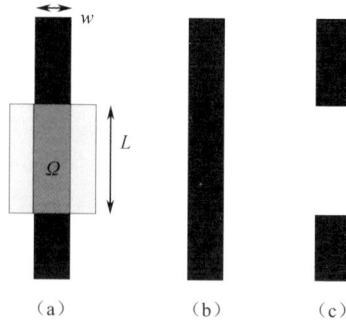

图 5.3　人类视觉判断与 TV 模型修复结果的对比

图 5.3（a）为信息缺损的线条图像，设线条宽度为 w，信息缺损区域的面积记为 Ω，当 Ω 的长度为 $L > w$ 时，人眼依据格式塔的视觉联通原理，常规判断为图像 5.3（b），而图 5.3（c）为变分 TV 模型修复后的结果，显然结构中断并不是想要的结果。

由于在 TV 模型中，扩散强度（Diffusion Strength）是由传导系数 $v = \dfrac{1}{|\nabla u|}$ 所反映的，只考虑了等照度线强度，并没有考虑等照度线的几何信息。

CDD 模型对其进行改进后，增加了曲率函数 $g(\kappa)$：

$$g(\kappa) = \begin{cases} 0, & \kappa = 0 \\ \infty, & \kappa = \infty \\ \text{大于0的有限数}, & 0 < \kappa < \infty \end{cases} \tag{5.9}$$

则式（5.8）变为

$$\begin{cases} \dfrac{\partial u}{\partial t} = \nabla\left[\dfrac{g(|\kappa|)}{|\nabla u|}\nabla u\right] + \lambda(x)\left(u^0 - u\right), & x \in \Omega \\ u = u^0, & x \in I \setminus \Omega \end{cases} \tag{5.10}$$

$$\lambda(x) = \begin{cases} \lambda, & x \in I \setminus \Omega \\ 0, & x \in \Omega \end{cases} \tag{5.11}$$

其中，曲率 $g(\kappa)$ 为增函数。

令 $J = -g(|\kappa|)\nabla u|\nabla u|^{-1}$，则 CDD 模型可简化为

$$\dfrac{\partial u}{\partial t} = -\nabla \bullet J + \lambda(x)\left(u^0 - u\right) \tag{5.12}$$

迭代方程为

$$u^{(n+1)} = u^{(n)} - h\nabla \bullet J^{(n)} \tag{5.13}$$

其中，$\kappa = \text{div}\left[\nabla u/|\nabla u|\right]$ 为缺损边缘的曲率，h 为迭代的时间步长，也可看作是扩散的程度，λ 是广义拉格朗日算子，n 表示取样次数，即迭代的次数。加上边缘曲率 $g(\kappa)$ 的项后，其扩散强度通过照度线的曲率值进行收敛。所以，CDD 模型比基于 TV 模型的修复能力强，能修复更大的区域。

该模型在扩散过程中对已知区域像素的采样过半点格式进行等间隔采样，设采样步长为 $h=1$。半点格式采样的去点过程如图 5.4 所示。

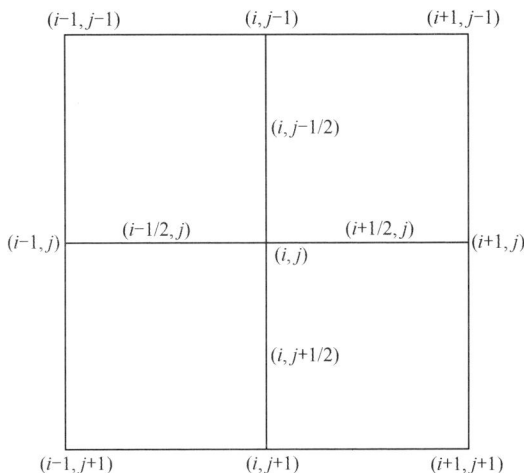

图 5.4　CDD 模型半点格式采样过程

设 $j = (j^1, j^2)$，对于目标像素 (i, j) 采用半点中心差分法计算。

$$\nabla \bullet j = \frac{j^1_{\left(i+\frac{1}{2}, j\right)} - j^1_{\left(i-\frac{1}{2}, j\right)}}{h} + \frac{j^2_{\left(i+\frac{1}{2}, j\right)} - j^2_{\left(i, j-\frac{1}{2}\right)}}{h} \tag{5.14}$$

其中，$i, j = 0$，$|i| + |j| = \dfrac{1}{2}$。求解梯度，然后将求解的梯度结果返回给扩散方程，计算得到目标像素的值 (i, j)，通过反复迭代，逐渐完成像素向缺损区域的扩散直到数据模型的值收敛为 0。

5.2.2　信息扩散顺序影响分析

在计算梯度的过程中，采样点取样顺序会影响填充边缘的梯度值，进而影响扩散方向，因为数字修复过程具有病态性，依据信息缺损区域的大小不同和方向差异，选择不同的采样过程，会导致不同的修复效果。墓室壁画中小尺度细长状病害的信息特征，如图 4.14 所示，画面中断裂、裂缝、龟裂病害特征有着明显的方向特征。断裂类病害是地仗层塌陷错位引起的开裂，多为横向延伸；裂缝类病害是绘画层干燥开裂，多为纵向延伸；龟裂类病害为方向不确定的弥漫延伸。为了保持"修旧如旧"的墓室壁画质感，龟裂类病害并不要求完全清除干净，过度修复会造成画面质感过于均匀，丧失古朴风格。但是，断裂和裂缝为必须修复的病害类型，这二者不仅严重影响视觉结构连通感知，还会因错位导致对画面信息的误解。

针对标准库中的 Lena 图做了纵横交错的网格状缺损破坏，并以原始 CDD 模型进行仿真实验，本次实验迭代次数为 300 次，结果如图 5.5 所示。

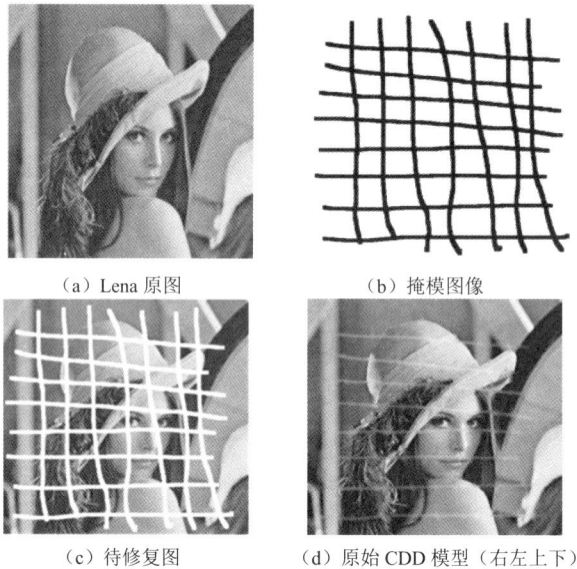

（a）Lena 原图　　　　　　　（b）掩模图像

（c）待修复图　　　　　（d）原始 CDD 模型（右左上下）

图 5.5　原始 CDD 模型扩散结果

可以看到其半点采样扩散方式的采样顺序是，先进行水平扩散，再进行垂直扩散，导致同一方向因扩散源可信度低造成修复效果不是很好。沿着病害延伸方向的扩散过程会使像素填充失败，因此，我们做了不同方向正交性像素扩散实验，顺序分别如图 5.6 所示。

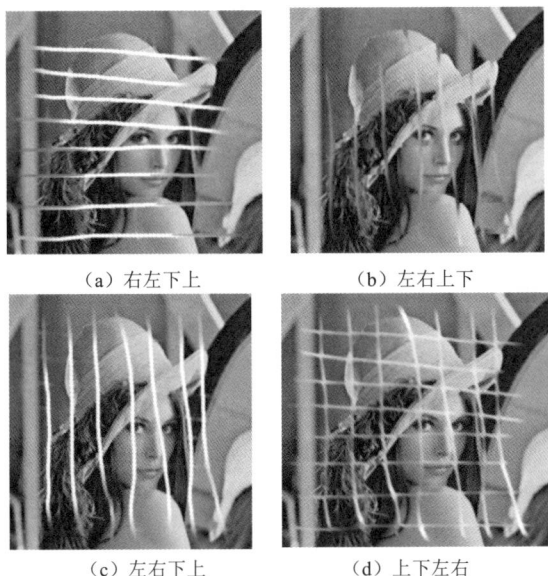

（a）右左下上　　　　　　　　　（b）左右上下

（c）左右下上　　　　　　　　　（d）上下左右

图 5.6　正交性像素扩散实验

从修复效果可以看出，正交性像素扩散方式在修复纵横交错的信息破损类型时，效果并不是很好。为了避免因信息扩散顺序与信息残缺的方向一致而导致同一方向信息扩散填充的失败，需要依据墓室壁画小尺度细长状病害的延伸方向对 CDD 模型的信息半点采样方式进行改进，使得像素在扩散方向依赖的信息源可行度更高。

5.2.3　交叉采样优化的 CDD 模型

为了使 CDD 模型的扩散方式适用于画面小尺度信息缺损的需求，设计如下的交叉半点采样方式对修复模型进行优化。

令梯度计算时选择交叉半点，采样点梯度为

$$\nabla u_{\left(\frac{1}{2},\frac{1}{2}\right)} = \left(\left.\frac{\partial u}{\partial x}\right|_{\left(\frac{1}{2},\frac{1}{2}\right)}, \left.\frac{\partial u}{\partial y}\right|_{\left(\frac{1}{2},\frac{1}{2}\right)}\right) \tag{5.15}$$

原始 CDD 模型采用的是先水平方向延伸，再垂直方向延伸，图 5.7 中红色线条（*BD*）和蓝色线条（*AC*）表示方向，将其半点采样方式选为绿色线条（*AB*、*BC*、*CD*、*DA*）时，表示交叉采样过程，可改变 CDD 修复模型的扩散过程。

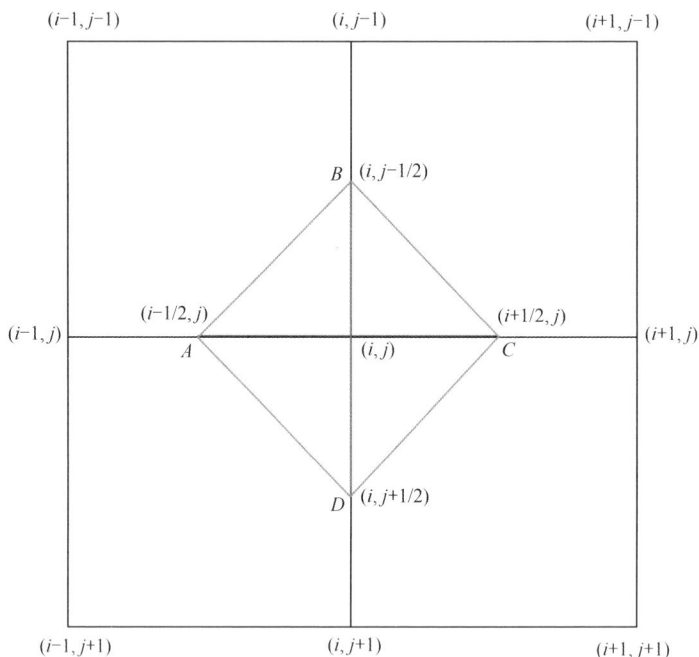

图 5.7　改进后的交叉采样过程

交叉采样过程为

$$\nabla \bullet j = \frac{j^{1}_{\left(i+\frac{1}{2},j\right)} - j^{2}_{\left(i,j-\frac{1}{2}\right)}}{h} + \frac{j^{1}_{\left(i-\frac{1}{2},j\right)} - j^{2}_{\left(i,j+\frac{1}{2}\right)}}{h} \tag{5.16}$$

同样，用标准库中的 Lena 图进行交叉采样实验，当迭代次数分别为 100 次和 300 次时，其实验结果分别如图 5.8 和图 5.9 所示。

图 5.8　（右下左上）迭代 100 次　　图 5.9　（右下左上）迭代 300 次

墓室壁画的裂缝类病害同敦煌壁画和殿堂壁画的信息缺损类型不同，没有修缮污染与人为划痕，细长状病害的方向主要为地仗层塌陷的横向断裂与颜料层干裂的纵向裂缝，比较适合使用改进 CDD 模型后进行修复。

交叉采样优化的 CDD 模型为了满足墓室壁画的曲率扩散修复，需要先将修复过程映射到 Lab 颜色空间分别进行修复，再通过重构三层修复结果进行叠加。依据求导曲率彩色图像修复过程包括如下。

（1）将画面信息分为 L、a、b 三层信息，每层信息都构成一个灰度分量。

（2）分别对三幅灰度图像进行由数据模型生成的病害掩模映射。

（3）围绕掩模区域进行 8 邻域交叉半点采样。

（4）计算由曲率 $g(\kappa)$ 引导的高阶偏微分求导，产生迭代后的像素。

（5）反复进行迭代，直到掩模区域值为 0。

（6）将三个分量的信息重构得到墓室壁画的修复结果。

5.2.4　实验效果分析

图 5.10 是用原始正交采样的 CDD 模型与交叉采样优化后的修复模型分别进行多尺度修复实验对比。包括①只修复断裂类病害；②修复断裂与裂缝类病害；③修复断裂、裂缝、龟裂等所有细长状病害。

 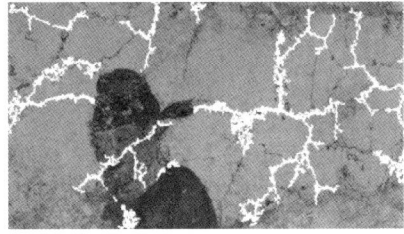

（a）图 A1　　　　　　　　　　　　　　（b）图 B1

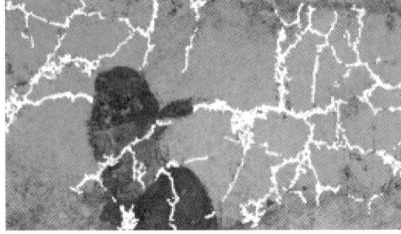

（c）图 C1

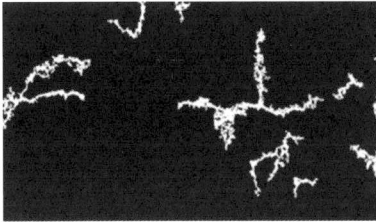 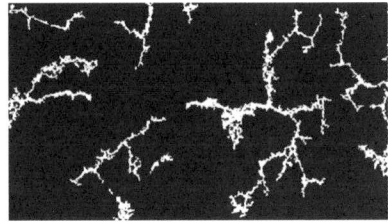

（d）图 A2　　　　　　　　　　　　　　（e）图 B2

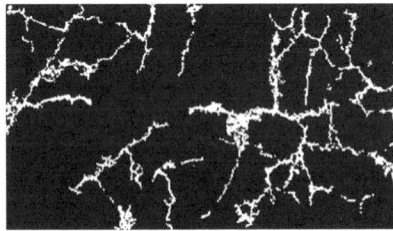

（f）图 C2

 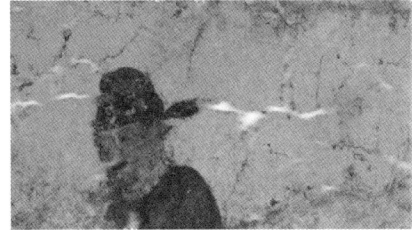

（g）图 A3　　　　　　　　　　　　　　（h）图 B3

图 5.10　正交采样与交叉采样的多尺度修复效果对比

（i）图 C3

（j）图 A4

（k）图 B4

（l）图 C4

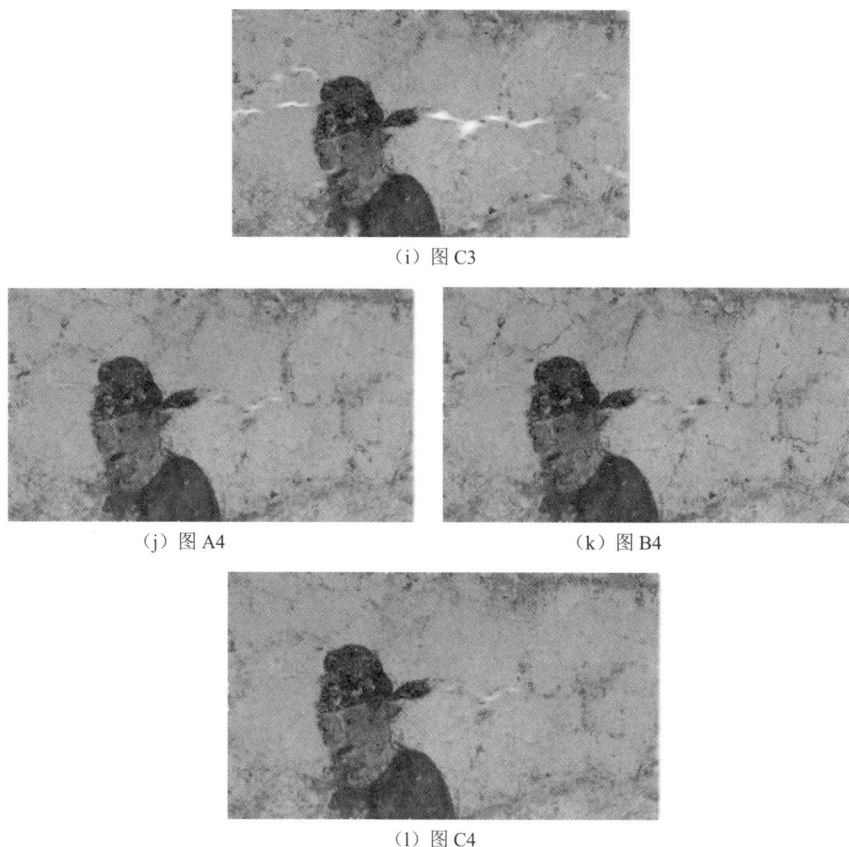

图 5.10　正交采样与交叉采样的多尺度修复效果对比（续）

图 5.10（a）、图 5.10（b）、图 5.10（c）是不同尺度的病害标记图，图 5.10（d）、图 5.10（e）、图 5.10（f）为相应病害的掩模图，图 5.10（g）、图 5.10（h）、图 5.10（i）为用原始正交采样的 CDD 模型对画面不同尺度的修复效果，图 5.10（j）、图 5.10（k）、图 5.10（l）为用交叉采样优化后的修复模型得到的不同尺度的修复效果。

可以看到利用交叉采样点取样方式，信息填充过程可以避开沿着水平或垂直方向扩散时，因同方向缺少可利用的像素所产生的错误，比较适合地仗层断裂（横向）与裂缝（纵向）的修复需求，通过改进 CDD 模型后的修复效果得到明显改善。

将最终的修复效果图放大，可以看到在断裂区域，因信息丢失的区域相对于像素扩散能力而言过大，随着推算产生的像素相似度过高，平滑效应越来越明显，如图 5.11 所示。

图 5.11　改进 CDD 模型后的修复局部细节

因此，即便是优化后的 CDD 模型也会在填充过大的信息丢失区域时产生模糊现象，这是变分 PDE 类模型本质上的劣势。如采用第 3 章分解以后产生的纯结构信息进行修复，则可以得到更好的修复效果。如图 5.12 所示。

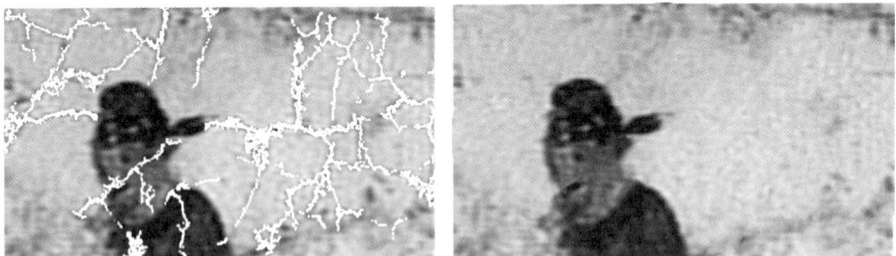

（a）分解后结构信息标记效果　　　　　（b）分解后结构信息修复效果

图 5.12　分解后结构信息交叉采样的修复效果

通过对分解后的低频画面信息进行病害掩模映射，再使用交叉采样优化的 CDD 模型重建纯结构信息，其效果平滑，结构流畅。因为只涉及底层结构信息，此数字修复方案可实现结构信息修复，能较好地保证底层信息的重建而不影响上层纹理细节的表达。

5.3　信息块合成类大尺度缺损信息的修复模型

5.3.1　墓室壁画缺损信息的样本填充过程

墓室壁画中由于酥碱、起甲、菌斑、脱落等引起的画面信息缺损，因其病害机制比较复杂，需要实验辅助确认种类与修复技法。这里的病害标记由人工交互式完成。对于此类标记的大尺度块状信息缺损区域，基于样本合成的信息填充模型可以将可参考样本源中的结构与纹理同时填充，其视觉完整性、相似性与连续性都较好。基于样本填充的修复模型以第 2 章中所阐述的算法思路核心为填充顺序的设计过程。通过病害标记后的数据模型所表达的缺损区域坐标参数，提取待填充区域的前缘，在填充前缘寻找最先需要被修复的 $P(p)$ 点样本块，在有效信息区域寻找到与其近似的 $P'(p)$ 点对该样本进行置换，并更新填充前缘，反复迭代直到缺损区域面积为 0。数字修复过程中的病态特性会导致不同填充顺序的计算过程产生不同的修复效果。在信息块填充的过程中，理想数字修复过程的目标是希望通过顺延完成的，如图 5.13 所示。

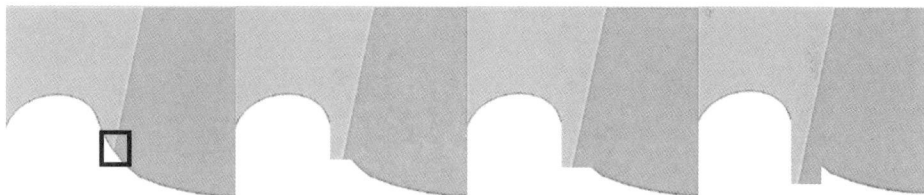

图 5.13　理想数字修复过程

图中方框圈定的区域是样本填充过程中希望优先修复的 T 形区域，填充过程沿着结构信息顺延的结果比较符合人眼对于该区域原始信息的预判。但是信息重建过程中，如果选择了不合适的填充顺序，就会因数字修复本身的病态特性导致产生垃圾块，如图 5.14 中方框所示，而填充顺延的结果会使样本修复过程沿着垃圾块进行，产生垃圾块错误累积的情况，导致结构中断，如椭圆区域所示。

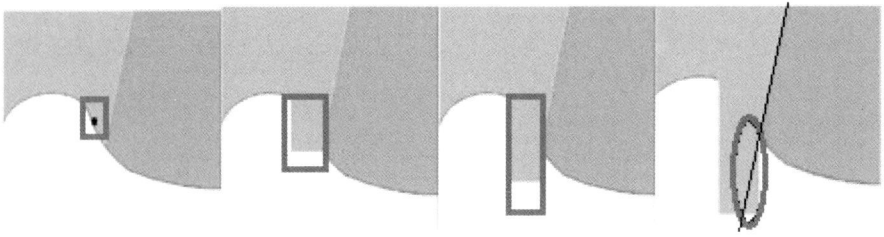

图 5.14 修复过程中产生的错误累积

这种情况与样本填充修复模型中优先值计算的方式有关。在基本样本填充的修复模型中，设 $P(p)$ 为填充前缘 p 点的优先值，则 $P(p)$ 的数学模型为

$$P(p) = C(p) \cdot D(p) \tag{5.17}$$

其中，$C(p)$ 定义为置信度项，$D(p)$ 定义为数据项。

$$C(p) = \frac{\sum\limits_{q \in \psi_p \cap (I \setminus \Omega)} C(q)}{|\psi_p|} \tag{5.18}$$

$$D(p) = \frac{|\nabla I_p^{\perp} \cdot n_p|}{\xi}$$

其中，$|\psi_p|$ 表示待修复信息块 ψ_p 的面积，ξ 为归一化系数。n_p 是像素 p 垂直于边缘的单位向量，$\nabla I_p^{\perp}$ 是 p 点的等照度线方向，公式为

$$\nabla I_p^{\perp} = \frac{\left(-I_y(p), I_x(p)\right)}{\sqrt{I_x(p)^2 + I_y(p)^2}} \tag{5.19}$$

在初始化过程中，$C(p)$ 设置为

$$C(p) = \begin{cases} 0, & \forall p \in \Omega \\ 1, & \forall p \in 1 - \Omega \end{cases} \tag{5.20}$$

其中，置信度项 $C(p)$ 描述的是待修复样本块中已知像素的多少。数据项 $D(p)$ 描述的是填充前缘 $\delta\Omega$ 处等照度线与边界法向量的夹角，它表达样本信息中的灰度跳变的剧烈程度。

置信度项 $C(p)$ 中已知像素随着修复过程逐渐远离填充边缘，其信息块中的已知像素很快被匹配样本中的像素替代，导致置信度并不可靠。随着数字修复过程的不断迭代，样本 $C(p)$ 的数值随着迭代进行过程呈递减趋势，而 $D(p)$ 的

数值则趋于平稳，这会导致随着修复过程的逐步进行，优先值将会呈现递减分布的趋势，在修复结果上表现为垃圾块的逐渐增多，二者乘积计算的结果，使优先值在修复后期变得不可靠。

5.3.2　优先值对修复效果的影响分析

因原始样本填充修复模型存在错误累积，这里弱化优先值计算式（5.16）中置信度项与数据项之间乘积的强依赖关系，改为求和的弱依赖关系。

$$P(p) = C(p) + \kappa D(p) \tag{5.21}$$

并通过对于 κ 值的不同变化，进行测试实验，观察其取值大小对修复效果的影响。对蹦极图像进行修复实验，如图 5.15 所示。

图 5.15　蹦极图像

在数据项成整数倍增加的过程中，样本填充类修复技术的缺损信息的重建效果如图 5.16（a）～（l）所示。随着增加数据项的比重，修复效果开始变得更侧重边缘信息，但仅增加数据项也会导致修复效果突然恶化。图 5.17 数据项比重与修复结果的关系。

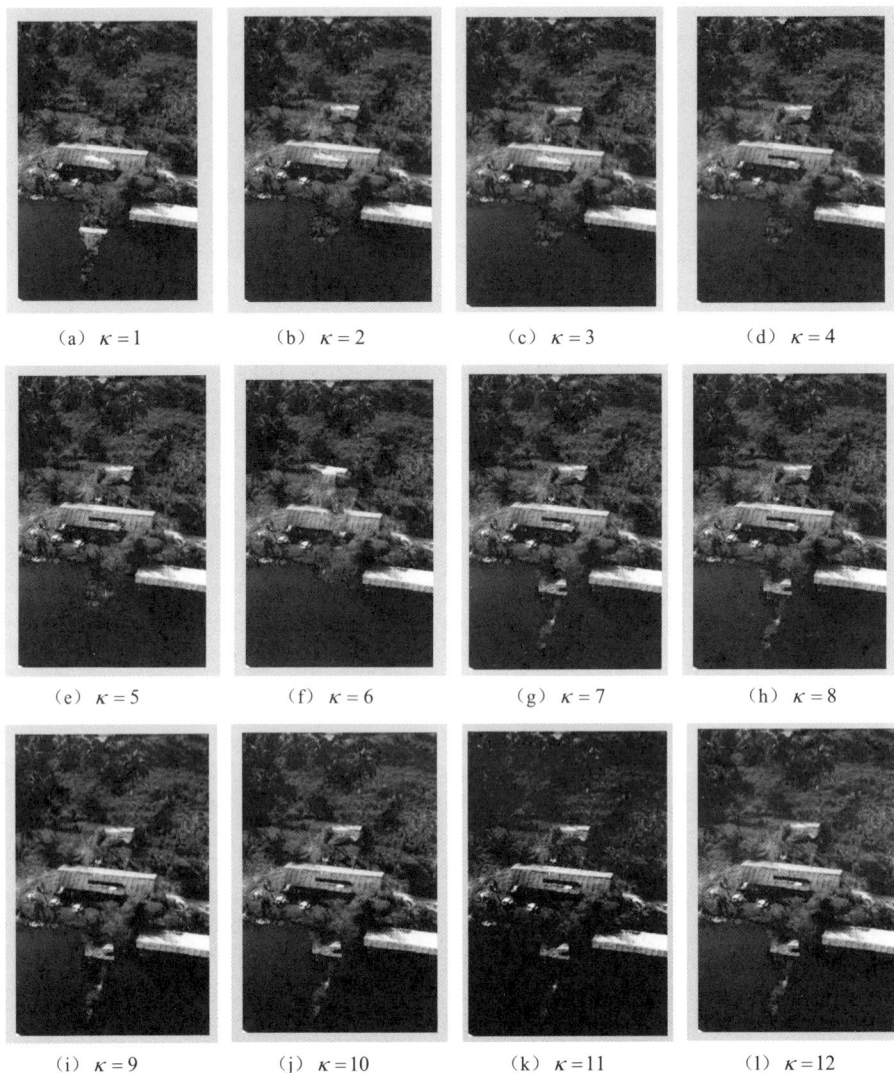

    （a）$\kappa = 1$ （b）$\kappa = 2$ （c）$\kappa = 3$ （d）$\kappa = 4$

    （e）$\kappa = 5$ （f）$\kappa = 6$ （g）$\kappa = 7$ （h）$\kappa = 8$

    （i）$\kappa = 9$ （j）$\kappa = 10$ （k）$\kappa = 11$ （l）$\kappa = 12$

图 5.16　对比调节置信度与数据项比重的修复效果

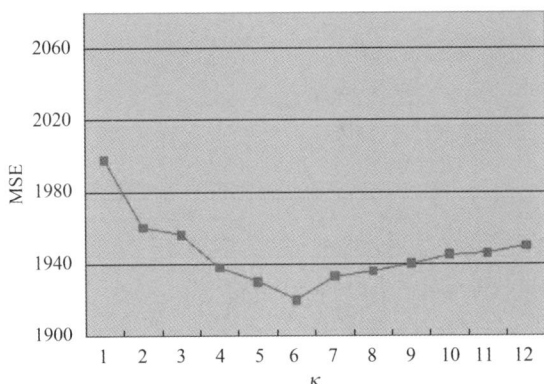

图 5.17　数据项比重与修复结果的关系

通过以上实验，可以得出随着数据项的不断增加，样本填充顺序的改变会引起修复结果并不唯一。置信度项与数据项的不同组合能使修复结果产生最优拐点。

为了保证修复效果的合理性，更加客观地修复大尺度画面信息缺损区域，可通过重新设计适合墓室壁画修复的样本填充数字修复模型。综合前期获得的先验知识，优化基于样本的数字修复模型，引导样本填充过程更加稳定，从而避免垃圾块对视觉效果的影响。

5.3.3　改进基于样本填充的修复模型

改进基于样本的数字修复模型时，应充分考虑墓室壁画残存信息中保留的特征。下面从优先值计算方法、样本尺寸的大小、匹配块获取区域三个方面对基于样本的修复模型进行改进。

（1）改进修复模型的优先值计算过程，添加除置信度与数据项以外的其他修复依赖条件。由于样本数字修复模型，只考虑了信息块有效信息的比例与信息块的灰度梯度值，而墓室壁画信息中有着丰富的色彩。因此，我们在保留置信度项和数据项的基础上，在修复模型中添加了色彩项 $S(p)$，这样既可包含墓室壁画的颜色信息，又降低了置信度项的占比。

改进样本填充修复模型计算公式为

$$P(p) = C(p) + D(p) + S(p) \tag{5.22}$$

$$S(p) = \frac{\sigma}{|\psi_p|} \tag{5.23}$$

$$\sigma = \sigma(L) + \sigma(a) + \sigma(b) \tag{5.24}$$

新加入的色彩项 $S(p)$ 表示样本块 ψ_p 内颜色分布的均匀程度，$|\psi_p|$ 是待修复像素块 ψ_p 的面积，σ 代表 3 个通道中颜色的均方差，其值越大，说明该样本块的颜色变化就越多。优先值计算方式修改后，降低了其置信度项的比重，并增加了墓室壁画颜色特征的影响因素。

（2）改进采样样本的尺寸。在确定填充前缘上最先需要被修复的 P 点后，接下来要在残存信息区域 $I \setminus \Omega$ 中，寻找能够替换填充前缘上待修复样本 $\Psi_{\hat{p}}$ 的样本 $\Psi_{\hat{q}}$。原始修复模型中，该检索为相同尺寸模板的全局遍历过程。为了提高执行效率，在获得墓室壁画主体与背景分布先验知识的基础上，利用第 3 章中设计的样本自适应匹配模板进行采样与比对。以 α 作为单位精度，对画面有效信息区域进行全局遍历，遍历过程中通过前期确定的墓室壁画主体区域与背景区域的信标，进行模板大小的自适应调整。自适应模板遍历比对公式为

$$d_\beta(\Psi_{\hat{p}}, \Psi_{\hat{q}}) = \frac{\sum_{K=\alpha^2}^{(n\alpha)^2} (\Psi_{\hat{p}}^k - \Psi_{\hat{q}}^k)^2}{(n\alpha)^2} = \frac{\sum_{K=\alpha^2}^{(\beta)^2} (\Psi_{\hat{p}}^k - \Psi_{\hat{q}}^k)^2}{(\beta)^2} \tag{5.25}$$

对主画面区域进行 α 为边长的小尺寸模板比对。当遍历算法执行到背景区域时，对 $\beta = n\alpha$ 为边长的大尺寸模板进行比对，以实现墓室壁画主体和背景区域采用不同的修复精度。

（3）改进样本匹配准则。在寻找最佳匹配样本的过程中，如第 3 章中讨论的结果，当待修复样本属于墓室壁画中的不同聚类区域时，其匹配比对过程将优先限定为同一聚类区域。在第 3 章的聚类准则中，我们改进了聚类相异性准则为巴氏距离，将大于一定阈值的像素分为不同的类型。这里仍然采用该方法，其不同之处在于将相异性准则转化成相似性准则。

对于要寻找的匹配样本 $\Psi_{\hat{q}}$，其公式为

$$\Psi_{\hat{q}} = \arg\min_{\Psi_q \in \Phi} d(\Psi_{\hat{p}}, \Psi_q) \tag{5.26}$$

$$d(\Psi_{\hat{p}}, \Psi_{\hat{q}}) = -\ln(\mathrm{BC}(\Psi_{\hat{p}}, \Psi_{\hat{q}})) \tag{5.27}$$

$$BC(\Psi_{\hat{p}}, \Psi_{\hat{q}}) = \sum_{x \in X} \sqrt{\Psi_{\hat{p}}(x), \Psi_{\hat{q}}(x)} \qquad （5.28）$$

其中，X 表示样本中所有像素的个数。通过采用 3.4 节中先验知识给予的参数，来判断待修复样本归属的类别，并在对应的区域内求解，获取最为相似的匹配样本，以缩小迭代区域，提高修复模型的可执行度。

5.3.4　实验效果分析

用改进后的修复模型对墓室壁画分块进行仿真实验，其效果对比如图5.18所示。

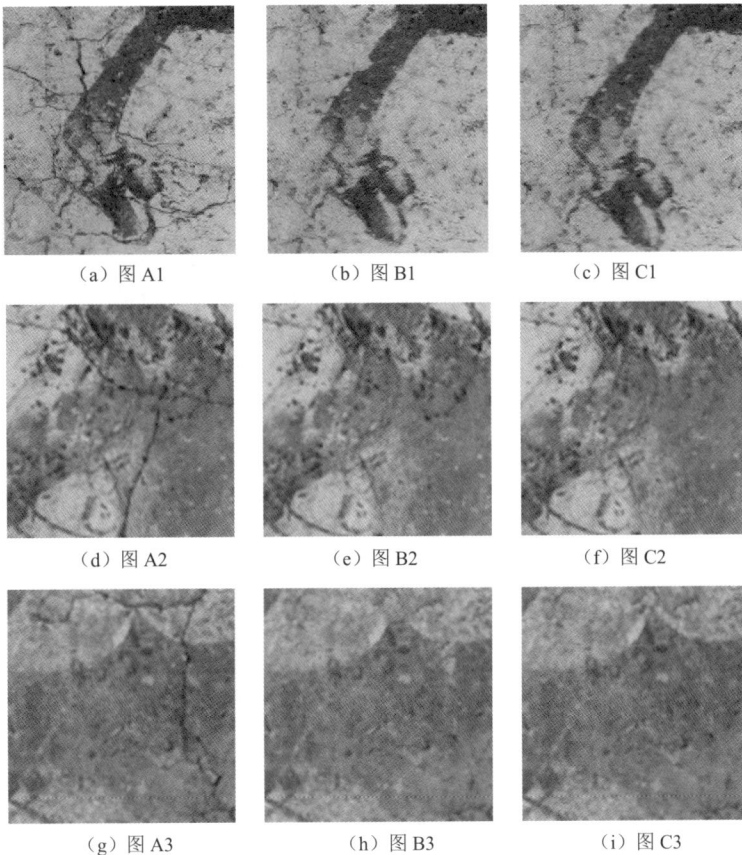

（a）图 A1　　　　　　（b）图 B1　　　　　　（c）图 C1

（d）图 A2　　　　　　（e）图 B2　　　　　　（f）图 C2

（g）图 A3　　　　　　（h）图 B3　　　　　　（i）图 C3

图 5.18　改进修复模型的样本填充修复效果对比

图 5.18 中的图 A1、图 A2、图 A3 为待修复墓室壁画局部，图 5.18 中的图 B1、图 B2、图 B3 为用经典样本模型修复的结果，图 5.18 中的图 C1、图 C2、图 C3 为用改进后的模型修复的结果。

从这 3 组实验中，可以看到降低置信度项，增加颜色信息，能够有效改善误差累积，减少了垃圾块，使原始图像仅对灰度梯度参考的数据项更加适合修复彩色图像，改进后的修复结果符合格式塔原理中的相似性与连续性。

为了达到更好的修复效果，可以先将 3.4 节分解的结构信息与纹理信息分别修复，再进行重构，以提高整体修复质量，如图 5.19 所示。

图 5.19（a）为待修复墓室壁画原图，图 5.19（b）为待修复墓室壁画病害掩模，图 5.19（c）为采用原始样本修复模型得到的结果，图 5.19（d）为改进模型修复得到的结果，图 5.19（e）为频率域分解纹理信息的病害映射，图 5.19（f）为改进模型修复纹理信息得到的结果，图 5.19（g）为改进 CDD 模型修复结构信息得到的结果，图 5.19（h）为将结构信息修复结果图 5.19（g）和纹理信息修复结果图 5.19（f）重构后得到的最终修复结果。

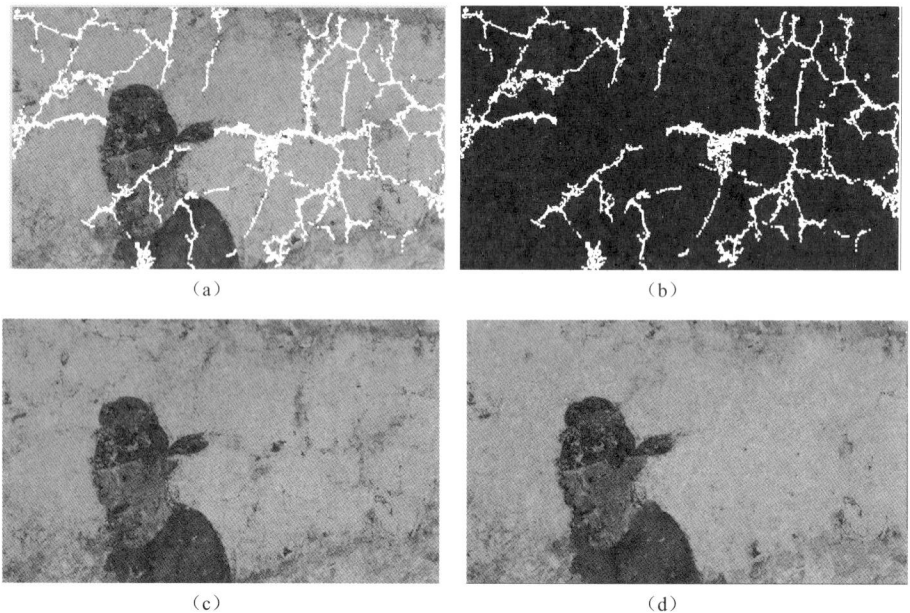

（a）

（b）

（c）

（d）

图 5.19　分解修复效果对比

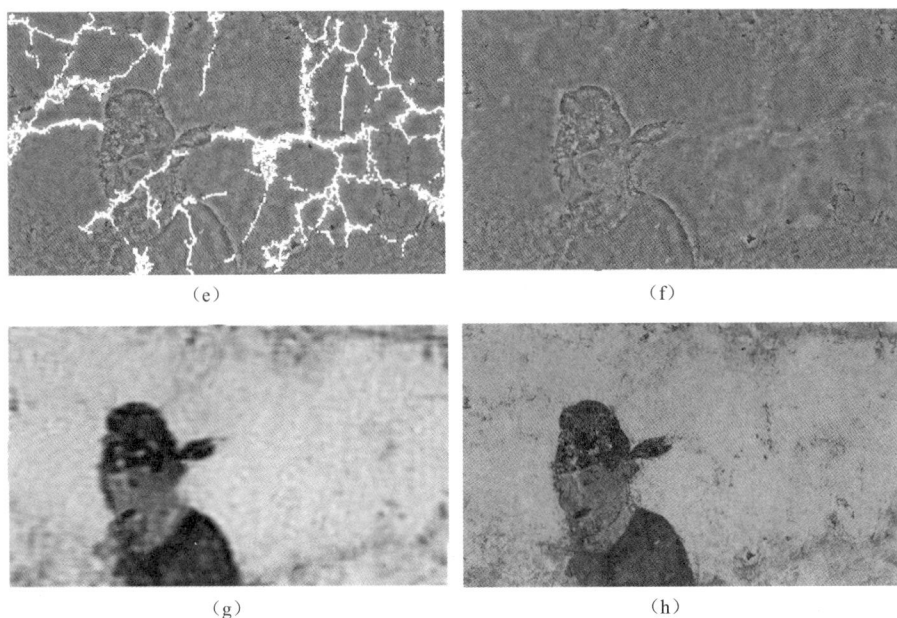

（e）　　　　　　　　　　　　　　　（f）

（g）　　　　　　　　　　　　　　　（h）

图 5.19　分解修复效果对比（续）

通过重构后的修复效果，在修复完成度上更加自然，既保留了上层视觉的纹理颗粒度，也体现了墓室壁画中光线的明暗过渡，比直接用改进方法修复的样本块填充结果更加符合博物馆"修旧如旧"的尺度需求。

5.4　纹理能量引导的自适应填充修复模型

我们研究了基于样本块填充的图像修复方法，并针对提高修复效率的问题进行了分析。在样本块填充的前期，需要先计算填充边缘的优先级，以确定当前待填充的样本块，然后在源区域中进行匹配搜索，找到最优样本块后进行填充。这就需要合理地选择待填充块，使填充过程能够按照理想的顺序进行。反之，将会产生大量的误差累积，使修复结果不能满足人们视觉连续性要求。文献[251]认为合理的修复顺序要权衡纹理的延伸和结构部分的连续性，因此提出了利用优先值计算公式对修复顺序进行处理，并提供修复顺序的选择标准。但是，该方法在优先值计算公式中固定了数据项和置信度项的比重，导致不同纹理特征的图像处理效果有所差异。

通过 5.3 节对优先值计算公式作用分析的启发，引入 θ 因子来改变优先值计算公式中置信度项和数据项的重要程度，进而达到调整修复顺序的目的。其中置信度项和数据项的重要程度与待处理图像的纹理特征有关。对于纹理特征的量化，首先利用小波变换的系数估计图像纹理细节能量值，然后对具有不同能量值的图像进行分类，最终使算法自适应地对不同类型的图像采取适当的修复策略。通过实验证明了此算法能有效提高图像修复的质量。

5.4.1　置信度稳定性分析与约束条件

在 Criminisi 提出的样本填充优先值计算公式 $P(p) = C(p) \cdot D(p)$ 中，$C(p)$ 是置信度项，表示在以 p 点为中心的模板中已知像素所占的比例，其比例越大说明置信度越高，就会越早被修复。$D(p)$ 是数据项，表示在 p 点等光照方向 $\nabla I_p^{\perp}$ 上，边界 $\partial\Omega$ 的方向 n_p 上的投影大小。它反映了在填充边缘 p 点梯度方向的亮度变化程度，梯度 ∇I_p 的值越大，$\nabla I_p^{\perp}$ 与 n_p 的夹角越小，就会被越早修复。

通过对置信度项的定义和模型的研究分析，可以得到结论：待修复样本在填充过程中，墓室壁画原始信息保留越多，置信度应该越大，但是随着剥洋葱式的填充过程的推进，使得填充前缘不断更新，那么前缘 p 点的位置离原始墓室壁画残存的区域越来越远，其周边可用信息中不断增加后续样本置换后的数据，使得置信度变得不可靠。

统计置信度值与数据项数值在样本填充过程中的数值大小，用不同的色块映射回 Bungee 图像中，可以看到置信度值随着样本填充剥洋葱式的迭代过程，逐渐变小，而数据项数值则一直比较稳定，如图 5.20 所示。

为了避免图 5.20 中的情况发生，可以考虑在计算优先值时提高 $D(p)$ 的权重，尽量保证填充边缘梯度值较大的点先被修复。其中图像边缘及梯度值都反映了图像的纹理特征，图像在某像素梯度值较大时，表示在该点附近图像的纹理较为丰富。

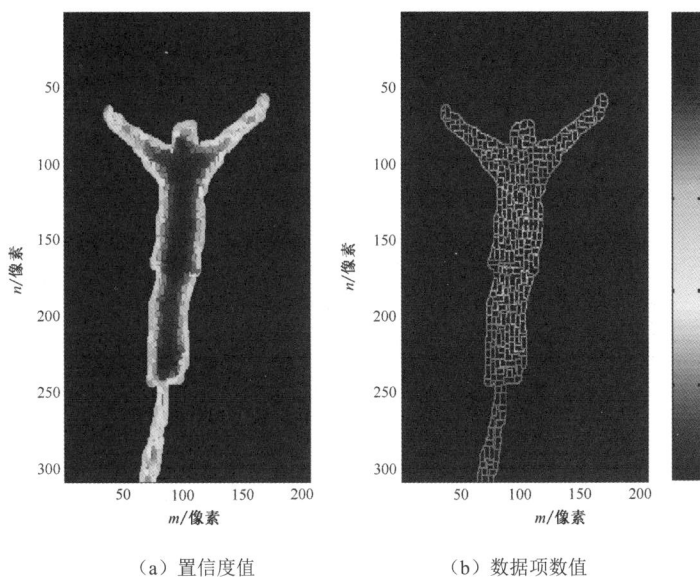

（a）置信度值　　　　　　　　（b）数据项数值

图 5.20　置信度值与数据项数值迭代过程对比

先考察如下问题。

由于 $\forall p \in \partial\Omega$，$\Psi_p \not\subset \Omega$ 且 $\Psi_p \not\subset \Phi$，对于模板 Ψ_p，有

$$\Psi_p = (\Psi_p \cap \Omega) \cup (\Psi_p \cap \Phi) \tag{5.29}$$

又因为 $\Omega \cup \Phi = L$（L 为图像全集），所以 $\exists p' \in \Psi_p$，使 $p' \in \Omega$，故 $\Psi_p \cap \Omega \neq \Phi$，即 $q \in \Psi_p \cap \Phi$ 中的元素一定是 Ψ_p 的子集，所以

$$C(p) = \frac{\sum\limits_{q \in \Psi_p \cap \Phi} C(q)}{|\Psi_p|} < 1 \tag{5.30}$$

对于优先值计算公式 $P(p) = C(p) \cdot D(p)$，要提高对于梯度变化的重视程度，也就是增加 $D(p)$ 权重，可以通过对 $C(p)$ 的减弱来实现。通过文献[252]蚁群算法中 β 因子的启发，当蚂蚁在觅食过程中选择行走路径时，其选择依据为不同路径上的像素含量，当像素含量越多时，蚂蚁选择这条路径的概率就越高，反之越小。而像素的含量取决于其累积和挥发的速率，通过 β 因子调节像素累积和挥发的速率与像素含量影响的比重，以控制随机性对算法寻优过程的影响，最终达到尽可能地寻求最优解的目的。这里引入指数类因子 θ 使优先值计算公式修正为

$$P(p) = C(p)^{\theta} \cdot D(p) \tag{5.31}$$

其中，$\theta \in Z^{+}$，由式（5.30）可知 $C(p) \in [0,1)$，所以 $C(p)^{\theta} \leqslant C(p)$，这样可以保证在相同情况下置信度项 $C(p)$ 的重要程度减小，而数据项 $D(p)$ 对优先值 $P(p)$ 贡献增大，从而保证了图像纹理细节部分的修复效果。

待修复区域掩模标记的过程如图 5.21 所示。

（a）蹦极原图　　　　　　（b）去除目标后图像　　　　　　（c）掩模图像

图 5.21　待修复区域掩模标记过程

对于图 5.21 中的蹦极人分别取 $\theta = 1$、$\theta = 6$、$\theta = 12$、$\theta = 17$、$\theta = 20$ 进行修复，效果如图 5.22 所示。

（a）$\theta = 1$　　　　　　（b）$\theta = 6$　　　　　　（c）$\theta = 12$

图 5.22　不同 θ 值的修复效果

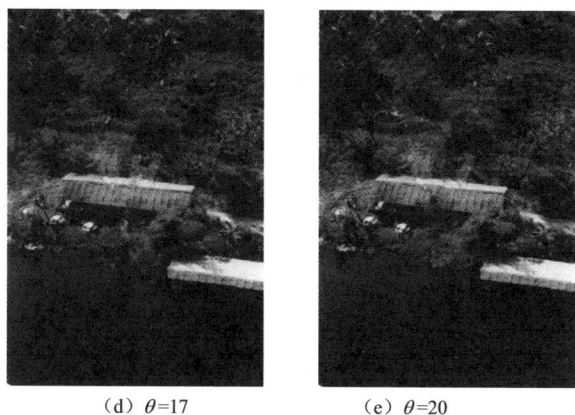

（d）$\theta=17$　　　　（e）$\theta=20$

图 5.22　不同θ值的修复效果（续）

从试验结果中可以发现，当θ从 1 开始增大时修复效果逐渐变得自然，当θ达到 17 时修复效果相对最逼真，增大到 20 时会使修复效果变差。这说明对于不同的图像而言，θ的取值至关重要。

利用以上改进算法虽然得到了较为显著的效果，但是需要进行反复实验才能确定适当的θ值，这不能满足算法的准确性及实时性要求。因此，我们采用θ值与图像自身自适应的方法，使算法对于不同图像采用不同的θ值，以达到准确、实时的修复效果。

由于θ因子引入目的是为了提高优先值计算公式中数据项$D(p)$的重视程度，然而对$D(p)$的重视程度取决于图像本身所具有的纹理特征，当图像的细节较为丰富或纹理较多时，通过增加θ值会使修复过程对细节纹理更加敏感，从而改善修复效果。

5.4.2　小波纹理能量系数

对于二维图像所对应的函数$f(x,y)$，其小波变换定义为

$$W_j^i f(x,y) = \iint\limits_{R^2} f(u,v)\psi_j^\lambda(x-u,y-v)\mathrm{d}u\mathrm{d}v \tag{5.32}$$

其中，j表示分解尺度，λ表示小波频率分量，Ψ_j^λ表示在j尺度下的小波函数。

在离散状态下二维图像的小波分解为

$$\begin{cases} C_{j+1} = HC_jH' \\ D_{j+1}^h = GC_jH' \\ D_{j+1}^v = HC_jG' \\ D_{j+1}^d = GC_jG' \end{cases}, \quad j = 0,1,2,\cdots,J-1 \qquad (5.33)$$

式中，H 和 G 分别表示尺度函数和小波函数所对应的滤波器系数矩阵，原始图像 $f(x, y)$ 记为 C_0。其中上标 h、v、d 分别表示小波系数的水平、垂直和对角分量。待修复图像经过小波分解之后，得到了图像的低频、水平高频、垂直高频和对角高频分量，图像的主要能量集中在低频分量里，而 3 个不同的高频分量系数反映了图像的纹理细节。由于不同小波基对信号的描述是不同的，在对图像进行小波变换时，一般从小波基的对称性、紧支撑性和正则性来考虑选取。这里选择对称的、具有正则性和最短支撑的 Haar 小波。对图像进行小波分解如图 5.23 所示。

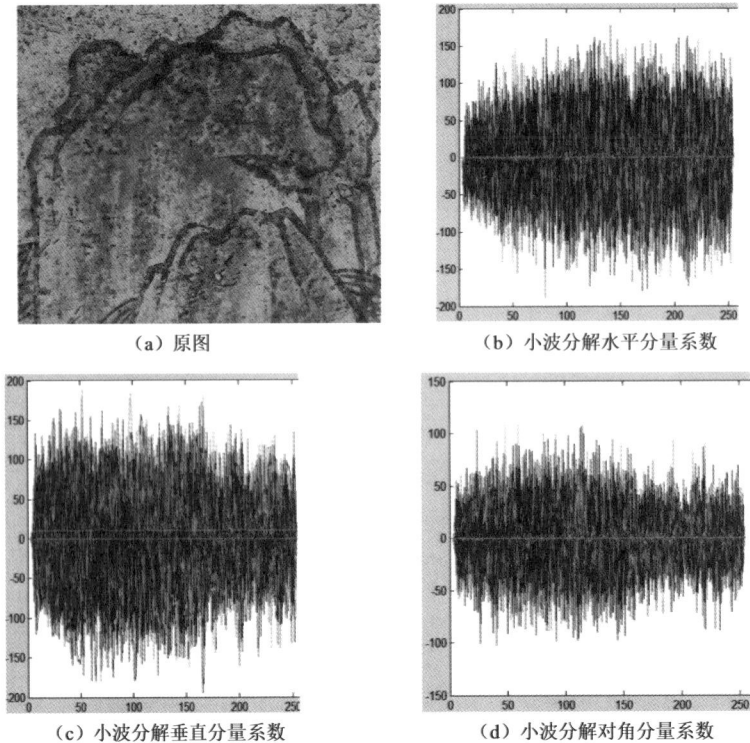

（a）原图

（b）小波分解水平分量系数

（c）小波分解垂直分量系数

（d）小波分解对角分量系数

图 5.23 小波分解系数分量纹理特征的量化

对于具有不同纹理程度的图像，它们进行小波分解后的系数大小程度也不同，如果把系数本身作为信号，它是具有一定"能量"的，其"能量"大小隐藏在幅值中，图像具有越多纹理，在小波域中高频的幅值就越大。当图像较为平滑时，只有较少高频成分。因此，定义关于纹理特征的能量函数为

$$E_{d_1^1}(a,b) = \sum_{m=1}^{b/2}\sum_{n=1}^{a/2} D_1^h(n,m)^2$$

$$E_{d_1^2}(a,b) = \sum_{m=1}^{b/2}\sum_{n=1}^{a/2} D_1^v(n,m)^2 \qquad (5.34)$$

$$E_{d_1^3}(a,b) = \sum_{m=1}^{b/2}\sum_{n=1}^{a/2} D_1^d(n,m)^2$$

其中，D_1^h、D_1^v、D_1^d 分别表示在一层小波分解下对应的水平系数、垂直系数、对角系数。图像尺寸为 $a \times b$。$E_{d_1^1}(a,b)$、$E_{d_1^2}(a,b)$ 和 $E_{d_1^3}(a,b)$ 分别表示对应小波分解方向的系数能量。图像纹理的细节总能量定义为

$$E_{\text{detail}}(a,b) = E_{d_1^1}(a,b) + E_{d_1^2}(a,b) + E_{d_1^3}(a,b) \qquad (5.35)$$

为了使不同图像的细节能量具有相同的标准，现对其进行标准化，定义图像的平均细节能量为

$$E_{\text{averd}}(a,b) = \frac{E_{\text{detail}}(a,b)}{\text{area}} \qquad (5.36)$$

其中，area 为像素的总数，也就是图像的面积大小。图像的平均细节能量表示每个单位像素所具有的细节能量。

5.4.3　优化样本块搜索的修复模型

在基于样本块修复算法中，样本块先被填充后，填充边缘需要被更新，然后根据优先值计算公式重新选择待填充样本块，最后完成搜索匹配过程。然而在这个过程中，重复地计算填充边缘消耗了大量的时间。在每填充一个样本块时，其他部分的填充边缘并没有发生变化。因此，考虑增加填充边缘的更新周期，可在填充边缘的所有样本块都被填充后，再进行填充边缘的计算。这样不但减少了程序的计算时间，而且使填充过程从外向内环形进行，可最大限度地避免误差累积的现象，如图 5.24 所示。

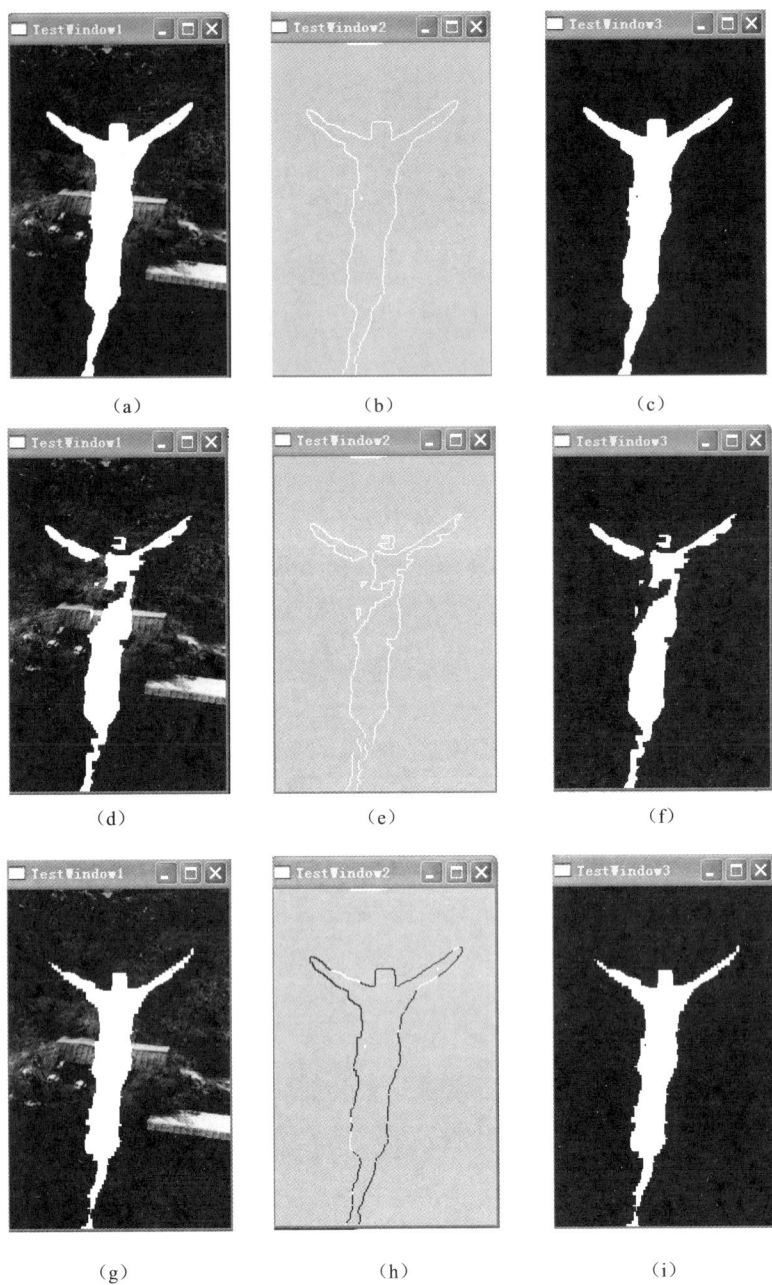

图 5.24　填充边缘更新对比

图 5.24（a）为待修复图，图 5.24（b）为初始化填充边缘，图 5.25（c）为初始化图像掩模，图 5.24（d）为 Criminisi 误差累积现象，图 5.24（e）为 Criminisi 填充边缘更新策略，图 5.24（f）为 Criminisi 掩模填补结果，图 5.24（g）为改进的环形填补策略，图 5.24（h）为改进的填充边缘更新方法，图 5.24（i）为改进后的掩模填补结果。可以看出在图 5.24（d）中，样本块的填充出现了明显的误差累积现象，这是由于未知区域被填充之后成为源区域的一部分，因此它成为搜索域的样本块，并存在于填充边缘附近，对置信度的影响较大。但其本身的准确性相比初始的源区域不够精确，如果在置信度计算时选择了它相邻的块，则必然在不精确的基础上增加了误差累积的可能。图 5.24（e）中的白色线条显示的是填充边缘，它在每次样本块填充完之后都会自动更新，然而这样却保留了选择上一次填充块附近样本块的机会，为误差累积留下了隐患。因此，在图 5.24（f）中，每次填充完样本块时，把填充边缘标记成黑色，并且在下次计算优先值时只计算白色部分的填充边缘，直到所有的填充边缘全部填充后，再进行更新。这使得在同一个填充边缘的更新周期内，同一个位置的样本块不会被选择为待填充块，因此较大程度上消除了误差累积的隐患。图 5.24（g）表明这样做可以保证修复顺序按照环形进行填充，以减小样本块误差累积的可能。

5.4.4　实验效果分析

因为 θ 的选取与图像的纹理特征有关，当图像纹理较为丰富时，增大 θ 可以使 $D(p)$ 的重要程度增加，改善纹理延伸的效果。本节对图像的纹理特征进行量化处理，定义了图像的平均细节能量，以此作为自适应调节 θ 的依据，如图 5.25 所示。

通过实验结果可以看到，不同纹理程度的图像进行量化后的平均细节能量值，能够反映其纹理细节含量的差别，图 5.25（a）为平滑地仗区，没有纹理成分，其平均细节能量接近于 0；图 5.25（b）和图 5.25（c）的纹理较为丰富，根据计算它们的平均细节能量差异较小，在 100～150 内；对于图 5.25（d）来说，图像内容以纹理为主，实验得到的纹理程度量化值也较大，为 500 以上。通过实验结果证明，量化值能将不同纹理特征的图像分类，并且符合人们视觉的估计。

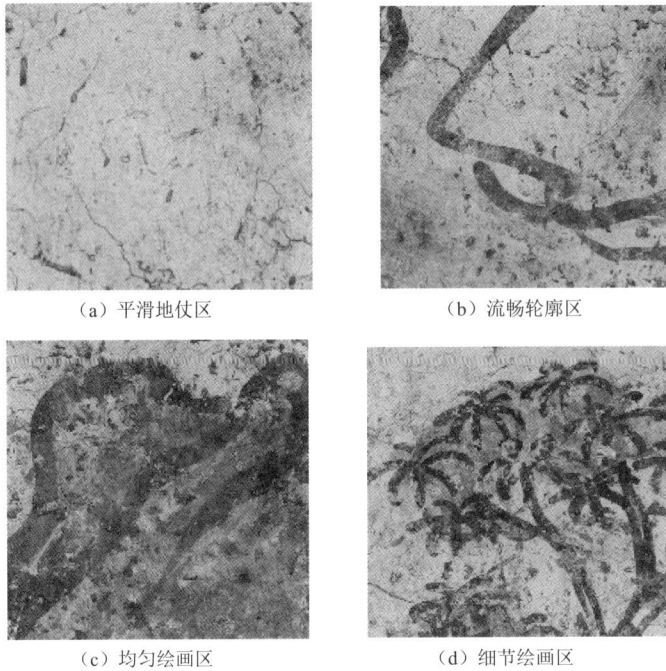

（a）平滑地仗区　　　　　　　　　　（b）流畅轮廓区

（c）均匀绘画区　　　　　　　　　　（d）细节绘画区

图 5.25　不同纹理特征图像

为了验证平均细节能量定义的合理性。对于不同纹理特征的图像，通过平均细节能量的定义，计算其纹理程度量化值，并判断它们是否能够被分类。现计算图 5.25 中图像纹理程度量化值，其纹理程度量化结果如表 5.1 所示。

表 5.1　纹理程度量化结果

墓室壁画分块	平滑地仗区（a）	流畅轮廓区（b）	均匀绘画区（c）	细节绘画区（d）
E_{averd}	0.076	104.832	127.292	448.784

在仿真过程中，由于修复对象为图 5.25（a），而破损区域的边缘图 5.25（b）对整个图像的纹理细节程度产生了一定的影响，增加了原图的总纹理细节能量，所以在计算图像 E_{averd} 时要把由边缘纹理所产生的能量减去，即 $E_{\Phi} = E_L - E_{\partial\Omega}$，其中，$E_{\Phi}$ 为已知区域所具有的纹理细节能量，E_L 为图像所具有纹理细节能量，

$E_{\partial\Omega}$ 为图像所对应的二值掩模图像所具有的纹理细节能量。由此得到的 E_{averd} 能够真实反映图像所具有的纹理细节程度。

通过实验仿真能够确定不同纹理程度图像所对应的 θ 值。首先对不同纹理程度的图像进行量化，可以得到 E_{averd} 反映的图像纹理程度，然后对图像的纹理程度类型进行分类，最后通过对不同纹理程度类型的图像选择合适的 θ 值来自适应地调整修复策略。对一组具有不同纹理程度的图像进行修复仿真实验，其自适应范围选取如表 5.2 所示。

表 5.2　自适应范围选取

E_{averd} 范围	取值范围	
	最佳 θ 取值范围	本章选取自适应 θ 值
500 以上	25～30	27
(250, 500]	20～25	23
(50, 250]	15～20	18
(10, 50]	10～15	12
(0, 10]	0～10	2

基于对样本块图像修复算法中的优先值计算公式进行修正，提高了对数据项的权值比重，使其在修复过程中对图像纹理细节的部分较为敏感，从而可以保证对图像纹理的修复效果，并满足人们对视觉连通性的要求。为了提高算法在具体应用中的准确性和实时性，我们利用图像小波域中的小波系数来估计图像所具有的平均细节能量值，并使其与算法中的 θ 因子自适应起来，从而可以保证算法能够对于不同纹理程度图像，均采用适当的 θ 值来调整修复策略。该算法适用于结构性纹理的图像修复。

5.5　离散采样优化与样本扩充的修复模型

5.5.1　墓室壁画数据量分析

墓室壁画数字化过程采用相邻重叠率为 40%～50%的多镜头进行平行高清

拍摄，每个分块墓室壁画都能产生多个分镜头图像信息。如表 1.1 所示一幅壁画的采集过程产生多达 114 个分镜头，每个分镜头信息量高达 180MB，分镜头拼接后的分块墓室壁画的数据量达到 2～5GB。以《马球图》为例，计算得到墓室壁画进行数字修复需要处理的数据量，单镜头 180MB 的尺寸是 6642×4974（px），喷绘输出等幅面效果时，需要处理的信息量如下。

200 万像素的数码相机，有效像素为 192 万，最大输出为 1600×1200（px）的图像。当博物馆需要喷绘输出 300dpi 时，数字修复后喷绘打印的最小尺寸如下。

宽：1600px /300dpi＝5.3 英寸

高：1200px /300dpi＝4 英寸

博物馆需要依照墓室壁画按 130cm×100cm 喷绘输出 600dpi 时，数字修复后喷绘打印的最大尺寸如下。

宽：130cm=52 英寸

高：100cm=39 英寸

则需要达到的像素量为

宽：52 英寸×600dpi＝31200px

高：39 英寸×600dpi＝23400px

则最大数据量：$\dfrac{31200×23400}{6642×4974}×180MB = 3.88GB$

最小分辨率约是最大分辨率的 2/3，最小数字图像的尺寸如下。

宽：31200px×2/3＝20800px

高：23400px×2/3＝15600px

则最小数据量：$\dfrac{20800×15600}{6642×4974}×180MB = 1.72GB$

数字修复处理过程中，墓室壁画要达到博物馆喷绘展示的要求，则需要处理的最大数据量为 3.88GB，最小的数据量也要达到 1.72GB。

为了达到较好的修复效果，基于样本的修复模型需要采用遍历寻优的方式对残存信息进行逐点扫描与比对，然而高清墓室壁画的大数据量使得该模型无法在拼接后的墓室壁画图像上直接运行。在前期实验过程中，计算机内存读入经常溢出，所以必须寻求新的采样策略，既要充分利用墓室壁画现存信息又要尽可能降低样本冗余量。我们设计的数字修复思路是先进行分镜头信息数字修复，并去除冗余样本，再将修复的分镜头图像拼接成墓室壁画分块。

5.5.2　去冗余离散采样优化

以分块割取的《马球图》为例，将其分割成五大分块进行保存，图 5.26 为其中的一个分块，整个幅面由二十多个分镜头拼接形成，单一分块数据量近 5GB。我们选取的修复对象为平行拍摄过程中的一个分镜头信息（黑色方框中圈定）。

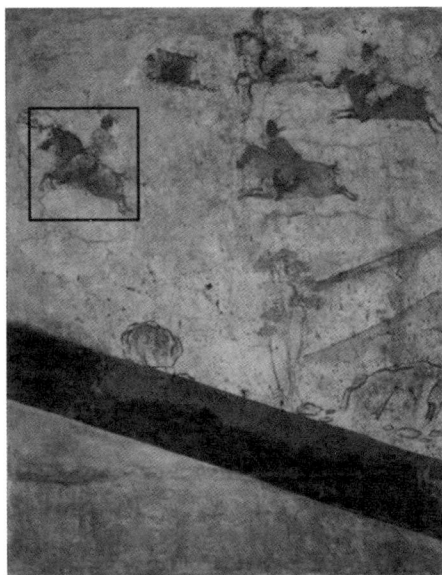

图 5.26　分镜头选取

可以看到，镜头中有很大面积的区域为非主画面的地仗区域，在 3.2 节的主体与背景先验知识中介绍了二者在修复意义上的区别，并在 5.3 节中利用该特点进行了样本尺寸的区别定义。但是，对于背景区域仍然有很多相似度很高的样本，并不需要对每一块都进行采样和比对信息的冗余。图 5.27 是《马球图》的分镜头信息，红色方框为地仗区域，与之相邻的样本在纹理相似度与亮度趋势上均表现得很相似。

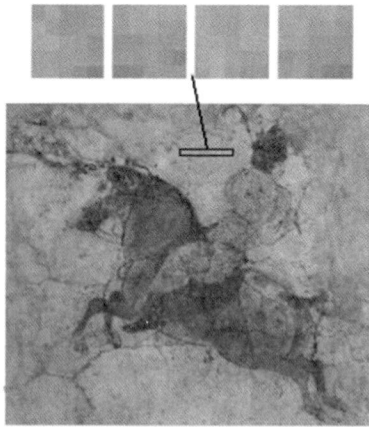

图 5.27 分镜头冗余

对于图 5.27 中的相似样本块，我们为了降低冗余，通过下采样离散化，将其以 1/3 重合率的方式进行分块，产生分块集群，并对每个分块进行冗余计算，进一步降低数字修复需要处理的对象数据量，其分镜头离散分块集群如图 5.28 所示。

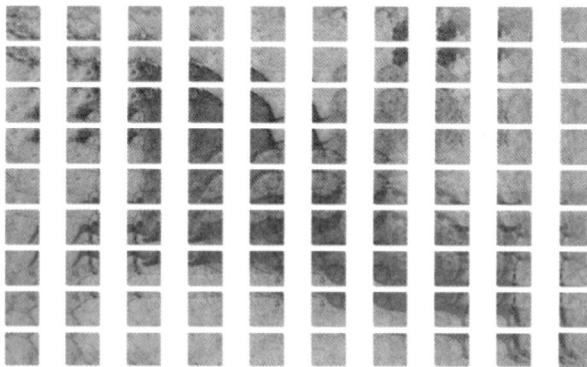

图 5.28 分镜头离散分块集群

定义相邻的任意两个样本块：以 i_1, j_1 为中心的样本块 Ψ_{i_1,j_1} 和以 i_2, j_2 为中心的样本块 Ψ_{i_2,j_2}，它们之间的均方误差为

$$\sum_{n=1}^{N}\sum_{n=1}^{N}\frac{\left(\Psi_{i_1,j_1}(n)-\Psi_{i_2,j_2}(n)\right)^2}{N^2} > \delta \tag{5.37}$$

设定冗余度阈值，进行任意两个分块的冗余测试，依据文物修复"修旧如旧"保持沧桑感的基本要求，在博物馆文修专家指导下，我们取冗余门限值 $\delta = 6$。通过对方差大于门限值的样本进行采集、相似度比对、填充与置换，而对方差小于门限值的分块进行跳过，并不将其作为有参考意义的样本，以此方式将样本冗余控制在合理范围内。

5.5.3　跨镜头多样本扩充修复模型

通过对单一镜头进行离散去冗余可降低数字修复模型中采样和比对的次数，提高修复的可执行性。但是，在对局部分块进行修复过程中，画面会因信息块内可参考的有效信息较少，出现修复效果较差的情况，如图 5.29 所示。

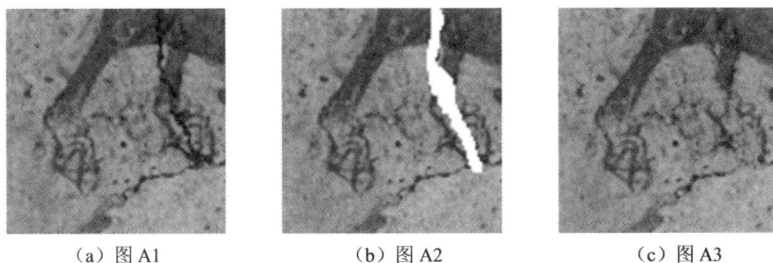

(a) 图 A1　　　　　　　(b) 图 A2　　　　　　　(c) 图 A3

图 5.29　分块修复可参考性信息源不足

可以看到，单一镜头分块因信息量不足，会导致填充失误。需要将待修复分块临近的 8 个邻域分块也纳入可参考样本源中，如图 5.30 所示。

图 5.30 中的图 A 为待修复的单一镜头分块，图 5.30 中的图 B1～图 B8 为其 8 个邻域分块，以及与之相似的分镜头的离散化样本组成的样本库，作为单一镜头进行修复时参考的信息源。如图 5.31 中方框所圈定类似的分块，都可作为参考信息源。

图 5.31（a）～（c）中有其他分镜头所含有马匹的图像信息，其类似图块都可作为修复时的参考信息。

通过建立可参考扩充样本库，增大可匹配的样本源，该算法的主要步骤如下。

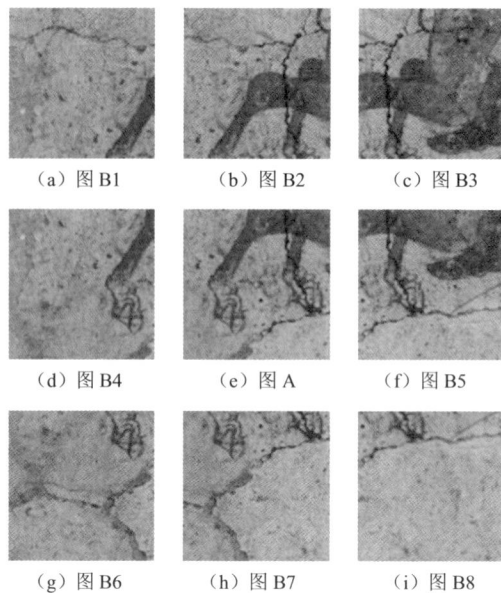

（a）图 B1　　　　（b）图 B2　　　　（c）图 B3

（d）图 B4　　　　（e）图 A　　　　（f）图 B5

（g）图 B6　　　　（h）图 B7　　　　（i）图 B8

图 5.30　相邻近似分块图

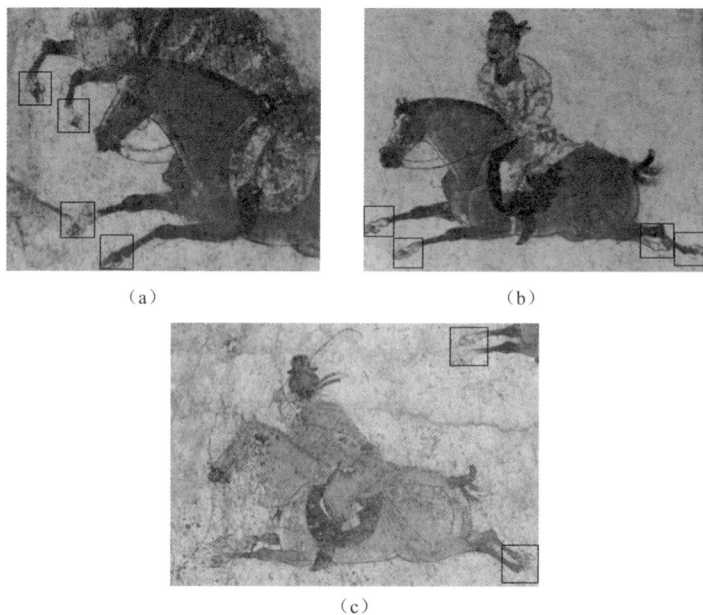

（a）　　　　　　　　　　　　（b）

（c）

图 5.31　跨镜头多样本扩源过程

（1）建立非冗余样本库，读入待修复图像 I_0，以及可参考的临近图块与相似图块 $I_1, I_2, \cdots, I_m$，并进行冗余离散化，保存可参考样本 $\Psi_1, \Psi_2, \cdots, \Psi_n$ 到样本库 S_Ψ 中。

（2）在掩模中搜索待修复图像 I_0 的填充前缘 $\delta\Omega$，并用 5.3 节中改进后的优先值计算公式计算得到最先需要修复的样本 $\Psi_{\hat{p}}$。

（3）在样本库 S_Ψ 中搜寻最佳匹配样本 $\Psi_{\hat{q}}$，并置换掉待修复样本 $\Psi_{\hat{p}}$。

（4）更新置信度项，重复前 3 步直至画面填充完成。

5.5.4　实验效果分析

本节实验为分镜头实验，对《马球图》局部数字修复最终拼接效果进行对比，如图 5.32 所示。

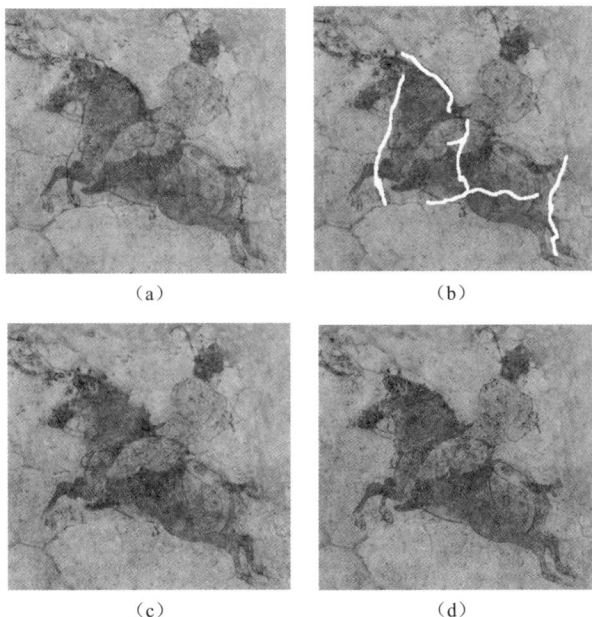

图 5.32　跨镜头扩大可参考样本修复效果对比

图 5.32（a）为待修复《马球图》的分镜头图像，画面信息中有纵横交错的裂缝类病害污染，图 5.32（b）为病害标记效果，图 5.32（c）为去冗余修复拼

接后的完成效果，图 5.32（d）为跨镜头扩大可参考样本后的修复效果。从修复的视觉效果看，显然跨镜头的多样本源填充，可满足更加自然的纹理细节。该方案虽然扩大了样本寻优匹配的对象，但是离散优化的方法可将相似度较高的样本进行去冗余排除，有助于实现墓室壁画的修复。

对于 90 个镜头分块，以及修复完拼接所需要的运行时间，可按照不同的修复方案进行对比，如表 5.3 所示。

表 5.3　采用不同的方法进行修复实验的时间损耗（单位：s）

实验方法	实验对象				
	单图块	去冗余单图块	单图块拼接	去冗余拼接	跨镜头拼接
（a）	326	286	29460	26040	27756
（b）	338	293	30720	26670	28428
（c）	226	192	20640	17580	18732
（d）	189	177	17310	16230	17292

方法（a）为原始样本填充修复，方法（b）为改进优先值的样本填充修复，方法（c）为改进优先值与自适应模板修复，方法（d）为改进优先值、自适应模板与聚类采样修复。

通过多个修复方案在不同实验对象上执行耗时比较，跨镜头多样本修复，其拼接的耗时量都在可以接受的范围内。因为，文物数字修复对时间复杂度要求不是很高，比较注重修复的最终效果。数字修复可采用多种方案组合重复多次进行。鉴于高清数据量的执行压力，我们对样本采样范围与信息冗余度进行了限定，可以满足现有采集量的墓室壁画修复的需求。

5.6　结构张量约束优先值的修复模型

5.6.1　墓室壁画信息的结构张量表达

近年来随着结构张量在图像特征刻画（尤其是结构特征分析）中的表现

十分突出，它可以区分出图像中的平坦区域、边缘区域和 T 形点区域[253]。为解决结构线连接问题使其符合格式塔原理，近年国内外学者将结构张量应用到图像修复技术中。2011 年，刘奎等[254]提出将结构张量作为各向异性扩散方程的扩散系数，实现在不同区域有不同扩散方式的图像修复。墓室壁画中有着错综复杂的笔绘结构，且依据修复过程中的步骤，平坦区域和边缘区域的修复优先程度也是不同的，其中 T 形点是修复的重点和难点，如图 5.33 所示。

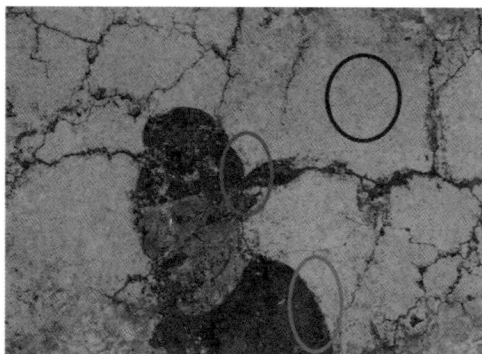

图 5.33　平坦区域、边缘区域、T 形点区域

图 5.33 中红圈内为平坦区域，绿圈内为边缘区域，蓝圈内为 T 形点区域。用结构张量的数学模型来表示墓室壁画信息为

$I:\Omega \to R^2$ 设墓室壁画图像下某像素的梯度为

$$\nabla \boldsymbol{I} = [I_x, I_y]^{\mathrm{T}} \tag{5.38}$$

其中，$\Omega = [1 \times M] \times [1 \times N]$；$I_x, I_y$ 分别为 x, y 方向的偏导数，$I_x = \partial_x I_\sigma$，$I_y = \partial_y I_\sigma$，其中 $I_\sigma = G_\sigma * I$；$*$ 为卷积算子，该卷积操作可以降低噪声对求导运算的影响，从而提高边缘检测的噪声健壮性。

定义初始张量为

$$
\begin{aligned}
\boldsymbol{G}(\nabla \boldsymbol{I}) &= \boldsymbol{\Upsilon}^0 \\
&= \nabla \boldsymbol{I} \bullet \nabla \boldsymbol{I}^{\mathrm{T}} \\
&= \begin{bmatrix} I_x^2 & I_x I_y \\ I_y I_x & I_y^2 \end{bmatrix} \\
&= \begin{bmatrix} u_{11} & u_{12} \\ u_{21} & u_{22} \end{bmatrix}
\end{aligned}
\tag{5.39}
$$

其中，$u_{12} = u_{21}$，$\bullet$ 为笛卡儿内积。由此可知，矩阵 $\boldsymbol{\Upsilon}^0$ 是 2×2 对称半正定矩阵。

通过计算对 $\boldsymbol{\Upsilon}^0$ 可做进一步分析。

$$\begin{bmatrix} I_x^{\,2} & I_x I_y \\ I_y I_x & I_y^{\,2} \end{bmatrix} \bullet \begin{bmatrix} I_x \\ I_y \end{bmatrix} = \begin{bmatrix} I_x \\ I_y \end{bmatrix} \bullet \begin{bmatrix} I_x & I_y \end{bmatrix} \bullet \begin{bmatrix} I_x \\ I_y \end{bmatrix} = \left\| \nabla \boldsymbol{I}_\sigma \right\|^2 \nabla \boldsymbol{I} \qquad (5.40)$$

$$\begin{bmatrix} I_x^{\,2} & I_x I_y \\ I_y I_x & I_y^{\,2} \end{bmatrix} \bullet \begin{bmatrix} -I_y \\ I_x \end{bmatrix} = \begin{bmatrix} I_x \\ I_y \end{bmatrix} \bullet \begin{bmatrix} I_x & I_y \end{bmatrix} \bullet \begin{bmatrix} -I_y \\ I_x \end{bmatrix}$$
$$= \begin{bmatrix} -I_x^{\,2} I_y + I_x^{\,2} I_y \\ -I_x I_y^{\,2} + I_y^{\,2} I_x \end{bmatrix} = \begin{bmatrix} 0 \\ 0 \end{bmatrix} = \boldsymbol{0} \qquad (5.41)$$

其中，$\begin{bmatrix} -I_y \\ I_x \end{bmatrix}$ 是与图像梯度 $\nabla \boldsymbol{I}$ 垂直的向量。

由上可见，墓室壁画中图像的边缘强度可以量化为 $\boldsymbol{\Upsilon}^0$ 较大的特征值，即图像边缘的强度，而其对应的特征向量则表明了边缘的法向，即梯度方向。

$$\det \boldsymbol{G} = \left| \boldsymbol{\Upsilon}^0 \right| = \begin{vmatrix} I_x^{\,2} & I_x I_y \\ I_y I_x & I_y^{\,2} \end{vmatrix} = I_x^{\,2} I_y^{\,2} - I_x^{\,2} I_y^{\,2} = 0 \qquad (5.42)$$

由 $\det \boldsymbol{G} = 0$ 可知，$\boldsymbol{\Upsilon}^0$ 只有一个非零特征值，故该张量只能描述像素点一维结构和方向，而无法描述像素点周围的多维信息。为体现局部结构信息，增强结构的估计健壮性，使 $\boldsymbol{\Upsilon}^0$ 减少噪声对其的污染，采用一定的滤波技术对矩阵场 $\boldsymbol{\Upsilon}^0$ 的各通道进行滤波平滑，即

$$\boldsymbol{\Upsilon} = F(\boldsymbol{\Upsilon}^0) \qquad (5.43)$$

其中，$F(\cdot)$ 表示滤波器，且对矩阵 $\boldsymbol{M} = m_{ij}$ 来说

$$F(\boldsymbol{M})_{ij} = F(m_{ij}) \qquad (5.44)$$

将经过滤波平滑后的张量 $\boldsymbol{\Upsilon}$ 定义为结构张量，且由上式可见，尽管 $\boldsymbol{\Upsilon}^0$ 中包含的信息只是梯度本身，但平滑后其不会产生梯度消去效应。采用不同的滤波器可以得到不同的结构张量 $\boldsymbol{\Upsilon}$。

线性结构张量是采用线性滤波得到的最经典的结构张量，即

$$\boldsymbol{\Upsilon} = G_\rho \otimes \boldsymbol{\Upsilon}^0 = G_\rho \otimes \begin{bmatrix} I_x^{\,2} & I_x I_y \\ I_x I_y & I_y^{\,2} \end{bmatrix} = \begin{bmatrix} G_\rho \otimes I_x^{\,2} & G_\rho \otimes I_x I_y \\ G_\rho \otimes I_x I_y & G_\rho \otimes I_y^{\,2} \end{bmatrix} \qquad (5.45)$$

其中，G_ρ 是方差为 ρ 的高斯函数，经证明可知 $\boldsymbol{\Upsilon}$ 为对称正定矩阵。由线性

代数可知，实对称矩阵的特征值为实数，其二次型最大化的向量是它最大特征值所对应的特征向量，二次型最小化的向量是它最小特征值对应的特征向量。$\varUpsilon$ 为 2×2 实对称矩阵，即有两个特征值和两个特征向量。也就是说，我们将寻找"梯度垂直和平行的单位向量 n "转化为寻找结构向量特征值对应的特征向量。

计算各像素点的梯度向量即可获得各点处的结构强度和方向信息，但仅仅利用单个像素点的梯度向量来获取方向信息，并不足以表示图像的局部特性。因此通过对结构张量 $\varUpsilon$ 的深入分析可以获得更加丰富的局部结构信息，并且能够度量像素点邻域内的结果特征的各向异性。

将经过滤波后的结构张量记为

$$\varUpsilon = \begin{bmatrix} \varUpsilon_{11} & \varUpsilon_{12} \\ \varUpsilon_{12} & \varUpsilon_{22} \end{bmatrix} \tag{5.46}$$

对 $\varUpsilon$ 进行主轴变换，可提取结构相关信息。

$$\varUpsilon = \boldsymbol{S}^{\mathrm{T}} \boldsymbol{\varLambda} \boldsymbol{S} = \sum_m \lambda_m \gamma_m \gamma_m^{\mathrm{T}} \tag{5.47}$$

其中，$\boldsymbol{\varLambda} = \mathrm{diag}(\lambda_m)$ 是对角矩阵，其对角元素为 $\varUpsilon$ 的特征值，设特征值 $\lambda_1 \geqslant \lambda_2$，组成矩阵 $\boldsymbol{S}$ 的各行向量为 $\varUpsilon$ 的特征向量 γ_1 和 γ_2，且 $\gamma_1 \perp \gamma_2$。

计算 $\varUpsilon$ 矩阵特征值如下。

$$\begin{aligned} |\lambda E - \varUpsilon| &= \left\| \begin{bmatrix} \lambda & \\ & \lambda \end{bmatrix} - \begin{bmatrix} \varUpsilon_{11} & \varUpsilon_{12} \\ \varUpsilon_{12} & \varUpsilon_{22} \end{bmatrix} \right\| = \begin{vmatrix} \lambda - \varUpsilon_{11} & -\varUpsilon_{12} \\ -\varUpsilon_{12} & \lambda - \varUpsilon_{22} \end{vmatrix} \\ &= (\lambda - \varUpsilon_{11})(\lambda - \varUpsilon_{22}) - \varUpsilon_{12}^2 \\ &= \lambda^2 - \lambda(\varUpsilon_{11} + \varUpsilon_{22}) + \varUpsilon_{11}\varUpsilon_{22} - \varUpsilon_{12}^2 \end{aligned} \tag{5.48}$$

其特征值为

$$\lambda_1 = \frac{1}{2}\left(\varUpsilon_{11} + \varUpsilon_{22} + \sqrt{(\varUpsilon_{11} - \varUpsilon_{22})^2 + 4\varUpsilon_{12}^2}\right) \tag{5.49}$$

$$\lambda_2 = \frac{1}{2}\left(\varUpsilon_{11} + \varUpsilon_{22} - \sqrt{(\varUpsilon_{11} - \varUpsilon_{22})^2 + 4\varUpsilon_{12}^2}\right) \tag{5.50}$$

法线方向特征值为 λ_1，其对应特征向量为 $\gamma_1 = \begin{bmatrix} \cos\theta \\ \sin\theta \end{bmatrix}$，切线方向特征值为 λ_2，对应特征向量为 $\gamma_2 = \begin{bmatrix} -\sin\theta \\ \cos\theta \end{bmatrix}$。

其中，$\cos\theta = 2\varUpsilon_{12}$，$\sin\theta = \varUpsilon_{22} - \varUpsilon_{11} - \sqrt{(\varUpsilon_{11} - \varUpsilon_{22})^2 + 4\varUpsilon_{12}^2}$，即 $\varUpsilon$ 矩阵的特征向量为

$$\gamma_1 \text{ or } \left[\frac{2\varUpsilon_{12}}{\varUpsilon_{22} - \varUpsilon_{11} - \sqrt{(\varUpsilon_{11} - \varUpsilon_{22})^2 + 4\varUpsilon_{12}^2}}\right] \tag{5.51}$$

在几何意义上，特征值可以用来表示椭圆主轴的长度，相应的特征向量可以用来描述主轴方向，如图 5.34 所示。基于此，目标图像的局部结构信息可以根据特征值分以下三种情况进行讨论。

（1）$\lambda_1 \approx \lambda_2 \approx 0$。这种情况表示在该像素点附近，切线方向和法线方向都没有灰度变化，可以判定为平坦区域。

（2）$\lambda_1 \geqslant \lambda_2 \approx 0$。这种情况表示在该像素点附近，法线方向的向量大小为 0，证明此方向没有变化；切线方向的向量较大，证明该方向有灰度变化，可判定为边缘区域。

（3）$\lambda_1 \approx \lambda_2 > 0$。这种情况表示在该像素点附近，切线方向与法线方向的向量大小均不为 0，证明两个方向均有灰度变化，可判定为 T 形点区域。

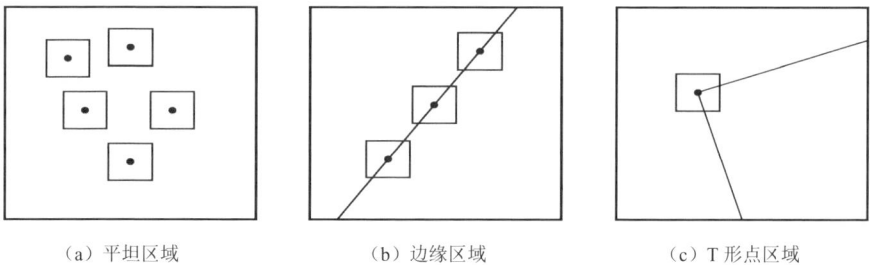

（a）平坦区域　　　　　　　（b）边缘区域　　　　　　　（c）T 形点区域

图 5.34　结构分析

结构张量 $\varUpsilon$ 的轨迹可以描述局部变化的强度，即表征结构强度 S_t，偏导数的分布如图 5.35 所示。

（a）　　　　　　　　　　（b）　　　　　　　　　　（c）

图 5.35　偏导数的分布

$$S_t = \text{trace}(\varUpsilon) = \lambda_1 + \lambda_2 \tag{5.52}$$

而图像数据的相干性 H ，即结构方向一致性可由两个特征值的差确定。

$$H = (\lambda_1 - \lambda_2)^2 \qquad (5.53)$$

定义结构张量的尺度向量 $q(x,y)$ ，令 $q(x,y) = [S_t \quad H]$ ，则 $q(x,y)$ 不仅包含像素点的梯度信息，还包含了像素点邻域内的结构信息，图像结构分析如图 5.36 所示。

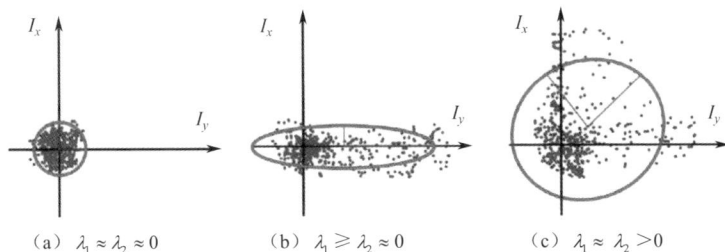

$$(a) \quad \lambda_1 \approx \lambda_2 \approx 0 \qquad (b) \quad \lambda_1 \geqslant \lambda_2 \approx 0 \qquad (c) \quad \lambda_1 \approx \lambda_2 > 0$$

图 5.36　图像结构的分析

（1）当像素点位于平坦区域时，结构强度 S_t 较小，相干性 H 较小。

（2）当像素点位于边缘线性区域时，则有较大的结构强度，较大的相干性。

（3）当像素点位于 T 形点或其他复杂区域时，则有较大的结构强度，较小的相干性。

5.6.2　结构张量对结构信息的约束分析

利用结构张量 $\varUpsilon$ 的特征值 λ_1 、 λ_2 ，对图像的结构信息进行定量计算。

（1）边强度，即方向一致性信息量。

$$E = (\lambda_1 - \lambda_2)^2 \qquad (5.54)$$

（2）角强度，即 T 形点信息量。

$$C = (\lambda_1 \cdot \lambda_2)/(\lambda_1 + \lambda_2) \qquad (5.55)$$

修复时结构信息从有结构区域向结构缺损区域收敛，为每次收敛时都可以优先修复结构信息较多的区域，将图像的结构测度信息纳入优先值的计算之中，以结构张量边强度与角强度计算数据项，从而提高修复的精度，即

$$D(p) = |E \cdot C| / \xi \qquad (5.56)$$

其中， ξ 为归一化系数。

此时，优先值计算公式为

$$P(p) = C(p) \times D(p) \qquad (5.57)$$

不难看出，改进优先值后修复结果得到了改善，但墓室壁画的线性边缘仍存在严重断裂及结构信息错误，这是由于经典线性结构张量采用高斯核函数作为核函数对图像进行平滑，高斯滤波对于图像边缘、T 形点等复杂结构信息的滤波效果较差导致的。但是高斯核函数各向同性的滤波作用，可使其对平坦区域的滤波效果较为理想。使用高斯核函数的优点是较为简单且健壮，缺点是易模糊图像结构。

5.6.3　优化结构张量的修复模型

为解决采用高斯核函数滤波的结构张量对边缘信息滤波效果较差，不适应墓室壁画线性边缘结构的修复问题，提出采用一种各向异性的滤波函数代替高斯核函数滤波的方案，从而使得结构张量根据不同方向上的变化强度，对图像进行滤波，并达到优先修复墓室壁画图像结构信息的目的。

该滤波函数如下所示。

$$h_{\sigma,r,\theta}(x,y) = \frac{\lambda_1 + \lambda_2}{2\pi\sigma^2} \exp\left(-\frac{x^2 + r^2 y^2}{2\sigma^2/(\lambda_1 + \lambda_2)}\right) \qquad (5.58)$$

$$u = x\cos\theta + y\sin\theta \qquad (5.59)$$

$$v = -x\sin\theta + y\cos\theta \qquad (5.60)$$

其中，$r = \dfrac{\lambda_1}{\lambda_2}$ 为空间频率，它的大小决定了滤波函数的形状。

（1）若 λ_1、λ_2 相近，则位于平坦区域，滤波函数为圆形，在各方向上采用相同的滤波强度。

（2）若 λ_1、λ_2 相差较大，则位于边缘或 T 形点区域，滤波函数为椭圆形，椭圆的长轴与较小特征值的方向一致。

σ 为高斯核函数的方差，$\sigma/(\lambda_1 + \lambda_2)$ 的大小决定滤波函数的作用范围。

（1）若 $\sigma/(\lambda_1 + \lambda_2)$ 较大，则表示为特征值之和较大，此时位于平坦区域，采用较大的滤波范围。

（2）若 $\sigma/(\lambda_1 + \lambda_2)$ 较小，则表示为边缘和 T 形点区域，采用较小的滤波范围。

参数 θ 表示 (x, y) 处的边缘方向，与较小特征值所对应的特征向量同方向。

基于各向异性滤波函数的结构张量 $\varUpsilon$ 为

$$\varUpsilon = h_{\sigma,\gamma,\theta} * G(\nabla I) = \begin{bmatrix} h_{\sigma,\gamma,\theta} * u_{11} & h_{\sigma,\gamma,\theta} * u_{12} \\ h_{\sigma,\gamma,\theta} * u_{12} & h_{\sigma,\gamma,\theta} * u_{22} \end{bmatrix} \tag{5.61}$$

$$\varUpsilon_{ij}(x,y) = \sum_{x',y'} h_{\sigma,\gamma,\theta}(x - x', y - y') \times u_{ij}(x', y')$$

采用改进结构张量的边强度与角强度对 Criminisi 的数据项进行更改，即

（1）边强度。

$$E = (\lambda_1 - \lambda_2)^2 \tag{5.62}$$

（2）角强度。

$$C = (\lambda_1 \cdot \lambda_2)/(\lambda_1 + \lambda_2) \tag{5.63}$$

（3）数据项。

$$D(p) = |E \cdot C| / \xi \tag{5.64}$$

此时，优先值计算公式为

$$P(p) = C(p) \times D(p) \tag{5.65}$$

在对图像进行修复时，首先应用各向异性滤波函数将图像转化到结构张量空间，然后采用式（5.62）、式（5.63）求得每个像素点对应的边强度和角强度，并计算对应的数据项，以此来约束优先值的计算，达到优先修复线性结构边缘的目的。

5.6.4　实验效果分析

在 Windows 平台下，利用 Microsoft Visual C++ 6.0 中的开源计算机视觉库（Open Source Computer Vision Library，OpenCV 1.0）进行仿真实验。

实验过程如下。

（1）读入待修复墓室壁画图像，通过对标记过病害的画面图像进行二值化，并检索待填充边缘。

（2）计算改进滤波核的结构张量，获得边强度与角强度。

（3）采用结构张量初始化置信度与数据项值计算出优先值，并选择优先值最高的像素块为待修复块。

（4）沿检测出来的线性结构区域进行有效画面信息的扩散，并不断更新待填充区域的边缘置信度与数据项。

（5）不断循环以上步骤，直至待画面图像信息中的空洞区域面积为0。

墓室壁画图像修复结果如图5.37所示。

（a）墓室壁画局部　　　　　　　　　　　　　（b）病害标记

（c）经典Criminisi算法修复结果　　（d）文献[250]算法修复结果　　（e）本书算法修复结果

图5.37　墓室壁画图像修复结果

采用不同修复算法对墓室壁画图像的修复结果也不同，图5.37（a）与图5.37（b）分别为墓室壁画局部与待修复的病害标记，图5.37（c）是经典Criminisi算法修复结果，图5.37（d）是文献[250]算法修复结果，图5.37（e）是本书算法修复结果。可以观察到使用经典Criminisi算法进行修复的，其结构断裂严重，文献[250]算法使用经典结构张量对结构信息的修复有了些许改善，而使用本书算法修复的画面结果，其结构线连接连贯完整。

采用本书算法修复墓室壁画过程如图5.38所示。

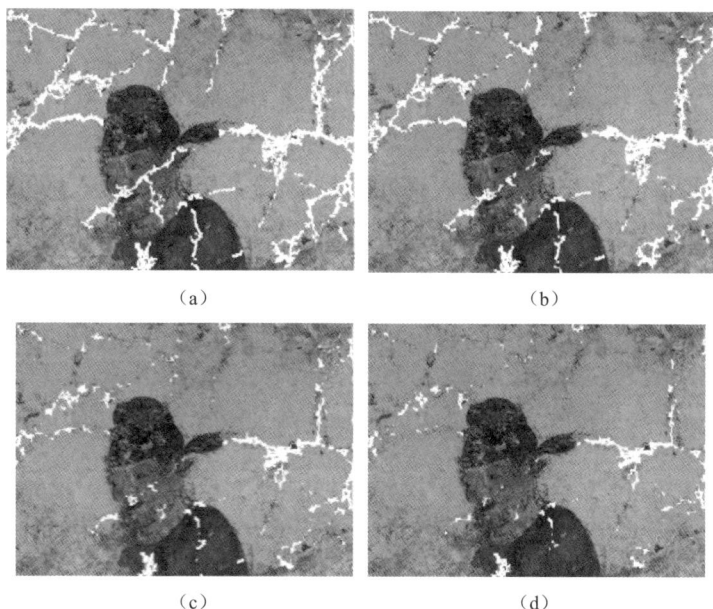

（a）　　　　　　　　　　　　　　（b）

（c）　　　　　　　　　　　　　　（d）

图 5.38　墓室壁画图像采用本书算法修复过程

通过观察本书算法修复过程可以发现，该算法在修复时可以优先扩散现象边缘结构，对结构信息有较好的修复效果。另外，本书算法的客观评价 SSIM 参数显著提高也与以上结论相符。但墓室壁画图像的画面信息复杂，改进结构张量不仅对线性结构敏感，对 T 形点结构也较敏感，因此在画面的纹理区域出现了错误的结构延伸，故表 5.4 中的 PSNR 较低，MSE 较高，表示纹理信息修复效果较差。

表 5.4　墓室壁画图像修复结果客观评价

评价方法	经典 Criminisi 算法	文献[250]算法	本书算法
PSNR/dB	26.5053	29.2726	25.0434
MSE	97.8825	76.8815	103.5829
SSIM	0.5513	0.5861	0.7081
Time/s	79.037	95.644	140.9625

本书算法对结构张量的滤波函数进行了改进研究，因此其修复速度较慢，耗时较长，但总体来说，将结构张量应用于墓室壁画修复仍具有很多优势。从

数学模型上分析，结构张量采用矩阵场表示，对其各通道进行滤波时允许结合通道内的局部邻域信息，因而可以避免梯度消去效应，且其结合了图像的局部方向信息，可以提取图像的局部结构测度（边强度、角强度），获取更多额外的结构信息。结构张量还可以进行方向估计与方向信息的传播，通过矩阵特征值可以准确估计图像中的边缘方向和该方向上的变化强度。最令人满意的是，它可以将方向信息从结构区域向无结构区域进行扩散填充。因此采用该方法对边缘结构信息具有较好的修复效果。结构张量通过矩阵的不同特征值来区分结构的信息，当两个特征值较为接近且约等于 0 时，表示图像处于平坦区域；当两个特征值较为接近且大于 0 时，表示图像处于 T 形点区域；当两个特征值相互差别较大时，则处于边缘区域。但结构张量是通过对初始张量内积进行平滑滤波得到的，经典结构张量采用高斯函数滤波，高斯滤波函数可以获得更强的噪声健壮性，但容易模糊图像结构，修复易出现结构错位的现象。因此在实验中采用各向异性滤波函数代替高斯滤波函数对结构张量进行改进，并以改进结构张量约束图像修复中优先值的计算，实验结果表明，采用该方法修复后结构相似性较高，取得了较好的结构光滑性与连续性。经典结构张量即线性结构张量在高斯平滑中易产生边界错位，导致边界区域附近修复效果并不理想，因此在实验中，采用非线性结构张量代替经典结构张量对图像修复算法的优先值进行约束，即采用非线性滤波代替高斯滤波，从而获取更丰富的局部结构信息，使修复算法优先修复线性边缘结构。

5.7　马尔可夫随机场优化匹配的修复模型

5.7.1　墓室壁画信息的马尔可夫随机场

马尔可夫随机场（MRF）是一组关于马尔可夫性质随机变量的全概率分布模型。20 世纪 70 年代，MRF 被用于图像处理领域描述图像本身所特有的空间相关性，并在图像纹理分析、图像边缘检测、图像分割，以及图像恢复与重建等方面发挥了它的优越性。利用 MRF 在图像纹理方面的特性，将其作为改进信息填充类墓室壁画修复样本的新匹配准则，可使修复效果有较大提高。

马尔可夫随机场指一个随机过程在给定现在及过去所有状态的情况下，其未来状态的条件概率分布仅依赖于当前状态的值，与过去所有状态无关[255]。

$$P\{X(t_{n+1}) = X_{n+1} \mid X(t_n) = X_n, X(t_{n-1}) = X_{n-1}, \cdots, X(t_1) = X_1\}$$
$$= P\{X(t_{n+1}) = X_{n+1} \mid X(t_n) = X_n\}, \ t_1 < t_2 < \cdots < t_{n-1} < t_n < t_{n+1} \tag{5.66}$$

对于图像中一个特定的点，其取值只依赖于该点邻域像素点的取值，而与其他位置的像素无关，故图像可用马尔可夫随机场进行描述。

1. 邻域系统

图像中像素点与像素点之间的位置关系可用邻域系统进行描述。由像素 $X(i, j)$ 周围的全体集合组成像素 X 的邻域，记为 η_{ij}，它是图像 I 的一个子集。定义图像 I 上的邻域系统如下：设 η 是 I 上的一组子集 η_{ij} 的集合，定义 $\eta = \{\eta_{ij}, (i, j) \in I, \eta_{ij} \subseteq I\}$，其中 η 是 I 的邻域系统当且仅当 (i, j) 的邻域 η_{ij} 有以下性质[256]：

① 若 $(i, j) \notin \eta_{ij}$，则任何点都不属于它自己的任何邻域；

② 若 $(k, l) \in \eta_{ij}$，则 $(i, j) \in \eta_{kl}$，对于 $(i, j) \in I$，即若点 (k, l) 处于点 (i, j) 的邻域系统中，则点 (i, j) 也处于点 (k, l) 的邻域系统中，邻域关系对称存在。

根据集合中各像素位置与 $X(i, j)$ 的距离，可以将邻域系统表达为不同的等级形式。用 η^k 表示 k 阶邻域系统，即 $\eta^k = \{\eta_i^k, \forall i \in I\}$。

像素点 (i, j) 的一阶邻域为 $\eta^1 = \{\eta_{ij}^1\}$，由最靠近像素点 (i, j) 的 4 个像素点组成，即 $\eta_{ij}^1 = \{(i-1, j), (i+1, j), (i, j-1), (i, j+1)\}$。类似的，二阶邻域 $\eta^2 = \{\eta_{ij}^2\}$，由像素点 (i, j) 的 8 个近邻像素点组成，即

$$\eta_{ij}^2 = \{(i-1, j-1), (i-1, j), (i-1, j+1), (i, j-1), (i, j+1), (i+1, j-1), (i+1, j), (i+1, j+1)\}$$

$$\tag{5.67}$$

同理可得其三阶邻域 η^3、四阶邻域 η^4 及高阶邻域。

图 5.39 为像素的邻域系统。

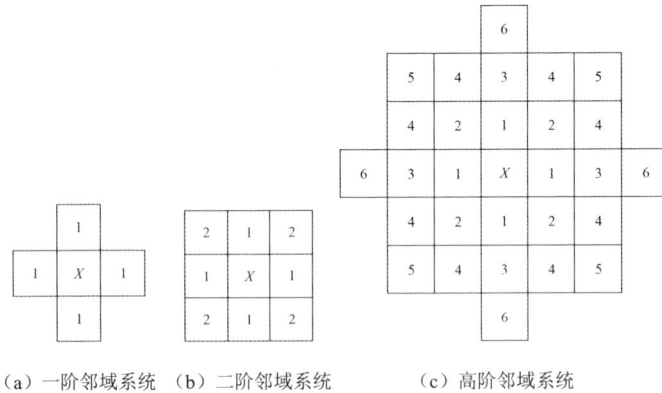

（a）一阶邻域系统　（b）二阶邻域系统　　　（c）高阶邻域系统

图 5.39　像素 X 的邻域系统

2. 子团

为描述像素点与像素点在邻域系统中相互作用的各种可能性，引入了子团的概念。子团是单个像素点或两两相邻的像素点组成的集合，记为 C，它是 I 的子集，可满足以下条件。

（1）C 可以是单个像素点。

（2）如果 $(i,j) \in C$，$(k,l) \in C$，且 $(i,j) \neq (k,l)$，则 (i,j) 与 (k,l) 为近邻。

单点子团：$C_1 = \{i \mid \forall i \in I\}$。

双点子团：$C_2 = \{(i,j) \mid \forall i \in I, j \in \partial_i\}$。

三点子团：$C_3 = \{(i,j,k) \mid \forall i,j,k \in I$，且互为相邻关系$\}$。

以此类推，子团集合 C 表示为 $C=\{C_1 \bigcup C_2 \bigcup C_3 \cdots\}$。

像素点 X 的一阶邻域系统 η^1 及其子团集合如图 5.40 所示。

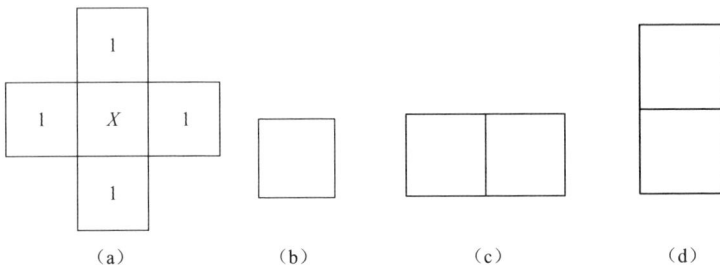

（a）　　　　　　（b）　　　　　　（c）　　　　　　（d）

图 5.40　像素点 X 的一阶邻域系统 η^1 及其子团集合

图 5.40（a）～（d）为像素点 X 的一阶邻域系统 η^1 及其单点子团与双点子

团的结构。

图 5.41（a）～（k）为像素点 X 的二阶邻域系统 η^2 及其子团集合。

记 $V_c(X)$ 为子团 C 上的势函数，若像素点 Y 为像素点 X 邻域内的点，且 $X, Y \in C$，则势函数 $V_c(X, Y)$ 定义如下。

$$V_c(X, Y) = \begin{cases} -\beta, & X = Y \\ \beta, & X \neq Y \end{cases} \tag{5.68}$$

其中，β 为耦合系数，控制着子团内两点相互作用的强弱，一般取值为 $[0.1, 2.4]$，β 越小，表明子团内两点间相互影响越小。MRF 对图像像素点之间的相互影响即表现在对子团势函数的定义中。

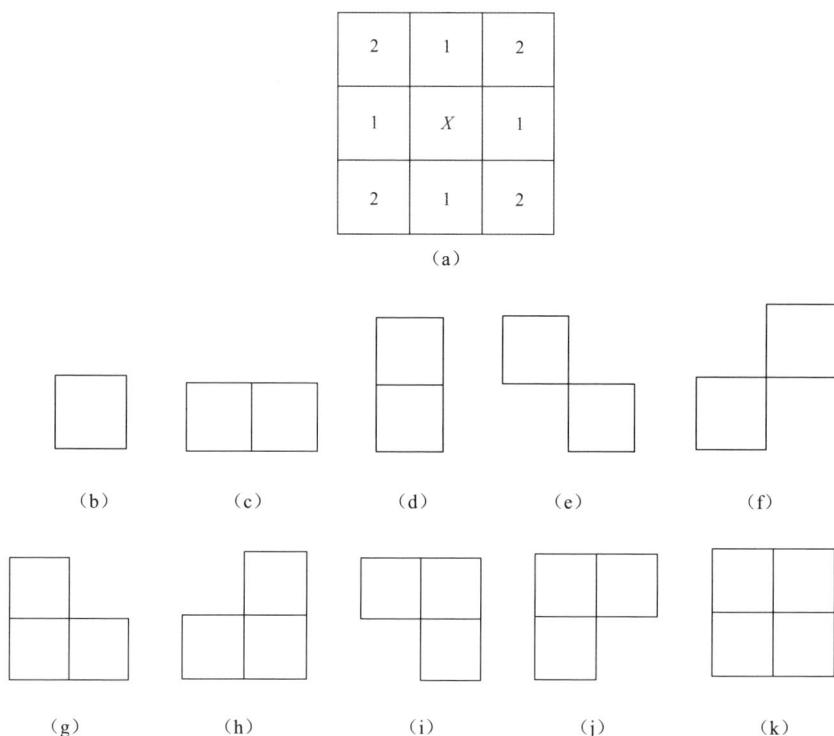

图 5.41　像素点 X 的二阶邻域系统及其子团集合

3. 随机场

将 X 定义为集合 I 上关于邻域系统 η 随机变量的像素的集合，记为 $X = \{X_i | i \in I\}$，若 X 可成为邻域系统 η 的马尔可夫随机场，则需满足以下两个条件：

（1）$P(X = x) > 0, \forall x \subset I$ （5.69）

（2）$P(X_i = x_i | X_k = x_k, i \neq k, \forall k \in \eta_i) = P(X_i = x_i | X_k = x_k, \forall k \in \eta_i)$ （5.70）

其中，联合事件 $(X_1 = x_1, \cdots, X_m = x_m)$ 记为 $X = x$，$P(X = x)$ 为该事件发生的概率。条件（1）表明马尔可夫随机场的联合概率由其局部条件概率唯一确定，条件（2）为马尔可夫随机场的局部特性，即当前像素点的值由其邻域系统的像素点决定，而与邻域系统外其他像素值无关。

一幅墓室壁画由一些区域组成，每一个区域都能满足马尔可夫随机场对"平稳的自回归过程"的描述，"平稳的自回归过程"即统计特性不随时间的推移而改变，在图像中指对于小区域图像如 3×3（像素）或 5×5（像素）来说，每一块的灰度值都是均匀的。则可以利用待修复像素块的一阶邻域、二阶邻域或高阶邻域信息，即可估计待修复像素块的近似值[257]。由于 MRF 对于高阶邻域的计算复杂度高，这里选取其一阶邻域对待修复像素块进行估值。

5.7.2 马尔可夫随机场修复模型

对待修复像素块进行估值，即是对其邻域的最大后验概率进行估计，待修复块与其邻域系统满足 Bayes 条件概率为

$$P(X = x | Y = y) = \frac{P(Y = y | X = x)P(X = x)}{P(Y = y)}$$ （5.71）

式中 X 为待修复像素块，Y 为已知的图像及 X 的邻域系统，$P(X = x | Y = y)$ 为已知 Y 时关于 X 的后验概率，$P(X = x)$ 为先验概率。通过适当选择 Y，使 $P(X = x | Y = y)$ 达到最大值，此时对应的 X 即为缺损部分的最佳估计值 $\hat{x}$，即

$$\hat{x} = \arg\max_x (\ln P(Y = y | X = x) + \ln P(X = x))$$ （5.72）

利用马尔可夫随机场模型对整幅数字图像进行数学建模工作，即

$$P(Y = y | X = x) = \left(\frac{1}{2\pi\delta^2}\right)^{N_1 N_2 / 2} \exp\left\{-\frac{1}{2\delta^2} \sum_{m=1}^{M}(y_s - q_m)^2\right\}$$ （5.73）

其中，δ^2 为图像灰度方差，M 表示图像由 M 个区域组成，q_m 为每个区域的灰度均值，N_1、N_2 表示图像长和宽的值，y_s 表示邻域系统的 s 个邻域范围。

计算图像先验概率为

$$P(X = x) = \frac{1}{Z} \exp\left[\frac{-U(X)}{T}\right] \tag{5.74}$$

式中 T 是一个温度常数，最初用于模拟退火算法中，算法开始赋予 T 一个较大的值，随着算法迭代次数的增加，T 逐渐减小。在 MRF 随机场模型中一般取值为 1，$Z = \sum\limits_{x} \exp\left[\frac{-U(X)}{T}\right]$ 是一个归一化常数，$U(X)$ 称为 Gibbs 能量函数，是子团 C 上的势函数 $V_c(x)$ 的总和：$U(X) = \sum\limits_{c \subset C} V_c(x)$。

图像的全局能量函数为

$$U(X) = \sum_{p \in v} V_p(x_p) + \sum_{(p,q) \in \varepsilon} V_{pq}(x_p, x_q) \tag{5.75}$$

式中 $V_p(x_p)$ 表示给一个像素点分配一个标号的似然能量，$V_{pq}(x_p, x_q)$ 表示两个相邻像素点分配两个标号的先验模型能量，(p, q) 表示邻域像素对，ε 表示系统中的 4 个邻域像素对集合。

基于 MRF 模型的邻域最大后验概率估值实际相应于最小化全局能量 $U(X)$，即

$$\hat{x} \propto \arg\min_{x} \left(\sum_{p \in v} V_p(x_p) + \sum_{(p,q) \in \varepsilon} V_{pq}(x_p, x_q) \right) \tag{5.76}$$

5.7.3　估计值与匹配块相似性的度量过程

因 MRF 模型估值得出 3×3（像素）的 9 个像素点的灰度值是相同的，若直接填充会产生严重的块效应现象，所以在估值完成后，在全局搜索 3×3（像素）的最佳匹配块。搜索时以平均灰度值作为衡量标准，计算匹配块的平均灰度值，其值与估值差异越小，则表示它们越匹配，取差异值最小的匹配块作为最佳匹配块，并将最佳匹配块复制到待修复块对应的位置上，匹配步骤如下。

（1）读入待修复的墓室壁画图像。

（2）二值化图像以寻找待填充边缘。

（3）初始化置信度与数据项值，计算优先值，选择优先值最高的像素块为待修复块。

（4）利用 MRF 模型对待修复块估值 $\hat{x}$。

（5）计算全局能量函数。

（6）利用最小化全局能量对待修复像素块进行估值。

（7）全局搜索平均灰度值 $\bar{x}$ 与估值 $\hat{x}$ 差异最小的匹配块。

（8）将最佳匹配块复制到待修复像素块，并更新填充边缘置信度与数据项。

（9）判断是否收敛，并不断循环以上步骤，直至待修复像素块全部收敛修复。

（10）输出修复完成的壁画图像。

匹配过程如图 5.42 所示。

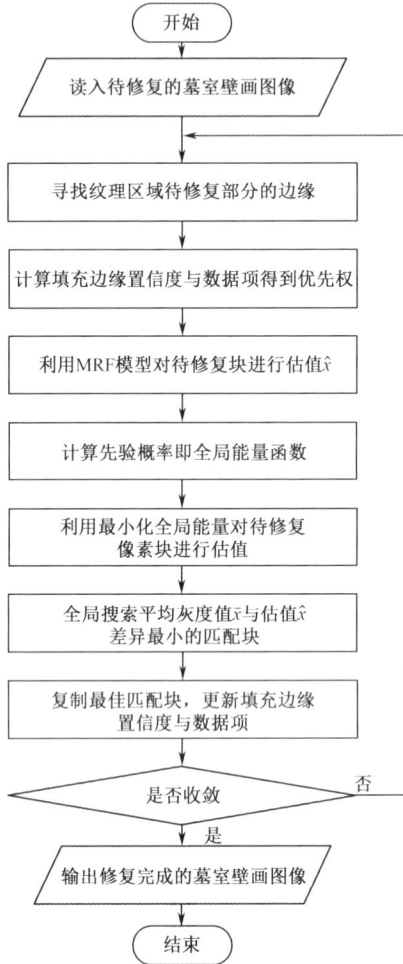

图 5.42　匹配过程

通过利用 MRF 模型进行全局纹理样本搜索，可以最小化能量寻找近似样本，提高修复效果。

5.7.4　实验效果分析

下面我们设计了简单纹理与复杂纹理共两组实验，来验证该算法的性能，选取蹦极、墓室壁画等图像进行对比试验。

（1）选取蹦极图像，进行试验，如图 5.43 所示。

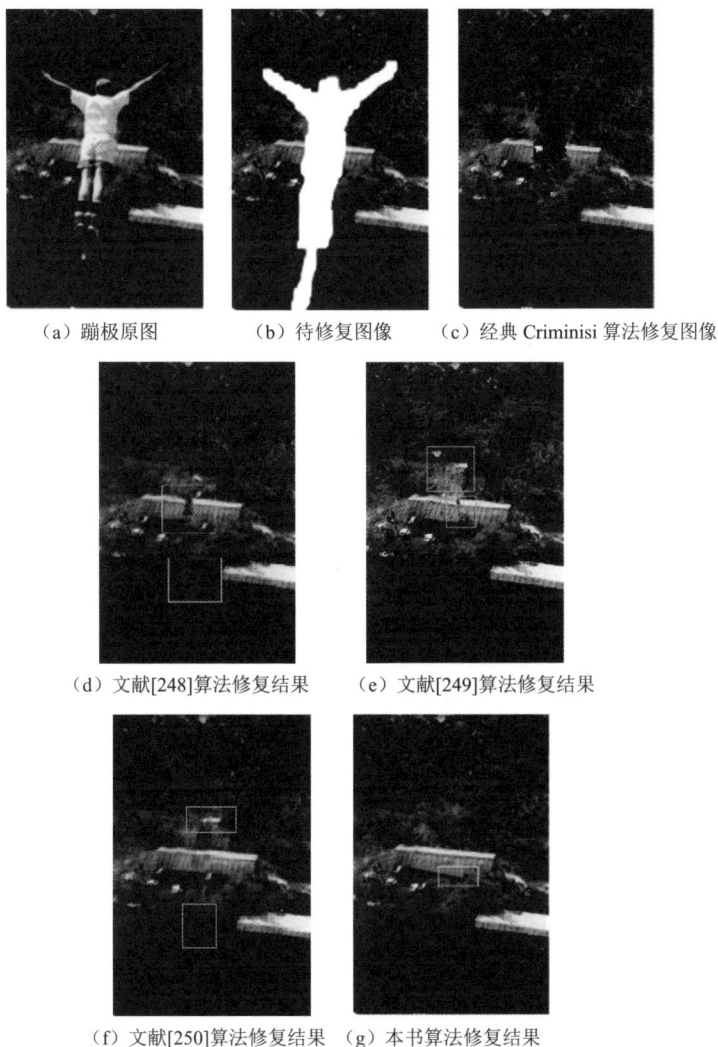

（a）蹦极原图　　　（b）待修复图像　　（c）经典 Criminisi 算法修复图像

（d）文献[248]算法修复结果　　（e）文献[249]算法修复结果

（f）文献[250]算法修复结果　（g）本书算法修复结果

图 5.43　蹦极图像修复结果

对于蹦极图像修复结果的客观评价，如表 5.5 所示。

表 5.5　蹦极图像修复结果的客观评价

评价方法	经典 Criminisi 算法	文献[248]算法	文献[249]算法	文献[250]算法	本书算法
PSNR/dB	26.5053	28.7028	29.9499	30.4367	30.5836
MSE	97.8825	87.6596	65.7791	58.8041	56.8482
SSIM	0.5513	0.5725	0.5788	0.6788	0.6895
时间/s	79.037	32.159	8.041	38.732	72.695

如图 5.43（a）与图 5.43（b）分别为蹦极原图与标记后的待修复图像。图 5.43（c）是经典 Criminisi 算法修复图像，其结构断裂，误匹配严重。图 5.43（d）为文献[248]算法修复结果，较经典 Criminisi 算法效果有较大改善。图 5.43（e）为文献[249]算法修复结果，其结果断裂，存在误匹配。图 5.43（f）为文献[250]算法修复结果，其结构基本修复，但仍然存在匹配错误。图 5.43（g）为本书算法修复结果，在纹理匹配方面较之前有了明显改善，但其结构线仍存在部分错位的现象。

（2）选取墓室壁画进行试验，如图 5.44 所示。

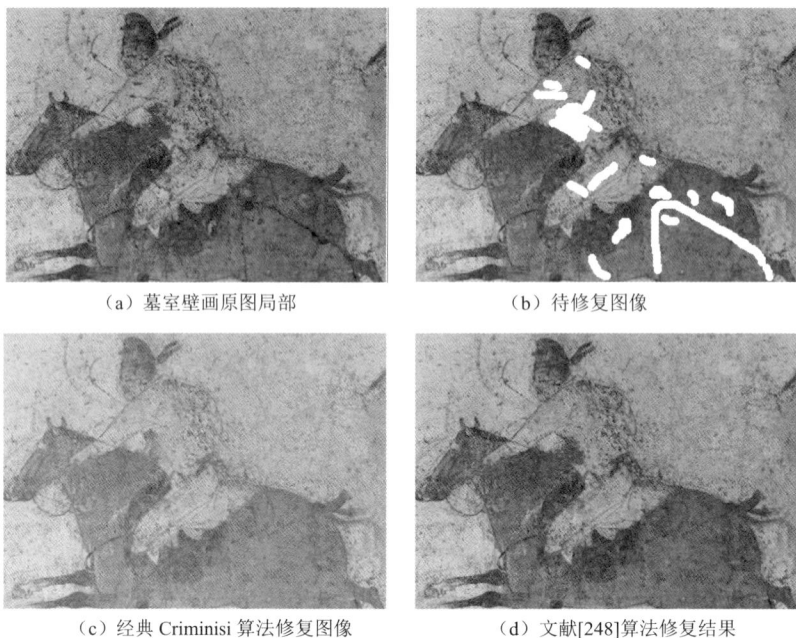

（a）墓室壁画原图局部　　　　　　　　（b）待修复图像

（c）经典 Criminisi 算法修复图像　　　　（d）文献[248]算法修复结果

图 5.44　墓室壁画修复结果

（e）文献[249]算法修复结果　　　　　　　　　（f）文献[250]算法修复结果

（g）本书算法修复结果

图 5.44　墓室壁画修复结果（续）

对于墓室壁画修复的客观评价，如表 5.6 所示。

表 5.6　墓室壁画修复结果的客观评价

评价方法	经典 Criminisi 算法	文献[248]算法	文献[249]算法	文献[250]算法	本书算法
PSNR/dB	34.8978	35.9253	40.2009	40.8620	40.9966
MSE	6.6583	6.6253	5.5834	5.3474	5.1674
SSIM	0.8189	0.8315	0.8363	0.8403	0.8867
时间/s	176.392	88.796	22.373	93.058	156.872

从以上两组对比试验可知，本书算法较经典 Criminisi 算法在修复结果上有了很大的改善，较之文献[248]算法与文献[249]算法提出的改进算法，本书算法修复结果的精度更好，PSNR 值与 SSIM 值也有明显提高。对于文献[250]算法，其引入巴氏距离与原始 SSD 相乘，因为巴氏距离可以衡量离散概率分布的

相似性,它可以较好地将位于平滑区域的图像块和位于纹理区域的图像块分开,所以对于简单纹理,本书算法与其修复结果较为相近;对于复杂纹理,由于 MRF 模型利用了图像的先验知识，修复结果更符合图像的整体分布。不论从主观上看，还是用 PSNR、MSE 等客观分析，本书算法所采用的 MRF 模型匹配准则以马尔可夫随机场来描述纹理分布都优于巴氏距离。

由 SSIM 值发现本书算法修复结果在结构相似性分析上较文献[249]略低，当图像中结构信息较为复杂时，其修复会出现轻微错位与模糊现象。在图像修复中,图像结构边缘应优先得到修复,但本书算法是对匹配准则的进一步改进，并没有对修复顺序进行约束，且 MRF 自身对纹理相关性更为敏感，对结构信息复杂区域易出现误匹配，故本书算法无法自动识别和确定多个边缘的修复顺序，结构相似性略低于文献[249]。

本节提出了一种基于 MRF 模型匹配准则的 Criminisi 数字图像修复算法，该算法以马尔可夫随机场替代欧氏距离匹配准则，实验证明了这种方法与经典 Criminisi 算法的修复精度相比有很大提高，基本解决了图像误匹配现象。但该算法还存在着一些不足，如在提高修复精度的同时是以牺牲一定的速度为代价的，并且由于马尔可夫随机场本身只对纹理内部信息较为敏感，所以该算法仅对数字图像纹理部分修复效果较好，对于较为复杂的图像结构线仍存在断裂与错位问题。

5.8 形态学成分分解与重构的修复模型

5.8.1 墓室壁画信息的形态学成分分析

由于墓室壁画的图像信息并不是纯纹理或纯结构，前面章节也提到通过分解可以将墓室壁画分解成上层纹理图像和底层结构图像，采用不同的技术方案同时进行纹理合成和结构修复。设原始图像为 $I(x,y)$ ，该图像的结构部分为 $c(x,y)$ ，该图像的纹理部分为 $t(x,y)$ ，则原始图像 I 可以表示为

$$I(x,y) = c(x,y) + t(x,y) \tag{5.77}$$

文献[261]算法使用有界变分的最小化提取出图像结构部分 c，并使用振荡函数来提取图像纹理部分 t。在具体实现时，Bertalmio 方法需要进行希尔伯特空间范数的计算，该方法存在分解过程复杂、修复耗时长的问题。针对墓室壁画修复的实际运行困难，我们提出了一种基于形态学成分分析（MCA）的算法，可以进一步提高分解与重构修复的效率。

MCA 是最新提出的一种基于稀疏表示的信号和图像分解的算法[262]。Elad、Starck 等在对压缩感知中的冗余字典钻研的基础上，建立了基于 MCA 的分解算法，使用两个性质不同的冗余字典完成图像分解。它假设在合适的字典中，图像的每个成分均有一个对应的稀疏向量，而且这个字典对别的内容不具有稀疏性。然后，使用数值算法找到最稀疏的表示向量，并得到满意的分离结果。

假设输入图像 I，可以由结构部分 I_c 和纹理部分 I_t 来表示。

$$I = I_c + I_t = T_c \varphi_c + T_t \varphi_t \tag{5.78}$$

其中，$T_c \varphi_c$ 包含图像的结构部分，$T_t \varphi_t$ 包含图像的纹理部分。MCA 假设每部分的信号都可以由一组字典稀疏表示为

$$I_c = T_c \varphi_c \tag{5.79}$$

$$I_t = T_t \varphi_t \tag{5.80}$$

其中，T_c、T_t 分别是结构部分和纹理部分的字典，φ_c 是结构部分 I_c 在字典 T_c 中的稀疏系数，φ_t 是纹理部分 I_t 在字典 T_t 中的稀疏系数，φ_c^{opt}、φ_t^{opt} 是最终获得的结构稀疏代表和纹理稀疏代表。

使用 l_1 范数定义稀疏性，引入全变差方法，将这个稀疏分解转换成以下的优化问题。

$$\left\{ \varphi_c^{\text{opt}}, \varphi_t^{\text{opt}} \right\} = \arg \min_{\{\varphi_c, \varphi_t\}} \|\varphi_c\|_1 + \|\varphi_t\|_1 + \lambda \|I - T_c \varphi_c - T_t \varphi_t\|_2^2 + \gamma \text{TV}\{T_t \varphi_t\} \tag{5.81}$$

$$\text{TV}(I) = \sum_{x,y} \left| \text{gradient}\left(I(x,y) \right) \right| \tag{5.82}$$

在实现图像的稀疏分解时，纹理字典和结构字典的选择决定了图像分解的效果。通过阅读文献资料及大量实验，我们确定结构字典 T_c 应采用曲波（Curvelets）变换，纹理字典 T_t 应采用局部 DCT 变换。MCA 算法图像分解的流程，如图 5.45 所示。

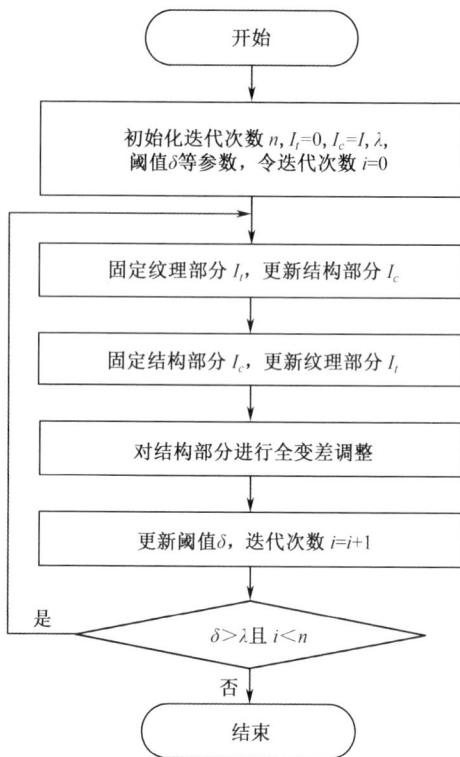

图 5.45　MCA 算法图像分解流程

5.8.2　MCA 算法分解模型的改进策略

传统的 MCA 算法使用线性的方式来减小阈值 δ，迭代的收敛条件得到满足才可终止，所需运行内存大，并且会影响算法的计算效率。另外，传统 MCA 算法的迭代次数 n 难于界定，迭代次数较小时获得的分离结果很大程度上达不到实际需求，而迭代次数过大时获得的实际输出的分离信号在满足要求后，多余的迭代分解仍在继续，导致了时间上的浪费。

针对以上问题对迭代终止条件进行修改，使用 ε_k 表示第 k 次分解迭代后的分离结果与原始图像信号的误差，ε_k 的表达式如式（5.83）和式（5.84）所示。

$$\varepsilon_k = \frac{\left\| I - T_c \varphi_c - T_t \varphi_t \right\|}{N} \tag{5.83}$$

$$\rho = \frac{\varepsilon_k - \varepsilon_{k-1}}{\varepsilon_k} \qquad (5.84)$$

改进的 MCA 算法图像分解流程，如图 5.46 所示。

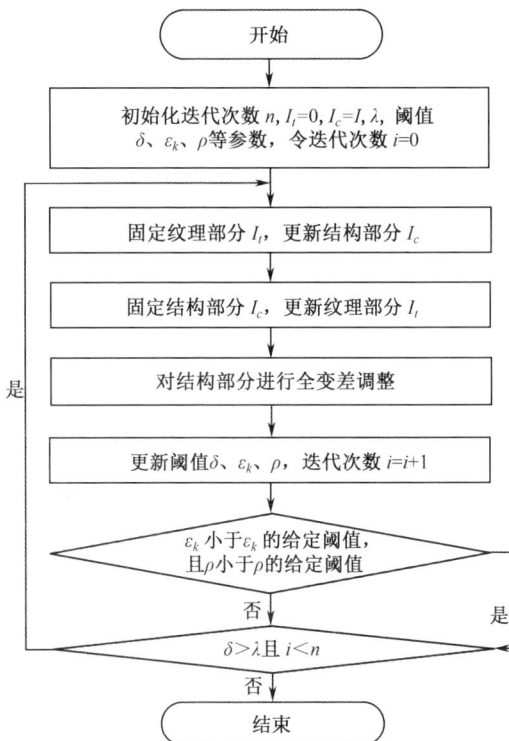

图 5.46　改进的 MCA 算法图像分解流程

其中，N 为原始图像包含的像素个数，若 ρ 与 ε_k 分别小于各自的给定阈值，则会快速跳出循环，完成迭代。

在相同的实验条件下，改进后的 MCA 算法能够节约时间，提高效率。当实际输出的分离信号与原始图像之间的误差缩小到一定范围时，该算法会立即结束迭代。

5.8.3　分解底层结构信息的修复模型

线性滤波器会改变或平滑图像的边缘，同时抑制噪声，而经典的 TV 算法可以弥补线性滤波的这个缺点。在图像修复的过程中可以采用 TV 算法使图像边缘信息得以保存，并且采用最小化图像的总变分来对破损图像进行修复。唐代墓室壁画的修复对实时性虽未有较高要求，但该时期墓室壁画数量较多，修复工作任务量大，在相同条件下缩短修复时间是提高修复效率的一条重要途径。由于这里的图像结构部分经图像分解之后，噪声和纹理信息已经去除，不需要再考虑噪声因素的影响，故可以对 TV 算法进行简化。简化后的 TV 算法能够减少修复时间，提高修复速度。

TV 算法对破损区域的修复原理，如图 5.47 所示，假设图像的受损部分为 D，∂D 为受损部分与信息完好部分的边界，E 为 D 周边的环状部分，修复后 $E \cup D$ 部分的图像为 u，TV 的图像修复就是在受损部分 D 周围找到一个代价函数 $R(u)$，而后通过最小化代价函数完成受损图像的修复。

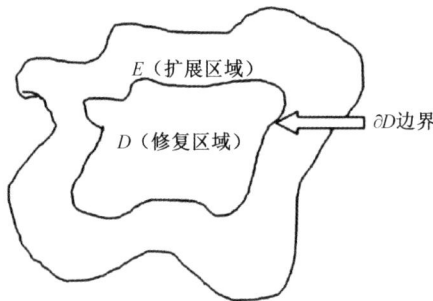

图 5.47　TV 算法对破损区域的修复原理

代价函数 $R(u)$ 的表达式为

$$R(u) = \int_E r(|\nabla u|)\mathrm{d}x\mathrm{d}y \tag{5.85}$$

其中，u 是图像中任意一个像素点的灰度值，∇u 为 u 的梯度，$r(|\nabla u|)$ 是取正值的一个函数，$R(u)$ 是区域 u 中每个像素点的梯度积分。当代价函数 $R(u)$ 越小时，图像就越光滑，修复效果也就越好。

在原代价函数 $R(u)$ 中加入拉格朗日算子将有条件极值转换成无条件极值进行计算，则新的代价函数如下。

$$R(u) = \int_{E \cup D} r(|\nabla u|)\,\mathrm{d}x\mathrm{d}y + \frac{\lambda}{2}\iint_E |u - u_0|^2 \mathrm{d}x\mathrm{d}y \tag{5.86}$$

其中，λ 为拉格朗日乘子。

依照欧拉-拉格朗日方程得知，使 $R(u)$ 达到最小的 u ，必须满足条件。

$$-\nabla \cdot \left(\frac{\nabla u}{|\nabla u|} \right) + \lambda_e \left(u - u_0 \right) = 0 \qquad （5.87）$$

其中，$\lambda_e = \begin{cases} \lambda, (x, y) \in E \\ 0, (x, y) \in D \end{cases}$ 。

最后得到包含噪声的修复方程。

$$\frac{\partial u}{\partial t} = \nabla \cdot \left(\frac{\nabla u}{|\nabla u|} \right) + \lambda_e \left(u - u_0 \right) \qquad （5.88）$$

在实际计算中，为防止分母过小，$\nabla \cdot \left(\nabla u / |\nabla u| \right)$ 通常需要转换为 $\nabla \cdot \left(\nabla u / \sqrt{|\nabla u|^2 + a^2} \right)$，则式（5.87）变为

$$-\nabla \cdot \left(\frac{\nabla u}{\sqrt{|\nabla u|^2 + a^2}} \right) + \lambda_e \left(u - u_0 \right) = 0 \qquad （5.89）$$

其中，λ_e 同式（5.87）。

不需要考虑噪声因素的影响，第二项为 0，则式（5.89）变为

$$\nabla \cdot \left(\frac{\nabla u}{\sqrt{|\nabla u|^2 + a^2}} \right) = 0 \qquad （5.90）$$

参数 a 的选取对结果的影响是，较小的取值可保持锐利的边缘，较大的取值可使扩散程度较高。如果待修复区域是面积较小时，选取较小的 a 可以得到较好的结果，相反，要修复区域面积较大时应选择较大的 a 值。

5.8.4　分解上层纹理信息的修复模型

K-SVD 算法是在 2005 年由 Aharon 等提出的，该算法是将稀疏表示理论应用到图像处理领域，把字典中原子列和稀疏表示系数两者的更新组合在一起，因此加快了收敛速度，而且获得的字典中的原子更接近待修复的图像。K-SVD 算法对图像的纹理部分更为"敏感"，能够很好地契合图像的纹理部分，得到一个较好的修复效果。

从文献[263]中可知，K-SVD 算法的原理是假设输入的待修复图像为提取输

入图像中不重叠图像块，即先将图像划分成若干个相等的图像块，其中每个图像块都按下述方式处理：即从上到下、从左至右将所有图像块都排成行，再将图像块中像素也按上述规律排成列向量。其中，每列表示一个图像块，即 $y_l = E_l Y$，E_l 为索引矩阵。基于稀疏表示的图像修复算法的目标函数见式（5.89）。

$$\underset{X,\{\varphi_l\}_l,D}{\arg\min} l\|MX - Y\|_2^2 + \sum_l \mu_l \|\varphi_l\|_0 + \sum_l \|D\varphi_l - E_l X\|_2^2 \tag{5.91}$$

其中，X 代表重构的图像，$l = 1, 2, \cdots, N$，λ 和 u_l 是权重系数，M 表示掩模矩阵，D 是过完备 DCT 基。根据 K-SVD 算法的步骤，进行稀疏编码和更新字典。

① 稀疏编码：求出的稀疏表示目标函数为

$$\hat{\varphi}_l = \underset{\varphi}{\arg\min} \|\varphi\|_0, \text{s.t.} \|M_l(D\varphi - y_l)\|_2^2 \leqslant c^2 n_l \sigma^2 \tag{5.92}$$

其中，M_l 表示图像块 y_l 对应的掩模矩阵 $M_l = E_l M^{\text{T}} M E_l^{\text{T}}$，$n_l = l^{\text{T}} M_l l$；$c$ 和 σ 是常数，使用正交匹配追踪算法可得到 y_l 的稀疏系数 $\hat{\varphi}_l$。

② 更新字典：已知系数 $\hat{\varphi}_l$，更新字典 D。针对 D 中原子 d_q（q 是字典中原子个数），找到利用原子的图像块索引 $\omega_q = \{l \mid \hat{\varphi}_l(q) \neq 0\}$，其中 $\hat{\varphi}_l(q)$ 是利用该原子图像块的稀疏表示系数，计算误差项 $\text{Error}(D) = \sum_{l=\omega_q} \|M_l(D\hat{\varphi}_l - y_l)\|_2^2$；对 $\text{Error}(D)$ 进行 SVD 迭代，更新该原子与其稀疏系数。按照上述过程更新字典中所有原子。

迭代地执行①与②，满足预设的迭代次数 k 后，得到一个新的字典及其稀疏系数，以此来更新图像块，输出修复结果。

$$\hat{Y} = \left(\lambda M^{\text{T}} M + \sum_l E_l^{\text{T}} E_l\right)^{-1}\left(\lambda M^{\text{T}} Y + \sum_l E_l^{\text{T}} D\hat{\varphi}_l\right) \tag{5.93}$$

以上算法中，K-SVD 字典训练是采用全部纹理图像块的有效信息进行的，能很好地估计图像中的丢失像素，达到图像修复的目的。

5.8.5　实验效果分析

实验仿真需要使用计算机的 CPU 为 i5-2400，RAM 为 4.00GB，系统类型为 32 位操作系统。该仿真实验选择的是 Windows 平台，利用 MATLAB R2009a 进行。

实验采用《马球图》对算法性能进行测试，主要是对裂缝病害进行修复。

图 5.48 中选取细小裂缝（标记 1）作为待修复图像 1，选取较宽裂缝（标记 2）作为待修复图像 2。选择经典的 Criminisi 纹理算法、TV 结构修复算法和文献 [251] 提出的经典图像修复算法与本书修复算法进行比较。采用结构相似性（SSIM）、峰值信噪比（PSNR）、均方误差（MSE）和修复耗时作为衡量图像修复效果的指标。SSIM 和 PSNR 的值越大，MSE 和修复耗时的值越小，表示修复的效果越好。

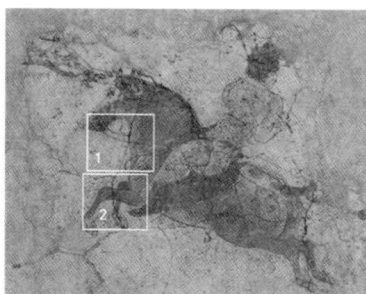

图 5.48 待修复原图

以待修复图像（标记 1）为例，进行修复实验。

（1）对图像进行 HSV 颜色空间的三通道分解，实验结果如图 5.49 所示。

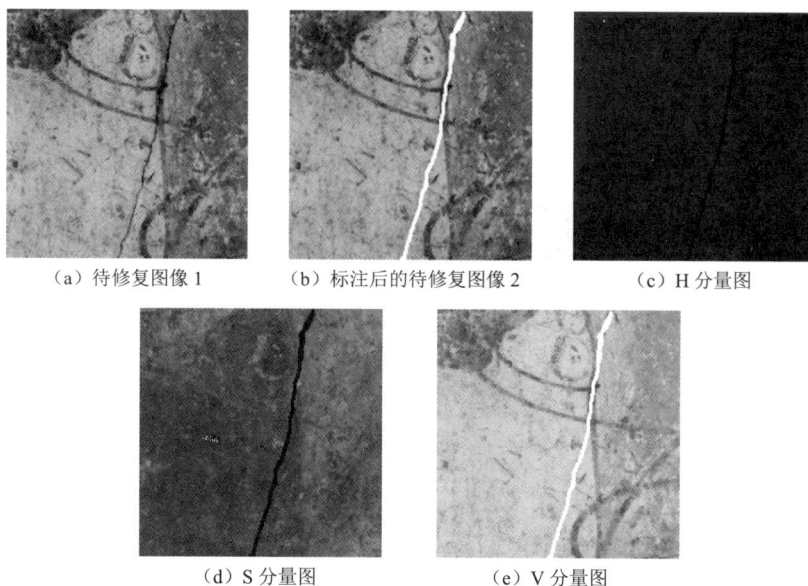

（a）待修复图像 1　　（b）标注后的待修复图像 2　　（c）H 分量图

（d）S 分量图　　（e）V 分量图

图 5.49 按照 HSV 颜色空间分解后的各分量图

（2）以待修复图的 V 分量结构图为例。对 V 分量图分别进行 MCA 算法和改进后的 MCA 算法分解实验。MCA 分解算法中，根据经验令最大迭代次数 $n\rho$ 与 ε_k 的结束迭代阈值分别为 40 和 0.01（ρ 与 ε_k 的取值为实验所得）。MCA 算法改进前后的修复图像，如图 5.50 和图 5.51 所示。MCA 算法改进前后 V 分量图实验结果的对比，如表 5.7 所示。

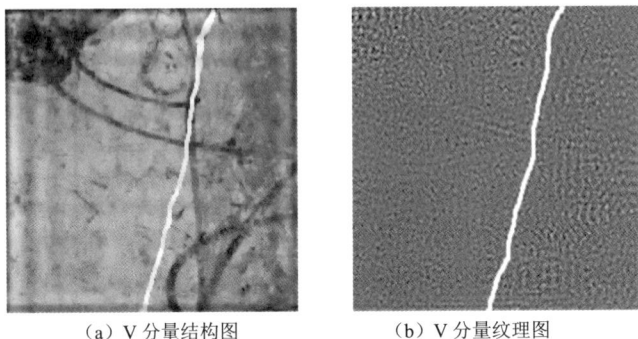

（a）V 分量结构图　　　　　　　（b）V 分量纹理图

图 5.50　V 分量图的 MCA 算法分解图

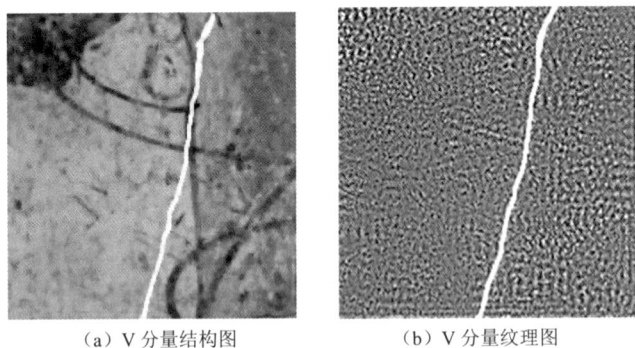

（a）V 分量结构图　　　　　　　（b）V 分量纹理图

图 5.51　V 分量图的改进 MCA 算法分解图

通过观察发现，图 5.51 的结构图和纹理图比图 5.50 能够更好地表达图像的相关信息。从表 5.7 的 PSNR 值和修复耗时对比可知，改进的 MCA 算法能够节约时间，提高修复效率，得到了更好的修复结果。综上所述，MCA 算法改进后有较好的分解效果。

表 5.7　V 分量图的实验结果

算　法		MCA 算法			改进后的 MCA 算法		
迭代次数/次		**60**	**80**	**100**	**16**	**17**	**18**
PSNR/dB	纹理部分	25.0797	26.1391	27.1972	32.2681	32.1522	32.2813
	结构部分	25.4207	25.8946	26.5731	31.7922	31.2658	31.8412
时间/s		50.5547	69.1042	83.5946	14.9221	13.6521	14.2612

（3）V 分量图结构和纹理的修复。

① 对于 V 分量图结构部分的修复。这里因实验区域较小，所以选择较小的 a 值。并从《马球图》中选取一小部分，即待修后复验，确定选择 $a=3$，迭代次数为 1000 次，当迭代次数达到迭代上限时停止，此时的迭代结果就是修复图像。TV 算法可简化前后的修复图像，如图 5.52 所示。TV 算法简化前后的 PSNR 值和修复时间对比如表 5.8 所示。

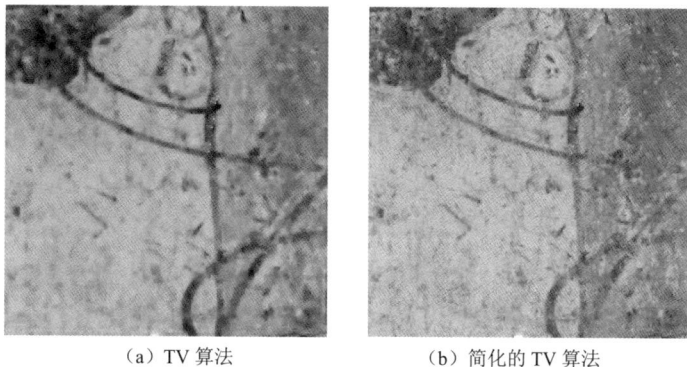

（a）TV 算法　　　　　　　　　（b）简化的 TV 算法

图 5.52　V 分量图结构部分的修复结果

表 5.8　TV 算法简化前后的对比

评价方法	未改进算法	改进后算法
PSNR/dB	26.1061	32.0158
时间/s	2.9221	1.8153

通过观察发现，图 5.52（b）的纹理比较自然，误匹配较少。通过表 5.8 可知，简化的 TV 算法不仅能够节约修复时间，提高修复效率，同时可知 PSNR 值亦有所提高。可见，简化的 TV 算法能够更好地修复 V 分量图的结构部分。

② 对于 V 分量图纹理部分的修复。这里选取 256×256（像素）的图像，以不重叠像素的方式提取 8×8（像素），将图像分为 64×1024（像素）的块，其中由 1 列来表示 1 个图像块，列数代表每块的索引位置。经多次实验确定选择 $c=1.15$，$\sigma=10$，基字典选择的是过完备 DCT 基（原子数是 256），迭代次数选择 $k=10$，能对图像有一个较好的修复效果。V 分量图的纹理部分修复实验结果如图 5.53 所示。

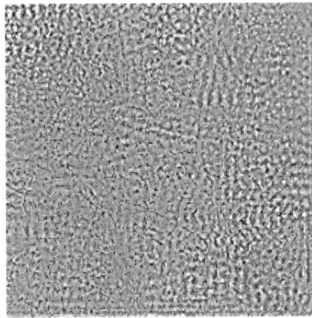

图 5.53 修复后的 V 分量图的纹理部分

（4）将图 5.52（b）和图 5.53 进行叠加得到 V 分量图的修复结果，如图 5.54（a）所示。同理可得 H 分量和 S 分量的修复图像，如图 5.54（b）和图 5.54（c）所示。将图 5.54（a）～（c）进行叠加可得到一幅 HSV 颜色空间图像，如图 5.54（d）所示，将其转换到 RGB 颜色空间可得到最后的修复结果，如图 5.54（e）所示。采用 Criminisi 算法修复的结果图、采用 TV 算法修复的结果图和采用文献[262]方法修复的结果图，如图 5.54（f）～（h）所示。待修复图像 1 的 SSIM 值、PSNR 值、MSE 值和修复运行时间，如表 5.9 所示。

（a）V 分量的修复结果　　　（b）H 分量的修复结果　　　（c）S 分量的修复结果

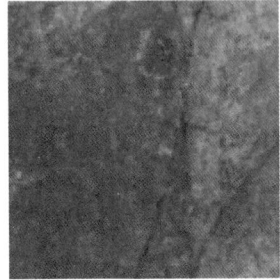

图 5.54 待修复图像 1 修复结果

（d）HSV 图像　　　　　（e）本书算法修复结果　　　　（f）经典 Criminisi 算法修复结果

（g）基于 TV 算法修复结果　　　　（h）文献[262]算法修复结果

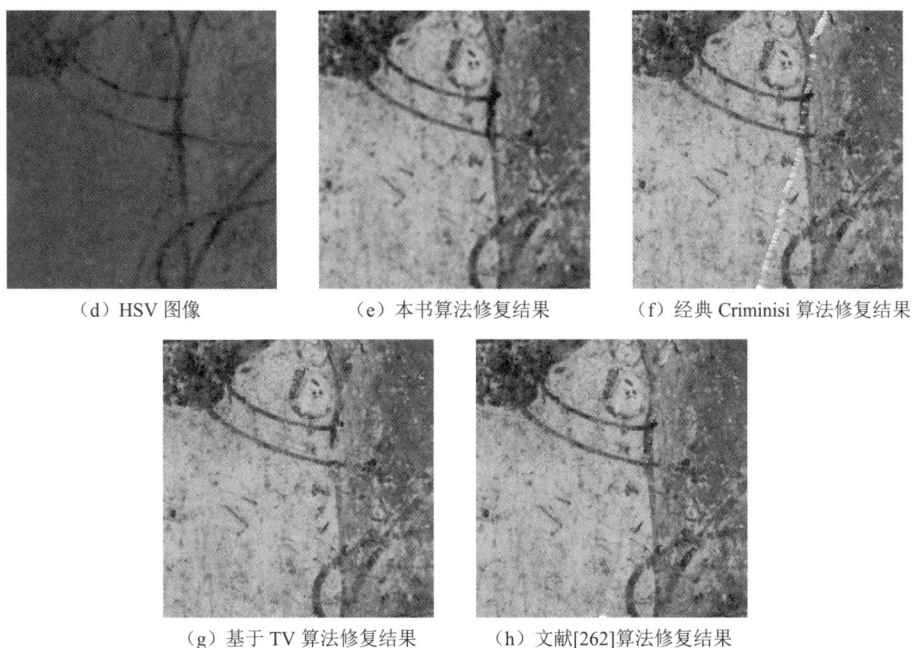

图 5.54　待修复图像 1 修复结果（续）

表 5.9　待修复图像 1 的客观评价指标

评价方法	经典 Criminisi 算法	TV 算法	文献[262]算法	本书算法
SSIM	0.6326	0.8105	0.7643	0.8921
PSNR/dB	29.5364	29.7814	29.9072	30.6141
MSE	72.3504	68.3815	66.4290	56.4508
时间/s	28.7311	37.5610	97.5211	39.0853

通过观察发现，图 5.54（e）中无明显修复痕迹，图 5.54（f）中破损区域可以察觉出修复痕迹，图 5.54（g）中破损区域马脖子部分的线条有断裂现象，图 5.54（h）中破损区域有细微的修复痕迹。通过以上 4 幅图像比较可知，本书算法能够很好地修复墓室壁画裂缝，修复结果更容易满足人们视觉的连续性要求。从表 5.9 的客观评价指标中可以看出，本书算法的修复结果较经典 Criminisi 算法、TV 算法、文献[262]算法的 MSE 值降低，并且 PSNR 和 SSIM 的值都有所提高。本书算法比文献[262]算法的耗时减少 59.92%，提高了修复效率。综合以上客观评价指标及视觉效果，可知使用本书算法进行修复的效果较好。

（5）同理，对待修复图像 2 按步骤（1）～（4）进行修复，实验结果如图 5.55 所示。其 SSIM 值、PSNR 值、MSE 值和修复运行时间如表 5.10 所示。

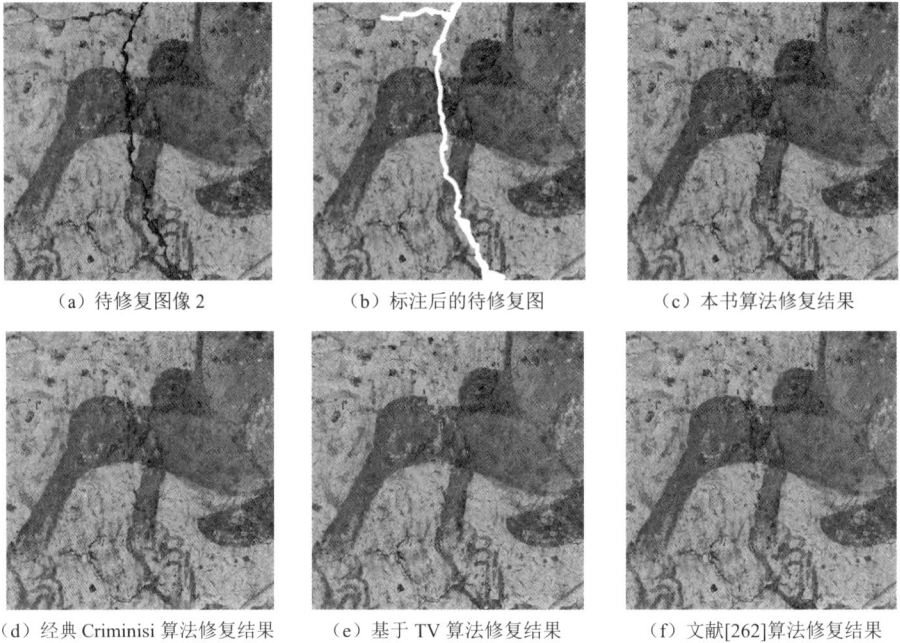

| （a）待修复图像 2 | （b）标注后的待修复图 | （c）本书算法修复结果 |

| （d）经典 Criminisi 算法修复结果 | （e）基于 TV 算法修复结果 | （f）文献[262]算法修复结果 |

图 5.55　待修复图像 2 修复结果

表 5.10　待修复图像 2 的客观评价指标

评价方法	Criminisi 算法	TV 算法	文献[262]算法	本书算法
SSIM	0.6102	0.7409	0.7814	0.8764
PSNR/dB	29.1042	29.6093	29.7910	30.6738
MSE	79.9206	71.1452	68.2312	55.6703
时间/s	80.2196	92.1231	186.2147	65.4916

通过观察发现，图 5.55（c）中破损区域无明显修复痕迹，图 5.55（d）中破损区域马蹄处可以察觉出修复痕迹，图 5.55（e）中破损区域马腿部分的修复有断裂现象，图 5.55（f）中破损区域马腿部分有细微的修复痕迹。从表 5.10 客观评价指标看出，采用本书算法进行修复，其结果较经典 Criminisi 算法、TV 算法、文献[262]修复结果的 MSE 值降低，并且 PSNR 值和 SSIM 值提高了。同时比文献[262]算法的修复耗时减少 64.82%，提高了修复效率。综合以上客观评

价指标及视觉效果可知，对于墓室壁画中较窄和较宽裂缝，本书算法均有较好的修复效果。

我们根据图像手工修复时，先从整体结构到局部纹理的思路，再根据唐代墓室壁画的特点，对 MCA 分解算法增加了 ρ 与 ε_k 参数，各自小于设定的阈值时，就能快速跳出循环，结束迭代。因此避免了进行希尔伯特空间的范数的计算，从而使分解过程变得简单。相比于传统全局使用 TV 算法或经典 Criminisi 算法，本书算法充分考虑到结构部分和纹理部分的不同特性，采用了不同的修复方法，很好地兼顾了结构部分和纹理部分的修复效果，从而提高了墓室壁画的修复精度。从分析结果可知，本书算法适用于墓室壁画裂缝病害的修复，使修复精度得到了提高。

5.9　曲线拟合与约束合成的修复模型

5.9.1　墓室壁画分块割取的现状分析

由于墓室壁画幅面较大，挖掘搬移过程中墓道环境狭长、封闭，需要对其进行分块割取。这将导致墓室壁画分块间有较大区域的信息完全丢失，且存在结构中断与错位的情况。因此，想要得到符合展厅展览需求和观众视觉审美标准的整体修复效果图，必须对墓室壁画分块进行拼接。如图 5.56 为分块割取的墓室壁画块间缺损情况的示意图。

对于大幅墓室壁画的拼接研究，文献[264]算法等均采用基于特征检测、T 形匹配、图像融合等系列处理过程得到画面拼接的结果。此类拼接技术需要画面分块间有足够的重合区域，以便于算法进行模板匹配与融合。但墓室壁画的现状是分块间不但没有重合区域，还有大量的信息缺损，特别是主要绘画线条出现中断，无法定位分块间的距离。虽然对于大块信息缺损的修复需求，可采用样本合成类修复模型进行相似样本填充来实现，但缺损了强轮廓信息对合成过程的约束，很容易出现视觉比较敏感的结构错位现象。我们提出通过对分块画面间的残缺区域添加辅助轮廓线的方案，将相邻的两个分块作为一个整体，从周边有效信息区域获取相似样本，来完成块间拼接的过程。

图 5.56　墓室壁画分块割取的缺损情况示意图

5.9.2　曲线拟合块间结构延续过程

为了能够自动拟合画面分块间中断的主要轮廓线，我们选用 Bezier 曲线对其进行处理，产生辅助结构延长线。Bezier 是一种交互式拟合曲线，由法国的 Pierre Bezier 提出，常被用来进行平滑曲线建模[265]。设置一组控制点 $P_0, P_1, \cdots, P_n$，这些控制点由文物修复人员进行交互式设定。

设曲线上任意点的坐标可表示为

$$p(t) = \left[x(t), y(t) \right] \tag{5.94}$$

则控制点的坐标 $P_0, P_1, \cdots, P_n$ 可描述为 $(x_0, y_0), (x_1, y_1), \cdots, (x_n, y_n)$。

相应的 Bezier 曲线的 n 次插值公式为

$$p(t) = \sum_{i=0}^{n} C_n^i t^i (1-t)^{n-i} p_i \tag{5.95}$$

其中，t 的取值范围为[0,1]，n 为曲线拟合的次数。通过给定的 n 值，就会得到一个 $n-i$ 阶 Bezier 曲线。

设 p_i 为第 i 个辅助点，当 t 从 0 到 1 变化时，会产生多个插入点。当 $t=0$ 和

$t=1$ 时，会通过 P_0 与 P_n 连接两个分块边缘的控制点。

通过计算可获得 Bezier 曲线上的一系列点，坐标为

$$\begin{cases} p_x(t) = \sum_{i=0}^{n} C_n^i t^i (1-t)^{n-i} \, p_{ix} \\ p_y(t) = \sum_{i=0}^{n} C_n^i t^i (1-t)^{n-i} \, p_{iy} \end{cases}, \quad 0 \leqslant t \leqslant 1 \qquad (5.96)$$

通过特征点 p_i 可以构成 n 阶 Bezier 曲线。曲线以点 P_0 为起始点走向点 P_1，历经点 P_2、P_3、…、P_{n-1}，点 P_0 与 P_1 之间的距离决定了曲线长度。我们选择适合二维平面信息拟合的二阶曲线，如通过点 P_0、P_1、P_2 这三个特征点可构建点 P_0 到点 P_2 的二阶 Bezier 光滑曲线，其拟合过程如图 5.57 所示。

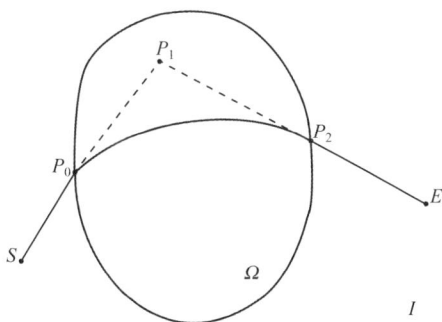

图 5.57　二阶 Bezier 光滑曲线的拟合过程

通过 $I \backslash \Omega$ 中经过点 S 与点 E 的曲线，填充前缘 $\partial \Omega$ 上的点 p_0 和点 p_2，以及在待填充区域交互式设定的点 p_1，不断进行迭代插值计算，得到拟合的曲线。

5.9.3　基于结构约束的修复模型

利用添加辅助线的方法可以减少修复过程中的填充错误，文献[266]算法中即通过先用软件 CAD 添加虚拟辅助线，连接不完整的边界线，再以样本填充的方法，来提高修复的视觉效果。然而，采用计算机软件画图是操作鼠标来掌握线条的路径，与手绘效果有很大的差别。使用 Bezier 曲线拟合可以弥补这个缺憾。

墓室壁画中有很多信息缺损区域，包含有重要的结构信息，如果直接进行

样本填充，会因缺少关键的 T 形点，而产生错误累计。我们在画面存在大块信息缺损且轮廓中断严重时，先寻找边界关键 T 形点，采用交互式在轮廓中断处设置控制点，然后用 Bezier 曲线拟合使其沿着切线方向延伸，最后绘制出完整的边界线。

画面轮廓信息丢失，重要结构信息不全的墓室壁画，采用 Bezier 曲线进行拟合的过程如下。

（1）寻找画面残缺结构边缘中的 T 形点，并在 T 形点两端标记 Bezier 曲线的两个端点 p_0 和 p_2，如图 5.58 和图 5.59 所示。

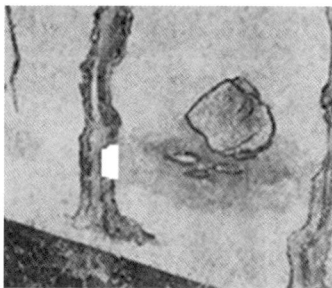

图 5.58　树干轮廓缺损标记　　　　图 5.59　标记 T 形点

（2）采用三阶 Bezier 曲线，添加轮廓曲线控制点 p_1，通过差值过程沿着两点间曲线的切线方向延伸，如图 5.60 和图 5.61 所示。

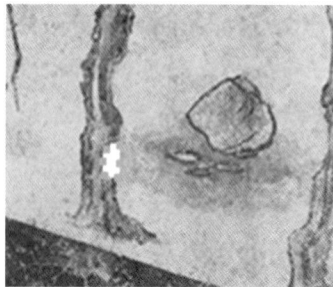

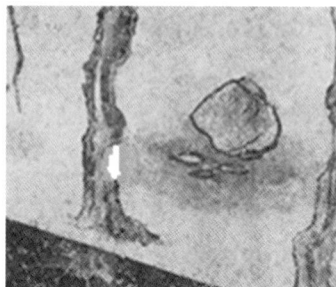

图 5.60　添加控制点　　　　　　图 5.61　Bezier 曲线拟合

（3）利用改进后的样本类修复算法，对信息缺损区域进行纹理填充。

图 5.62 中白色区域圈定的画面为局部细节修复效果，由于缺损关键的绘画线条，直接修复后树干的轮廓出现了错误。图 5.63 为在 Bezier 曲线拟

合线的轮廓约束区域进行修复，其结果表现出很好的结构连通性，其视觉效果更加自然。

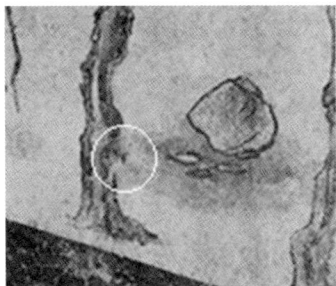

图 5.62　样本填充修复效果　　图 5.63　用 Bezier 曲线约束样本填充修复效果

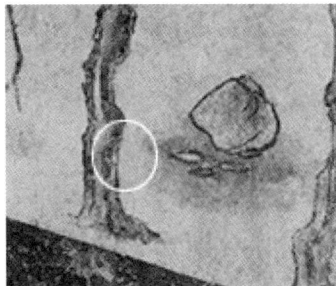

5.9.4　实验效果分析

对于分块墓室壁画，因分块间缺损信息的分布区域不同，需要对墓道线、墓室壁画画面延长线、地仗边缘区域临界点进行多次设定，产生多个拟合区域，然后分块进行标记，解决其拼接成型的问题。墓室壁画因墓道倾斜，分块墓室壁画需文物修复人员进行手工定位与标记控制点，如图 5.64 和图 5.65 所示。并且需要预先设定边界控制点，仍采用二阶 Bezier 曲线拟合，其结果如图 5.66 和图 5.67 所示。

图 5.64　设定 T 形点区域的点 p_0 和 p_2　　图 5.65　设定延续路径上的点 p_2

221

图 5.66　Bezier 曲线拟合产生的轮廓

图 5.67　不同的结构约束区域

　　将添加辅助线后的两个墓室壁画分块视为一个待修复对象，定义画面中不同结构约束区域为不同的填充区域，采用改进后的样本填充修复模型对该区域进行纹理合成。因当年考古挖掘时，已经尽量避开了画面中重要的内容信息，因此填充此区域的纹理信息可采用较大的样本尺寸，以满足大幅面大块信息缺损修复的重建要求。图 5.68～图 5.71 分别为五大分块的块间拼接效果。

（a）

（b）

图 5.68　分块间的拼接效果（1）

（a）

（b）

图 5.69　分块间的拼接效果（2）

（a）　　　　　　　　　　　　　（b）

图 5.70　分块间的拼接效果（3）

（a）　　　　　　　　　　　　　（b）

图 5.71　分块间的拼接效果（4）

从实验效果看，添加 Bezier 曲线的方法强化了对样本填充过程中结构的约束力，保证了轮廓边缘的光滑与延续性，并且自然地将两个分块间的残缺填充后连为一体，避免了常用拼接方法中特征点搜寻与匹配后图像融合的烦琐，更适用于分块割取的大型墓室壁画的修复需求。

5.10　本章小结

本章研究了墓室壁画的修复模型，针对画面中出现的小尺度信息缺损与大尺度信息缺损的问题，分别建立基于像素扩散类 CDD 模型与信息块合成类样本填充模型两大修复策略。利用第 3 章获取的先验知识与第 4 章得到的病害数据模型，设计出多种修复方案。对细长状、裂缝类、小尺度病害污染区域和画面中纯结构信息分量的重建需求，改进 CDD 模型扩散过程中对像素的取样方式，用交叉采样取代正交采样进行扩散修复。纠正了 CDD 模型在纵横交错的病害区域进行水平与垂直方向扩散时，因像素产生不足导致的修复失误。对块状起甲、酥碱、脱落等大尺度病害和画面的纯纹理信息分量的重建需求，优化基于样本填充的修复模型，在优先值计算公式中增加表达墓室壁画颜色特性的颜色项，来降低不稳定的置信度项，减少了垃圾块的堆积。依据先验知识，对主体区域与背景区域自适应选择不同大小的样本模板尺寸，设计了基于巴氏距离的样本匹配准则，提高了样本填充的效果。对墓室壁画样本块进行了离散优化去除冗余，以满足墓室壁画大数据量迭代处理运算的可执行性，并建立跨镜头样本库，以扩大样本信息源。通过 Bezier 曲线对分块之间残缺的主要轮廓信息进行曲线拟合，产生虚拟的辅助线来划分填充区域，进行样本约束合成。从而满足了大块墓室壁画信息的重建需求，实现了分块画面的无重合拼接效果。

第 6 章

交互式馆藏墓室壁画数字修复管理平台

6.1 引言

　　墓室壁画的画面信息丰富多彩，所受病害污染错综复杂。采用不同的修复模型可重复、多次、无损的产生不同的数字修复效果。数字重建后的墓室壁画信息是否满足博物馆墓室壁画实体修复的目标，能否作为工程实施的效果比对方案，需要结合文化遗产保护领域文修专家的修复经验进行评估与论证。设计基于底层视觉与上层视觉分析理论的无参考客观评价因子。依据格式塔视觉心理学，从格调与细节两个视觉层面进行分析，采用分形维数描述纹理细节的本质特征，用块效应因子描述整体格调过渡的自然性，建立可以辅助评价墓室壁画修复效果的无参考客观评价因子。鉴于第 1 章中所提及的，目前我国各博物馆均面临的修复任务繁多与修复技术人员稀缺的矛盾，本章主要研究墓室壁画数字修复的评价准则，搭建远程在线交互式馆藏墓室壁画数字修复管理平台。通过在线展示不同修复模型产生的视觉效果，收集大众与文修专家的评价意见，并结合符合人类视觉心理学的无参考客观评价因子，辅助主观方案的评估过程。交互式馆藏墓室壁画数字修复管理平台（Tomb Mural Digital Inpainting Management Platform，TM-DIMP）将在线的游客、文修专家、数字修复技术人员和博物馆管理人员四大实体对象连接在一起，通过在线数字修复效果展示、主观和客观评价结果上传、文修专家修复意见交互式传递、修复方案实时优化、修复方案更新与存储，以及文修专家意见记录等操作，综合多方面因素修订与校正修复方案，直至符合博物馆墓室壁画实体修复与管理的要求。整个数字修复过程中所有产生的先验知识信息、病害数据信息、修复模型参数均存留，并将记录更新过程传递给博物馆的信息管理中心。

6.2　TM-DIMP 需求分析

6.2.1　用户需求分析

TM-DIMP 是结合博物馆日常墓室壁画修复管理业务，将高清墓室壁画数字信息进行存储、分析、统计、修复、评估于一体的实时在线远程交互平台。为用户提供墓室壁画文史档案信息的提取、墓室壁画特定病害自动标记、墓室壁画数字修复流程预演、墓室壁画修复方案评价、远程文修专家意见反馈等多种服务。TM-DIMP 平台的用户主要包括在线游客、文修专家、数字修复技术人员、博物馆管理人员。

1. 在线游客功能需求

TM-DIMP 的在线游客主要通过在线浏览馆藏墓室壁画信息、数字修复前后的对比效果图，来满足其对古代艺术品的欣赏需求，并通过交互式平台进行对数字修复后墓室壁画效果的主观评价。他们可以为博物馆提供主观评价因素中的大众评价数据，提高游客在线参与度，扩大馆藏墓室壁画文史信息的传播范围。在线游客功能需求如图 6.1 所示。

2. 文修专家功能需求

文修专家可借助 TM-DIMP 平台进行墓室壁画数字修复效果浏览与分析，并可调阅高清图像查看局部细节。在进行专业评价打分的同时，可对墓室壁画放大的局部区域进行标记。标记内容包括查看日期、姓名、专业方向和文修专家意见。这将有助于博物馆进行远程文修专家意见的汇总。文修专家功能需求如图 6.2 所示。

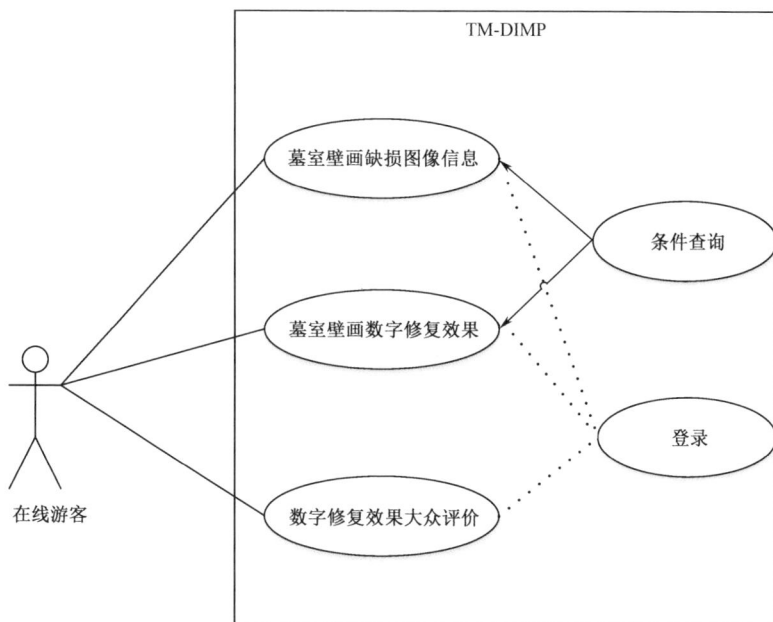

图 6.1　在线游客功能需求

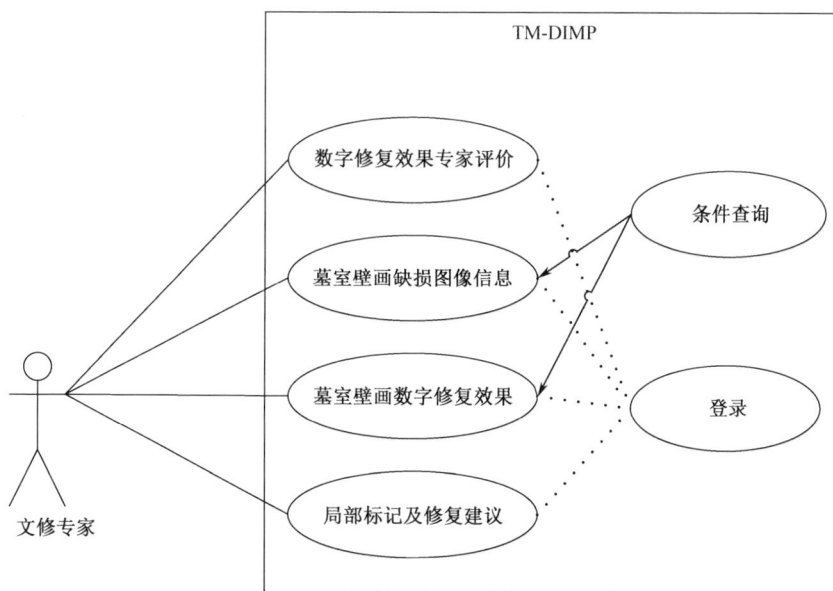

图 6.2　文修专家功能需求

3. 数字修复技术人员功能需求

数字修复技术人员将对墓室壁画高清信息处理过程中产生的各种数据进行上传，包括墓室壁画数字档案、墓室壁画病害分布信息、墓室壁画数字修复效果和客观无参考评价数据等。数字修复技术人员可借助平台接收和查看文修专家与大众的评价结果，并依据文修专家对修复结果的反馈意见，对修复策略进行调整。数字修复技术人员功能需求如图 6.3 所示。

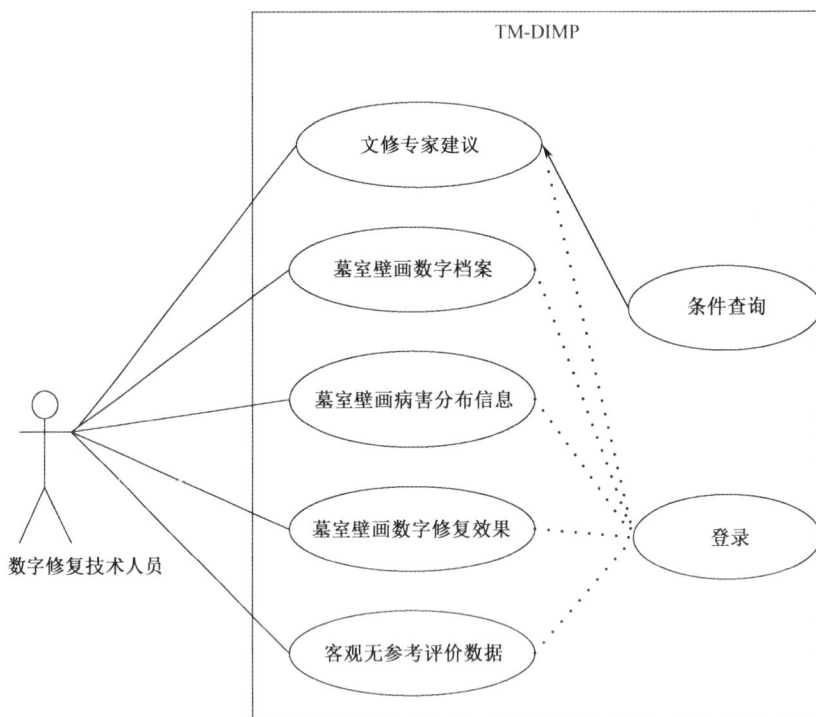

图 6.3　数字修复技术人员功能需求

墓室壁画数字修复过程中的数字档案信息包括画面线图信息、主体背景占比信息、画面颜色分布信息、画面纹理信息、画面结构信息等，以及过程中生成的相应比例数据。

墓室壁画数字修复所依赖的病害分布信息包括病害特征信息、病害分布信息和病害标记信息。该平台将不同病害类型、不同尺度的病害进行分层标记，并上传病害标记图。

墓室壁画数字修复效果包括细长状小尺度信息缺损的像素扩散重建效果、块状大尺度信息缺损的样本块填充重建效果、纹理能量引导的自适应修复效果、离散采样跨镜头检索样本的修复重建效果、结构张量优化约束的修复效果、马尔可夫随机场优化匹配准则的修复效果、形态学分解与重构修复结果和分块间结构约束填充的修复效果。将修复结果上传到平台后，由文修专家进行点评，就可查询到文修专家的建议、修改和修复策略，以及更新修复效果。

墓室壁画数字修复客观无参考评价数据包括平均灰度值、平均对比度、平滑度测度、一致性测度、随机性测度（熵）、块效应因子与分形维数。客观无参考评价数据可为主观评价因子提供客观依据，矫正因个人文史背景与审美差异造成的评价误差。

4. 博物馆管理人员功能需求

博物馆管理人员通过 TM-DIMP 可进行墓室壁画的基本信息录入、墓室壁画信息调阅记录查询、墓室壁画数字修复效果查询、收集文修专家反馈意见、远程方案讨论、修复方案决策管理等，如图 6.4 所示。

墓室壁画基本信息的录入包括名称、编号、时代、级别、所属部门、来源、收藏库房、修复原因、提取时间、负责人。

墓室壁画信息调阅记录查询包括在线浏览人数、文修专家点评次数、不同修复效果的评分结果。

墓室壁画数字修复效果查询包括在线调取墓室壁画不同方案的数字修复效果，以及效果比对与参考。

收集与查询文修专家远程对修复方案反馈意见，包括提出意见的文修专家名称、专业方向、意见内容、提出意见的时间。

博物馆管理人员可通过管理平台与文修专家进行远程方案讨论。通过发送邮件、标记意见修正区域的方式探讨修复方案。

博物馆管理人员可以通过管理平台对不同的修复预演结果，依据不同的文修专家建议、不同的评价数据，对数字修复方案进行选择。博物馆管理人员通过交互式线上文修专家的论证，确认墓室壁画是否符合实体修复的要求，以确定能否将其调取出库。

229

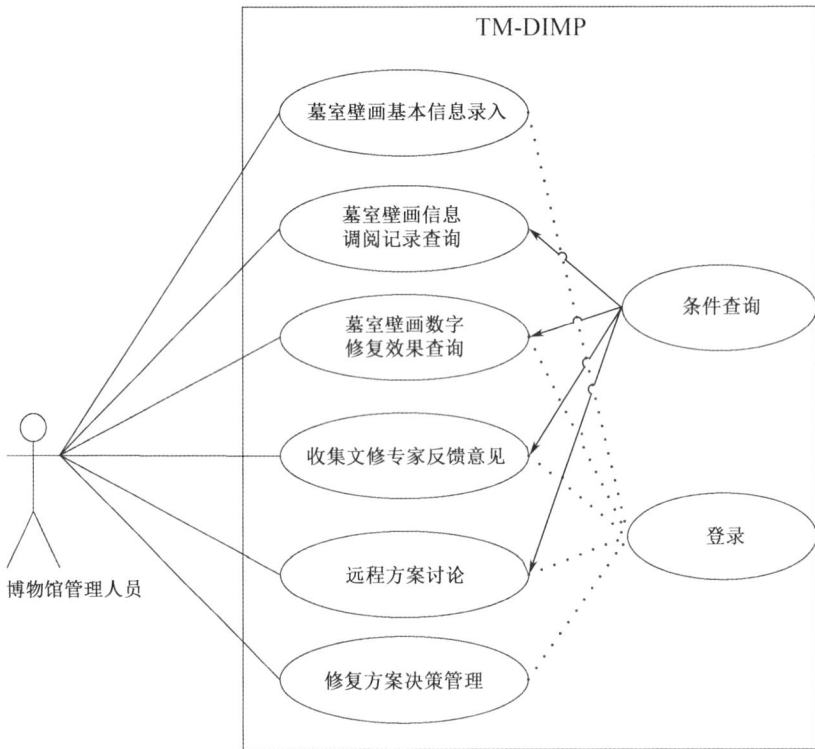

图 6.4　博物馆管理人员功能需求

6.2.2　实体间关系分析

TM-DIMP 的实体包括在线游客、文修专家、数字修复人员围绕墓室壁画数字信息的相互关系等，实体间关系如图 6.5 所示。

博物馆管理人员信息包括管理人员 ID 号码、姓名、联系方式、部门、职能、权限、修复效果调阅记录、文修专家意见调阅记录、检索记录、备注等。

墓室壁画的信息包括名称、编号、时代、级别、收藏单位、来源、收藏库房、修复原因、采集时间、数据量、主体占比信息、颜色占比信息、纹理与结构占比信息、病害种类、病害占比信息、数字修复效果、客观评价分值。

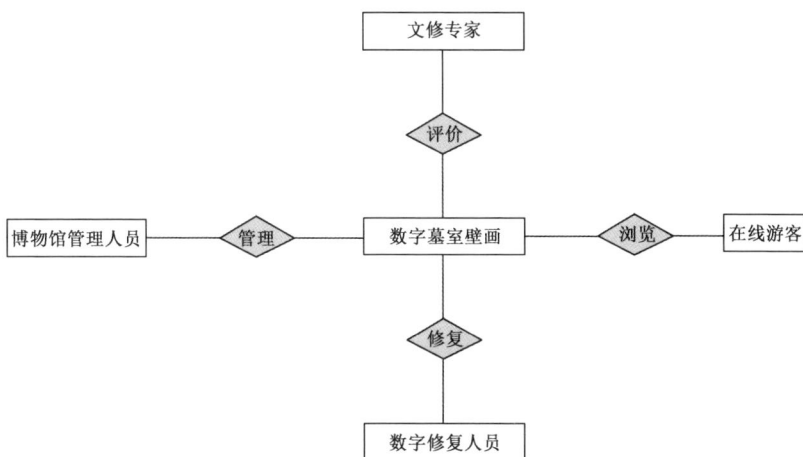

图 6.5　实体间关系

数字修复人员信息包括 ID 号码、姓名、联系方式、修复模型种类、参数调整记录、备注。

文修专家信息包括 ID 号码、姓名、联系方式、专业方向、主观评分、修复意见、修复意见时间记录。

在线游客信息包括 ID 号码、用户名、年龄、性别、国籍、地区、受教育程度、主观评分、评分时间记录。

6.3　TM-DIMP 评价指标设定

6.3.1　评价因素分析

墓室壁画作为古代的一种绘画类艺术品，对其画面信息质量评价的过程含有很强的主观因素。墓室壁画信息破损的过程与常规的图像信息降质过程不同，不是整体降质，而是局部完全缺损，很难找到合适的客观评价参数。因此，TM-DIMP 就需要建立符合其技术特点，满足交互式感官体验描述，遵循人类视觉心理学原则的主观与客观评价指标。

1. 主观评价指标

墓室壁画是具有独特绘画风格和艺术价值的二维平面文物，因此修复效果的主观评价指标非常重要。依据国际图像质量标准 ITU-R BT500-12[267]，现有的主观质量评价方法主要包括双激励连续质量法（Double Stimulus Continuous Quality Scale，DSCQS）[268]、单激励连续质量法（Single Stimulus Continuous Quality Evaluation，SSCQE）[269]、绝对分级法（Absolute Category Rating，ACR）[270]、损伤分级法（Degradation Category Rating，DCR）[271] 和成对比较法（PairComparison，PairC）[272]。前三种侧重连续多帧的视频信息，后两种多用于静止图像信息的主观评价。墓室壁画因为没有未损伤的完整信息给予参考和对比，因此只能采用损伤分级法。将受损墓室壁画图像和多个修复效果同时展示给观者，要求观者按信息质量进行打分或排序，得到平均分（Mean Opinion Score，MOS）或差异平均分（Difference Mean Opinion Score，DMOS）[273]。

依据 ITU-R BT.710 图像质量主观评价标准[274]，图像受损可按五级制评价，如表 6.1 所示。

表 6.1　五级损伤分级法标准表

等　　级	妨　碍　尺　度
优	丝毫看不出图像质量变坏
良	能看出图像质量变坏但不妨碍观看
中	清楚看出图像质量变坏，对观看稍有妨碍
及格	对观看有妨碍
差	严重妨碍观看

TM-DIMP 可提供对于墓室壁画主观评价的打分功能。将主观评价者分为文修专家与在线游客两种，针对墓室壁画数字修复效果，以及所展现的文史信息与艺术信息，分别设计不同的五级损伤评分标准。文修专家主观评分表主要从艺术表达的完整与文物修复准则角度进行设定，如表 6.2 所示。在线游客主观评分表主要从信息完整性与视觉感知角度进行设定，如表 6.3 所示。

表 6.2　文修专家主观评分表

等　级	评　价　标　准			
	颜料范围	颗粒质感	明暗关系	信息完备
优（9～10）				
良（8～9）				
中（7～8）				
及格（6～7）				
差（1～6）				

表 6.3　在线游客主观评分表

等　级	评　价　标　准			
	颜色一致性	纹理相似性	结构连续性	图像完整性
优（9～10）				
良（8～9）				
中（7～8）				
及格（6～7）				
差（1～6）				

主观评价所得的分值需要通过 Z-score[275]进行转换。

$$Z_{i,j} = \frac{X_{i,j} - \mu_i}{\sigma_i} \tag{6.1}$$

其中，$X_{i,j}$ 为第 i 个评价人员对第 j 幅修复效果做出的评分。μ_i 与 σ_i 分别为评分值的均值与方差。

将所有的评价人员的评分结果进行回收与统计，其计算公式如下。

$$\overline{Z} = \frac{\sum_{i=1}^{K} N_i Z_i}{\sum_{i=1}^{K} N_i} \tag{6.2}$$

其中，Z_i 为图像属于第 i 种等级所得的分值，N_i 为观察者人数。在墓室壁画数字修复方案评价过程中，为了保证有一定的分值样本，参加评分的在线游客至少应有 200 名，文修专家不少于 15 名。

对墓室壁画修复方案采用主观评价，其分值计算过程简单，评价过程直观，结果比较可靠。但是该方法容易受主观知识背景与经验影响，并且需耗费大量人力参与实验。为了辅助均衡主观评价结果的人为偏差，细化墓室壁画修复效果的微观差别，当计算机快速产生多个不同数字修复效果时，我们需要通过客观评价方法从图像信息间的数学关系分析入手，不受人为因素干扰地对墓室壁画数字修复效果进行快速细致的客观量化。

2. 客观评价指标

客观质量评价通过设定多个图像质量的度量指标，建立相关的评价模型，并通过计算机进行图像像素值之间数学关系计算，得到较为客观的量化数据。客观评价的方法分为全参考方法（Full Reference，FR）、部分参考方法（Reduced Reference，RR）、无参考方法（No Reference，NR）3 种类型[276]。前两种方法因为或多或少地需要原始图像作为参考进行评判，并不适合墓室壁画修复结果的评价需求。

墓室壁画受损过程是一个粗暴的物理过程，没有原始素材可供比较。目前对降质图像信息复原后的信息质量客观评价分析中常用的均方差[277]（Mean Squared Error）和峰值信噪比[278]（Peak Signal-Noise Ratio）等属于全参考方法和取部分特征的部分参考方法，均不适用于数字修复结果的评估。数字修复技术是一个依据现存信息求解丢失信息的反问题解答过程。对于墓室壁画中的残存信息，在整个修复处理中不进行任何改变，不存在任何降质。对于墓室壁画中受病害污染丢失的信息，没有任何的原始信息可供参考和比照。我们利用评价对象的特殊性，通过图像中信息本质属性建立量化指标，进行客观无参考评价。

墓室壁画作为二维平面艺术品，其画面的信息中除了有绘画的内容还有诸多的病害，选取墓室壁画中的不同分块，如图 6.6 所示。

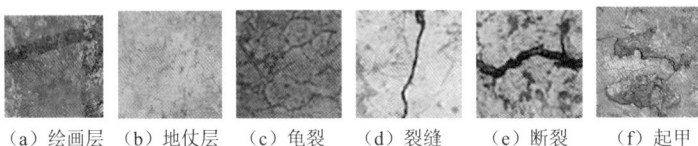

（a）绘画层　（b）地仗层　（c）龟裂　（d）裂缝　（e）断裂　（f）起甲

图 6.6　墓室壁画的不同分块

从以上分块的信息特征中，可观测到画面不同区域的表面信息有着明显的差异，通过对画面信息的平均灰度值、平均对比度、平滑度测度、一致性测度、随机性（熵）测度等进行量化描述，可以得到不同画面分块信息的量化数据，墓室壁画分块的常规无参考客观描述结果如表 6.4 所示。

表 6.4　墓室壁画分块的常规无参考客观描述结果

纹 理 块	测　　度				
	平均 灰度值	平均 对比度	平滑度 测度	一致性 测度	随机性（熵） 测度
（a）	136.0850	21.1208	0.0068	0.0153	6.3862
（b）	176.6752	10.9212	0.0018	0.0275	5.4007
（c）	132.4689	15.4447	0.0037	0.0192	5.9385
（d）	193.4266	25.4939	0.0099	0.0220	6.0275
（e）	151.3034	36.3071	0.0199	0.0106	6.9106
（f）	155.0479	26.3600	0.0106	0.0126	6.6853

为了观测客观数据的波动过程，这里采用 min-max 规范化方法[279]，对原始数据进行线性变换，将结果值映射到[0, 1]之间。

转换公式为

$$x_i^* = \frac{x_i - x_{\min}}{x_{\max} - x_{\min}} \tag{6.3}$$

其中，x_i^* 是 x_i 归一化的值，$x_{\min}$ 表示样本最小值，$x_{\max}$ 表示样本最大值。规范化（归一化）常规无参考客观评价因子如表 6.5 所示。

表 6.5　规范化（归一化）常规无参考客观评价因子

纹 理 块	测　　度				
	平均 灰度值	平均 对比度	平滑度 测度	一致性 测度	随机性 测度
（a）	0.0593	0.4018	0.2762	0.2781	0.6504
（b）	0.7252	0	0	1.0000	0
（c）	0	0.1786	0.1050	0.5089	0.3519
（d）	1.0000	0.5744	0.4475	0.6746	0.4112
（e）	0.3090	1.0000	1.0000	0	1.0000
（f）	0.3704	0.6082	0.4862	0.1183	0.8498

常规图像信息的无参考客观量化描述因子对不同图像信息区域的量化过程，

体现了图像中信息亮度平均灰度值的分布、明暗的平均对比度、像素的平滑度测度、纹理的一致性测度与随机性测度。但是关注点并不是很统一，评测比标准过于片面。常规无参考客观评价结果如图 6.7 所示。

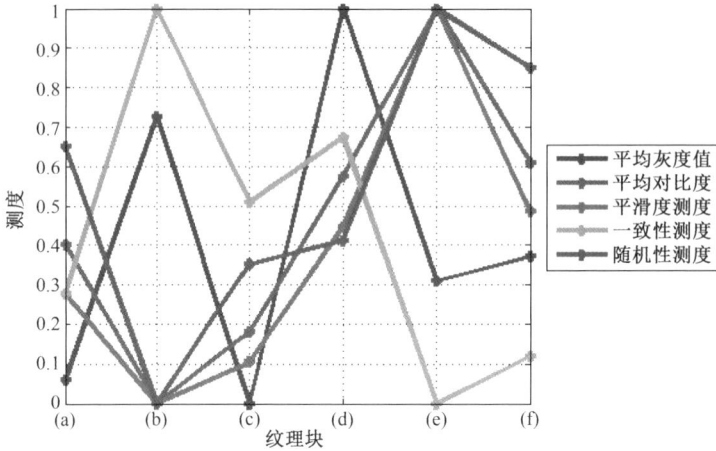

图 6.7　常规无参考客观评价结果

　　可以从评测数据的波动过程看到，常规无参考客观评价结果通过图像信息灰度值的变化过程虽然能反映出差异性，但是并没有将其与数字修复的实现过程相结合，所以无法准确描述画面信息本质属性的特点。墓室壁画的无参考客观评价因素除了上文列举的 5 个基本参数，我们还从视觉心理学属性出发，遵循修复过程中结构信息与纹理信息需要兼顾的原则，依据格式塔理论中整体统一感知标准，将评判标准分为上层视觉因素与底层视觉因素。上层视觉因素可评价画面的修复前后纹理细节的一致性，底层视觉因素可评价画面修复前后结构信息的连贯性。从格调与细节这两个不同的视觉层面对墓室壁画修复后的整体效果进行评价。

6.3.2　无参考客观评价参数设定

1. 上层视觉因素的特征

上层视觉因素特征主要表现为画面的纹理细节，不同的绘画对象其在纹理表现上有着不同的图像特征。通过分形维数可测算自然现象中物体表面细节的不规则程度。分形维数在直观上与物体表面的粗糙度相吻合。灰度图像可看作是三维空间中的一个曲面，故可以对其分形维数进行估算。我们选取盒维数（Box-Counting）[280]来估算墓室壁画样本块的分形维数。分形维数在二维信息处理中的应用有两个基础点：一是自然界中不同种类的形态物质都具有不同的维数；二是 A. P. Pentland 的假设，即自然界中的分形与图像信息的表面细节之间有着一定的对应关系[281]。分形维数是独立于图像信息一定范围内稳定存在的物质表示量[282]，可不受光线、形变、色差的影响，能够稳定描述纹理的本质相似度。

设计墓室壁画样本块的纹理相似度的测算过程：X 为 R^n 上任意非空有限子集，设其为待评估的墓室壁画图块，由离散样本块组成，共有 N_r 个大小相等的样本。如果每个样本与图块 X 的相似比为 r，则该图块的分形维数 D 可表述为

$$D = \frac{\log(N_r)}{\log\left(\dfrac{1}{r}\right)} \tag{6.4}$$

我们通过对图 6.6 中的墓室壁画分块进行分形维数测算实验，得到可以描述图像信息粒度粗糙程度[283]的分形维数结果，墓室壁画分块的分形维数值如表 6.6 所示。

表 6.6　墓室壁画分块的分形维数值

输入图像	分形维数 D 值
（a）	2.4281
（b）	2.0202
（c）	2.2746
（d）	2.3576
（e）	2.5634
（f）	2.4862

由于墓室壁画表面不是完全光洁的，会有轻微的粉尘污染，文献[284]曾经测试过噪声对物体分形维数的影响,证明分形维数是物体表面信息的本质属性，

受噪声影响很小。我们用高斯噪声模拟博物馆粉尘污染物对墓室壁画信息的干扰，分别加入不同量的噪声，实验结果如表 6.7 所示。

表 6.7　加噪后墓室壁画分块的分形维数值

噪声强度	分形维数值					
	（a）	（b）	（c）	（d）	（e）	（f）
0	2.4281	2.0202	2.2746	2.3576	2.5634	2.4862
1%	2.4297	2.0207	2.2754	2.3578	2.5637	2.4871
2%	2.4304	2.0216	2.2758	2.3579	2.5646	2.4974
3%	2.4502	2.0234	2.2763	2.3582	2.5648	2.5016
4%	2.4618	2.0243	2.2767	2.3586	2.5652	2.5044
5%	2.4717	2.0257	2.2774	2.3588	2.5657	2.5108
6%	2.4719	2.0259	2.2778	2.3589	2.5659	2.5146
7%	2.4728	2.0261	2.2786	2.3591	2.5661	2.5167
8%	2.4734	2.0261	2.2786	2.3592	2.5662	2.5174
9%	2.4737	2.0263	2.2787	2.3593	2.5663	2.5185

可以看到随着噪声的增加分形维数值会因纹理复杂度变高而增大，但是大体的数值区间变化不大，且墓室壁画表面的弥漫性污染，在博物馆内并不会出现特别严重的情况。因此，我们使用分形维数对墓室壁画中上层视觉信息的属性进行量化是可行的。

2. 底层视觉因素的特征

底层视觉因素的特征主要表现为墓室壁画的结构连贯性。墓室壁画的数字修复过程中对大尺度信息缺损采用的是样本填充技术，该技术可将待填充区域置换为相似的匹配样本。样本间的匹配结果受优先值大小、匹配准则、样本块尺寸和可参考信息样本源数量的影响，会出现块效应。图 6.8 的局部放大图像中就可以看到有块效应现象。

图 6.8（a）为待修复墓室壁画，图 6.8（b）为去除病害污染信息后的效果，图 6.8（c）为样本填充后的修复效果，其中红色方框圈定的区域是由于块间亮度突变引起的不连续现象，导致底层视觉信息过渡不自然。这有悖于人眼视觉评判的接近性与连续性准则。

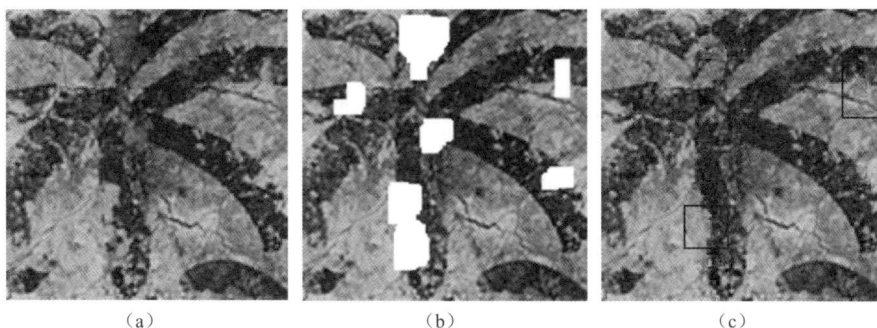

（a）　　　　　　　　（b）　　　　　　　　（c）

图 6.8　样本填充过程中的块效应现象

样本填充过程是由最优匹配块沿着填充边缘进行剥洋葱式填充的，其填充结果受填充顺序、匹配准则与样本块大小的影响，即便修复模型优化后也不可完全避免出现样本块之间的结构不延续的状况，因此需要通过客观量化值来评判信息的结构连续性。

文献[285]针对 JPEG 压缩图像提出块效应测算公式，并按照压缩分块像素位置，以 8 像素的整数倍检测水平方向的像素灰度方差与垂直方向灰度方差的均值进行计算。

块效应计算公式为

$$M_\varepsilon = \chi M_h + \gamma M_v, \chi = \gamma = 0.5 \tag{6.5}$$

其中，M_h 指分块内水平方向的灰度差，M_v 指分块内垂直方向的灰度差，M_ε 指求平均值后得到的块效应严重程度。我们采用该方法对修复过的数字信息的结构连通性进行计算。

（1）对小尺度信息缺损待修复对象，用变分 PDE 类修复模型进行像素扩散的效果进行量化。我们分别对标准库中 Lena 图与《马球图》进行实验，Lena 图小尺度缺损的扩散类修复效果如图 6.9 所示。

图 6.9（a）为待修复图像，图 6.9（b）为用原始 CDD 模型修复后的效果，图 6.9（c）为改进 CDD 模型修复的效果。对它们的块效应复杂程度进行评价，其量化结果如表 6.8 所示。

（a）待修复图像　　　（b）原始 CDD 模型修复效果　　　（c）改进 CDD 模型修复效果

图 6.9　Lena 图小尺度缺损的扩散类修复效果

表 6.8　Lena 图扩散类修复效果的块效应量化值

Lena	水平方向 M_h	垂直方向 M_v	平均值 M_ε
（b）	2.6275	2.6839	2.6557
（c）	2.6234	2.6157	2.6195

下面对《马球图》断裂、裂缝和龟裂等病害在变分 PDE 类修复模型改进前后修复结果进行实验，小尺度缺损的扩散类修复效果如图 6.10 所示。

（a）待修复图像　　　（b）原始 CDD 模型修复效果　　　（c）改进 CDD 模型修复效果

图 6.10　《马球图》小尺度缺损的扩散类修复效果

图 6.10（a）为待修复图像，图 6.10（b）为用原始 CDD 模型修复后的效果，图 6.10（c）为改进 CDD 模型修复的效果。对它们的块效应复杂程度进行评价，量化结果如表 6.9 所示。

表 6.9　《马球图》扩散类修复效果的块效应量化值

《马球图》局部	水平方向 M_h	垂直方向 M_v	平均值 M_ε
（b）	2.6903	2.7370	2.7136
（c）	2.6703	2.7011	2.6857

从以上两组实验看出，块效应评价因子对像素扩散方式的评价结果比较相近，这是因为此类算法是通过高阶求导与变分平滑得到的修复结果，具有连续

性很好的底层信息。因此，此类修复的块效应因子普遍较低，说明这种修复方案拥有较好的底层视觉感知结果。

（2）对大尺度信息缺损待修复对象，用纹理填充类修复模型进行信息块填充的效果进行量化。我们分别对标准库中 Lena 图与《马球图》进行实验，如图 6.11 所示。

　　（a）待修复图像　　　　（b）经典 Criminisi 模型修复效果　　　（c）改进 Criminisi 模型修复效果

图 6.11　Lena 图大尺度信息缺损的填充类修复效果

图 6.11（a）为待修复图像，图 6.11（b）为用经典 Criminisi 模型修复后的效果，图 6.11（c）为改进 Criminisi 模型修复后的效果。对它们的块效应复杂程度进行评价，量化结果如表 6.10 所示。

表 6.10　Lena 图填充类修复效果的块效应量化值

Lena	水平方向 M_h	垂直方向 M_v	平均值 M_ε
（b）	6.710317	6.768364	6.73934
（c）	6.674057	6.635424	6.62474

对馆藏墓室壁画断裂、裂缝和龟裂等病害，在变分 PDE 类修复模型改进前后修复结果进行实验，如图 6.12 所示。

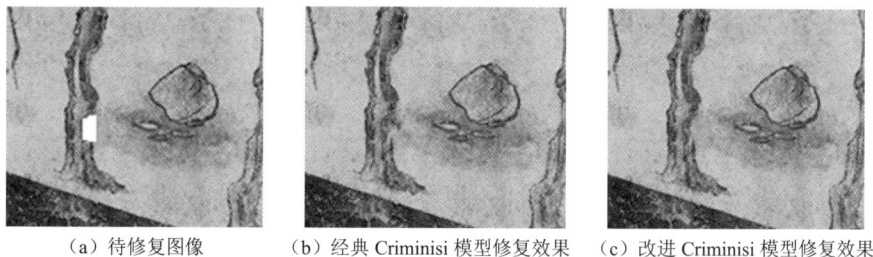

　　（a）待修复图像　　　　（b）经典 Criminisi 模型修复效果　　　（c）改进 Criminisi 模型修复效果

图 6.12　《马球图》大尺度缺损的填充类修复效果

图 6.12（a）为待修复图像，图 6.12（b）为用经典 Criminisi 模型修复后的效果，图 6.12（c）为改进 Criminisi 模型修复后的效果。对它们的块效应复杂程度进行评价，量化结果如表 6.11 所示。

表 6.11　《马球图》填充类修复效果的块效应量化值

《马球图》局部	水平方向 M_h	垂直方向 M_v	平均值 M_ε
（b）	7.674332	7.767195	7.72076
（c）	7.661548	7.691036	7.69129

从实验数据可以印证块效应因子比较适合修复结果视觉连通性的评价，我们结合分形维数与块效应因子，设计了可以描述底层视觉结构信息修复效果的评价指标。

6.3.3　分形维数与块效应因子客观评价实验

采用分形维数对墓室壁画的纹理特征进行上层视觉因素的特征量化。依据式（6.4），设墓室壁画中像素 (x,y) 的灰度值为 $Z(x,y)$，则三者可视为一个三维空间中的一个点。令其为非空三维有界集 F，用边长为 r 的立方盒子去填充墓室壁画的三维曲面，盒子数定义为 $N_r(F)$，称之为盒维度。

计算墓室壁画盒维度的步骤如下。

（1）将 $M \times M$ 的墓室壁画信息离散成 $r \times r$ 的众多样本块，其中 r 满足关系式为 $1 \leqslant r \leqslant \dfrac{M}{2}$。

（2）计算覆盖整个画面信息需要的盒子数 $N_r(F)$。

$$N_r(F) = \sum_{i,j} n_r(i,j) \tag{6.6}$$

其中，$n_r(i,j)$ 是覆盖第 (i,j) 样本块中纹理信息需要的盒子数。

（3）计算盒维度为

$$\dim F = \lim_{r \to 0} \frac{\log N_r(F)}{-\log r} \tag{6.7}$$

即墓室壁画分块是由 N_r 个相似边长为 r 的盒子所组成，不同画面分区的样本分形维度也不同。

对墓室壁画进行 5×5（像素）分块的遍历扫描，当每个分块的分维度值都

为 $\dim F(i,j)$ 时，(i,j) 为分块中心点坐标值，设 D 为相邻两个分块的维度差，其计算公式为

$$D_h(i,j) = \sum_{i=3}^{M-2} \left(\dim F(i,j) - \dim F(i+1,j) \right) \tag{6.8}$$

$$D_v(i,j) = \sum_{j=3}^{M-2} \left(\dim F(i,j) - \dim F(i,j+1) \right) \tag{6.9}$$

$$D_\varepsilon = \chi D_h + \gamma D_v, \chi = \gamma = 0.5 \tag{6.10}$$

同样，对块效应因子也采用 5×5（像素）分块进行遍历扫描，得到式（6.5）计算的结果记为 $M_\varepsilon(i,j)$。这是对墓室壁画的亮度特征进行底层视觉信息的量化。

依据格式塔视觉心理学完型原则，用 $D_\varepsilon(i,j)$ 表示修复后信息之间纹理细节差别，设为上层细节因子；$M_\varepsilon(i,j)$ 表示修复后信息之间亮度跳变过程，设为底层格调因子，则墓室壁画无参考客观修复质量评价因子设为 $P_\varepsilon = D_\varepsilon \cdot M_\varepsilon$。因为 D_ε 指区间是 $0\sim1$ 的差值，M_ε 指灰度方差均值范围是 $0\sim10$，相乘的质量评价因子是 $0\sim10$ 的数值。因为 P_ε 的值越小，说明修复效果越好，为了与主观评价方法记分方式一致，用 $P'_\varepsilon = 10 - P_\varepsilon$ 来计算客观评价的结果。

分别对以下几组墓室壁画修复前后的不同效果进行主观、客观评价分析。修复实验方案可以选用多方法综合处理。墓室壁画不同修复方案实验效果如图 6.13 所示。

（a）图 A1　　　　　（b）图 B1　　　　　（c）图 C1

图 6.13　墓室壁画不同修复方案实验效果

（d）图 A2　　　　　　　　（e）图 B2　　　　　　　　（f）图 C2

（g）图 A3　　　　　　　　（h）图 B3　　　　　　　　（i）图 C3

图 6.13　墓室壁画不同修复方案实验效果（续）

（j）图 A4　　　　　　　　　（k）图 B4　　　　　　　　　（l）图 C4

（m）图 A5　　　　　　　　　（n）图 B5　　　　　　　　　（o）图 C5

图 6.13　墓室壁画不同修复方案实验效果（续）

图 6.13 中的图 A1～图 A5 为受损墓室壁画原图，为便于评价整体效果，实

验对象选择图 6.13 中的图 A1 为房陵公主墓的《托果盘仕女》，图 6.13 中的图 A2 为房陵公主墓的《执浮尘仕女》，图 6.13 中的图 A3 为房龄公主墓的《捧盒仕女》，图 6.13 中的图 A4 为房龄公主墓的《捧盘仕女》，图 6.13 中的图 A5 为唐李爽墓的《吹箫乐伎》。图 6.13 中的图 B1～图 B5 为墓室壁画块内样本直接修复的效果，图 6.13 中的图 C1～图 C5 为墓室壁画结构约束后修复的效果。

在 TM-DIMP 中将修复效果进行缩放后进行预演与评价。分别收集在线游客与文修专家对修复效果的评价结果。我们以陕西历史博物馆举办的墓室壁画论坛："艺术与技术——中国古代壁画保护、研究、制作"为主题的国际学术研讨会为契机，利用 TM-DIMP 的测试版，获取了参会文修专家与游客对修复效果的感官评价结果，共收集到文修专家的评估反馈 37 份，游客的评价反馈 416 份。

下面利用主观评价表格，我们通过观赏修复效果进行主观评分。评分结果取值范围为 1～10，然后将其结果按主观和客观的评价方法进行比对，结果如表 6.12 所示。

表 6.12　主观与客观评价结果比对表

修复效果图	文修专家打分	在线游客打分	主观评价 P_ε	客观评价 P_ε'
(b)	8.2	8.4	1.436	8.564
（e）	6.8	7.6	2.864	7.136
(h)	8.7	8.8	1.973	8.027
(k)	7.3	7.8	2.851	7.149
(n)	5.8	8.4	1.878	8.122
(c)	8.6	8.6	1.426	8.574
(f)	7.2	9.5	2.884	7.116
(i)	8.6	9.6	1.733	8.267
(l)	8.8	9.5	1.421	8.579
(o)	8.8	9.6	2.882	7.118

无参考客观评价因子从信息处理角度量化墓室壁画修复的效果，综合了因块效应产生的底层信息不连续与分形维数纹理描述的上层信息的差异化，从视觉信息学的格调与细节两方面评价。墓室壁画的最终效果的好坏需要文修专家与博物馆修复部论证认定，其艺术性表达更是必须依赖主观经验。我们设计的

客观因子与主观评价的结果高度一致，可以辅助修复效果的快速评价与预审，辅助数字修复阶段调整模型参数。用柱状图对以上数据进行直观波动趋势表达，如图 6.14 所示。

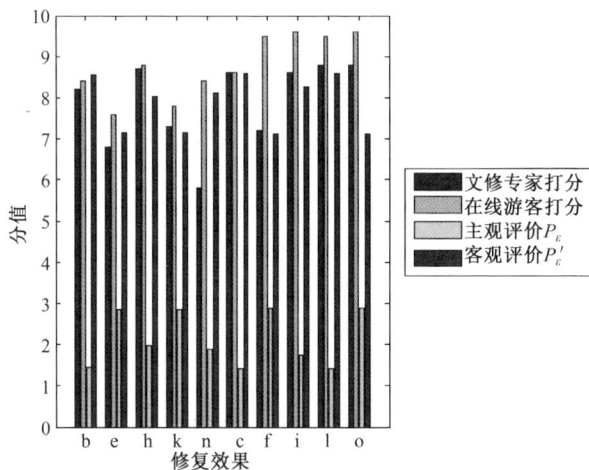

图 6.14　修复效果评价柱状图

图 6.14 中主观评价结果 P_ε 是分形维数细节评价因子与块效应格调因子之积，评价结果分值越小，修复效果越好。取补 P_ε' 后评价结果与主观评价分值波动一致。P_ε' 作为无参考客观评价结果，可模拟主观评价过程，在数字修复实现过程中，调整参数，纠正修复方案，达到 8 分以上的评价指标后，可将数字修复效果上传平台，递交给文修专家进行评判。

6.4　TM-DIMP 体系设计

6.4.1　整体构架

墓室壁画的修复过程要参考多种因素，不仅需要依据绘画构图与人眼视觉心理学评判指标，更需要遵循我国古代墓室壁画修复标准和文修专家的修复经验。建立交互式数字修复平台，可将主观、客观评价指标结果与文修专家经验上传给平台留存记录，并提供给博物馆管理人员与数字修复技术人员对修复方案进行修正与选择。该平台可以满足快速展现数字修复技术的预演效果，其无损性与可重复性也极大地方便了文修专家进行远程修复方案的讨论，以及对修复效果的评价。

墓室壁画数字修复体系平台包括数字档案信息提取、数字病害标记、数字修复预演、交互式方案制订。通过分析墓室壁画残存信息中的线图信息、主体信息、颜色信息、纹理与结构信息、病害分布信息，对画面信息污染与缺损区域进行自适应填充修复。通过对修复效果进行评价分析，并借鉴文修专家的经验，辅助博物馆制订可行的修复方案，确定墓室壁画是否满足出库修复的条件。如图 6.15 所示，基于互联网的 TM-DIMP 体系包括数据存储层、数据预处理层、特征信息层、数字修复引擎层、结果展示与评估层 5 个部分。

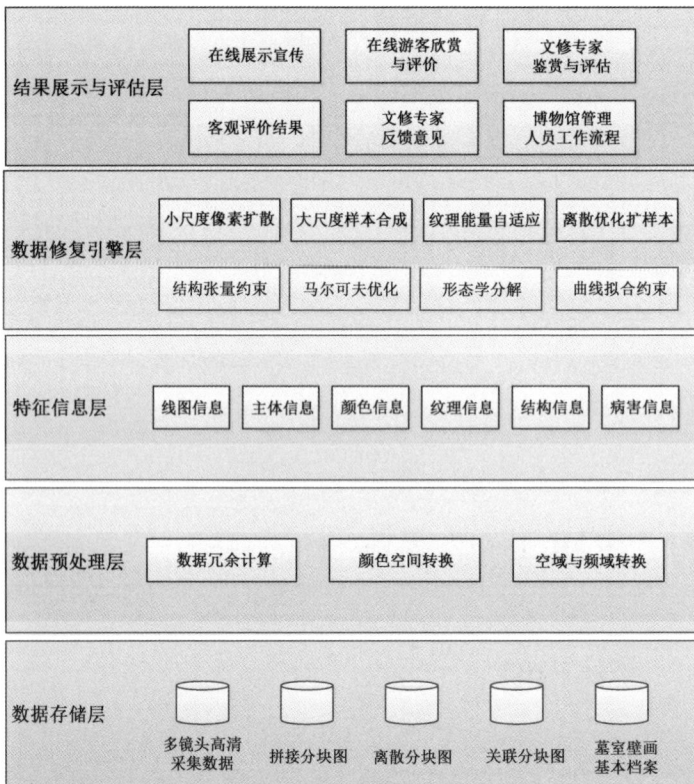

图 6.15　TM-DIMP 体系结构

1. 数据存储层

数据存储层主要保存高清采集数据，包括多镜头高清采集数据、拼接分块图、离散分块图、关联分块图和墓室壁画基本档案。

2. 数据预处理层

数据预处理层主要包括对高清采集的墓室壁画数据进行离散样本建库，并对相似样本数据进行冗余度计算，颜色空间进行转换，空域与频域的转换等。

3. 特征信息层

特征信息层主要包括墓室壁画的线图信息、主体信息、颜色信息、纹理信息、结构信息和病害信息等。

4. 数据修复引擎层

数据修复引擎层主要包括对小尺度像素扩散、大尺度样本合成、纹理能量自适应、离散优化扩样本、结构张量约束、马尔可夫优化、形态学分解、曲线拟合约束等模型进行调用、处理，并生成修复结果。

5. 结果展示与评估层

结果展示与评估层主要包括将不同修复方法产生的修复效果进行在线展示宣传、在线游客欣赏与评价、文修专家鉴赏与评估，并对综合客观评价结果、文修专家反馈意见，以及博物馆管理人员工作流程进行交互式方案论证。

6.4.2　功能设计

针对博物馆墓室壁画数字化信息管理现状和需求，我们设计的 TM-DIMP 应包括墓室壁画本体信息服务系统、博物馆管理业务处理系统、墓室壁画数字修复系统、墓室壁画交互式评估系统等模块，如图 6.16 所示。

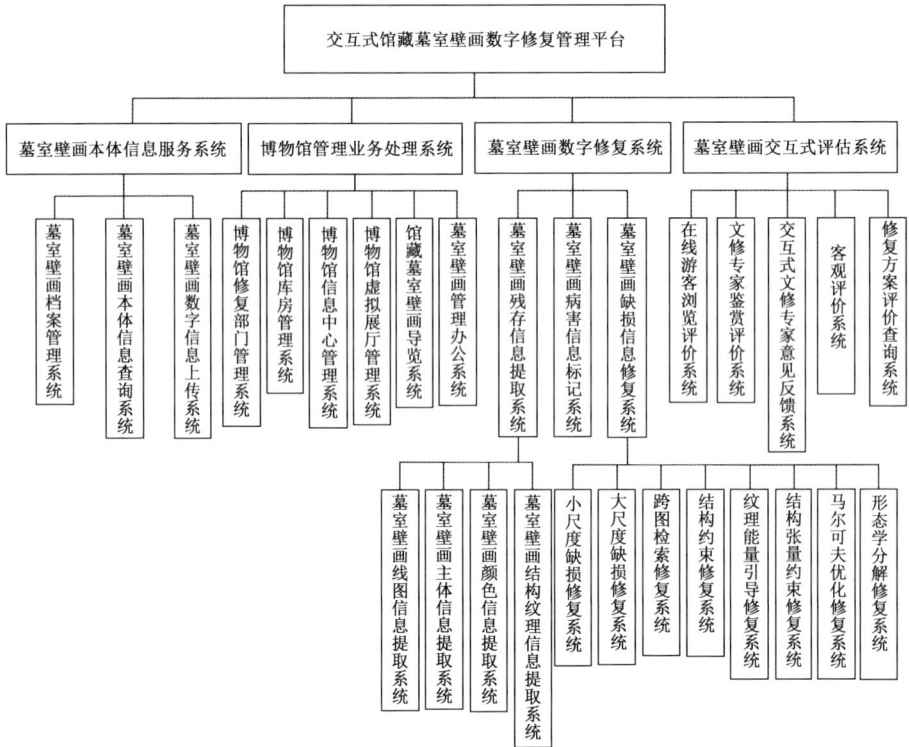

图 6.16　TM-DIMP 功能设计

1. 墓室壁画本体信息服务系统

墓室壁画本体信息服务系统主要提供的服务包括为博物馆建立墓室壁画本体信息档案和数字信息上传服务，实现墓室壁画基本信息与在线访客基本信息的查询与检索，提供多终端设备的墓室壁画数字信息浏览共享服务。

2. 博物馆管理业务处理系统

在博物馆管理业务处理系统中，修复部门人员可以在修复过程中进行各类信息的录入与查询工作；库房人员可记录墓室壁画出库与归还时间与状态；信息中心管理人员可区分在线浏览人员的权限，以及其可调阅的墓室壁画清晰程度；虚拟展厅管理人员可记录墓室壁画虚拟展示的点击量；墓室壁画导览系统可上传墓室壁画间的关联性，引导游客进行在线浏览；办公管理系统可提供单位局域网数据传输的共享服务。

3. 墓室壁画数字修复系统

墓室壁画数字修复系统主要完成对墓室壁画数字化信息的提取，包括主体信息、颜色信息、结构与纹理信息、病害信息；以残存信息提供的先验知识和病害信息表达的数学模型为依据进行残损墓室壁画的数字修复；针对不同的修复需求调用不同的修复模型，并进行优化。

4. 墓室壁画交互式评估系统

墓室壁画交互式评估系统为在线游客、文修专家、博物馆管理人员和数字修复技术人员提供对修复完成墓室壁画效果进行交互评价的系统。可多视角表达数字修复效果，开展文化宣传、学术讨论，以及技术优化和管理策略上的调整过程，为最终修复方案的制订与修复流程的规划提供数据。

6.4.3　TM-DIMP 网络构架

该平台通过互联网连接各种显示终端，并通过局域网信息管理中心存储服务器，先将数字墓室壁画上传到图形图像工作站进行处理，再将产生的数字档案信息传输给档案管理部门进行备份，最后将修复部门、保管部门、虚拟展厅、在线游客、远程文修专家连接起来。TM-DIMP 网络构架如图 6.17 所示。

不同的用户可以利用交互式馆藏墓室壁画数字修复平台实现数字修复、效果预览、评价打分、意见反馈、方案讨论等功能。TM-DIMP 业务流程如图 6.18 所示。

墓室壁画经过先验知识约束、自动标记病害的数据模型、修复模型优化三大环节，将得到修复的效果在 TM-DIMP 上进行浏览与讨论，反馈游客、文修专家、主观、客观等评价结果，博物馆管理人员依此制订与调整修复方案。

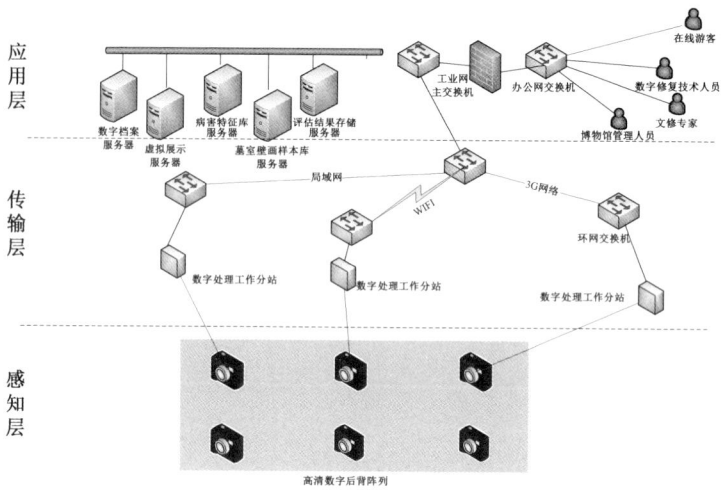

图 6.17　TM-DIMP 网络构架

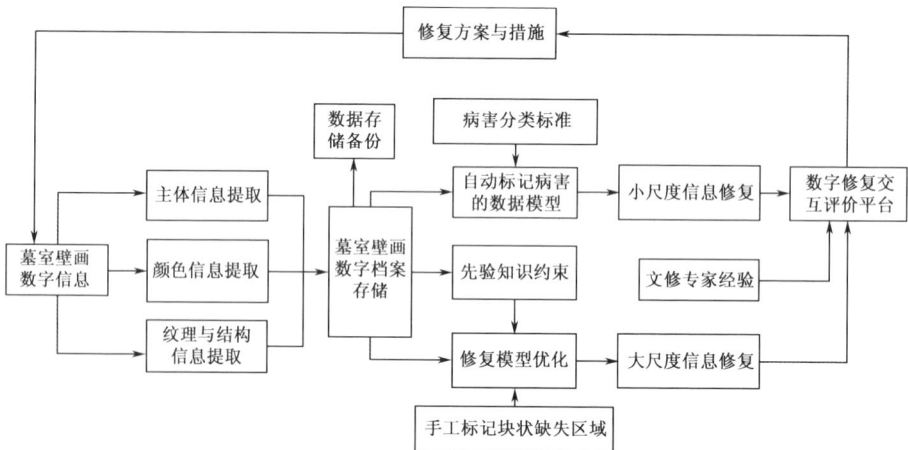

图 6.18　TM-DIMP 业务流程

6.5　TM-DIMP 开发与实现

6.5.1　开发和运行环境

TM-DIMP 的开发环境包括硬件、网络、软件三个部分。

1. 硬件开发环境

（1）高清信息数字修复处理服务器。

该服务器的配置要求，16 核 CPU，内存 8GHz，可扩展 16 个内存插槽，硬盘空间不小于 2TB，并附加 5 个 3.5 英寸硬盘，集成阵列支撑固态硬盘，可做 Raid 备份。双口千兆以太网络适配器，带 12 小时 UPS 电源的计算机。

（2）交互式网络服务器。

交互式网络服务器的配置要求。10MB/100MB/1000MB 自适应可堆叠 24/48 口以太网交换机，需要提前做好综合布线系统，用交换式以太网组建局域网。

（3）墓室壁画数据库存储服务器。

墓室壁画数据库存储服务器的配置要求。用经过军工认证的 R520 系列双路服务器，2U 机架式设计；采用 Intel 至强 5600 四核系列处理器，可支持 DDR3 ECC 内存，最大支持 8 块热插拔 SATA 硬盘，2×1000MB 网卡；510W 单电源，可选 500W1+1 冗余电源。具有专利防水、抗菌键盘；防雷设计；机箱尺寸为 650 mm×430 mm×87 mm，CPU 为 Xeon E5606；主板为 Intel 5500 芯片组；内存为 2G ECC DDR3；模组为热插拔（机架式 SAS/SATA）；硬盘为 1TB SATA2；RAID 卡为 4 口 SATARAID 卡，支持 SATA RAID0、1、5。网卡为集成 1000MB×2 网卡；电源为 500W 单电源（2U）；R220/R520 2U 机架式服务器标准配件。

2. 网络开发环境

网络开发采用 Eclipse 平台、jdk1.7.0_25 开发包；Web 服务器采用 Tomcat 6.0；数据库采用 SQL Server 2008；网络浏览器采用 IE7.0 及以上版本；网站开发语言与工具包括网页设计工具、平台架构工具、编程语言和数据库语言。其中，页面设计为 HTML 语言、JSP 技术、JavaScript 技术、CSS 语言、Highcharts

插件；后台构架采用 Spring+Spring MVC+ Mybatis 框架构建环境；动态实现语言包括 Java 语言、JavaEE 平台、Jquery、Ajax。操作系统采用 Microsoft Windows 2008 Server（服务器），Microsoft Windows 7（客户端）。

3. 软件开发环境

软件环境为 Opencv 3.1.0、MATLAB 2016b、Visual C++ 10 配置 Visual Studio 联合开发，并加载偏微分方程工具箱、图像处理工具箱、轮廓波工具箱、聚类分析工具箱、曲线拟合工具等。

6.5.2 交互式实现过程

以陕西历史博物馆墓室壁画数字修复管理平台为例，设计用户登录界面，不同身份的用户通过注册申请可获得不同的权限操作，通过如图 6.19 界面即可登录。

图 6.19 陕西历史博物馆墓室壁画数字修复管理平台登录界面

博物馆管理人员、数字修复技术人员和文修专家登录后，以实名制的形式记录登录信息与操作痕迹，设定不同的权限，可交互式查阅彼此对于数字修复效果的评价，以及对制订修复方案的意见，如图 6.20 所示。

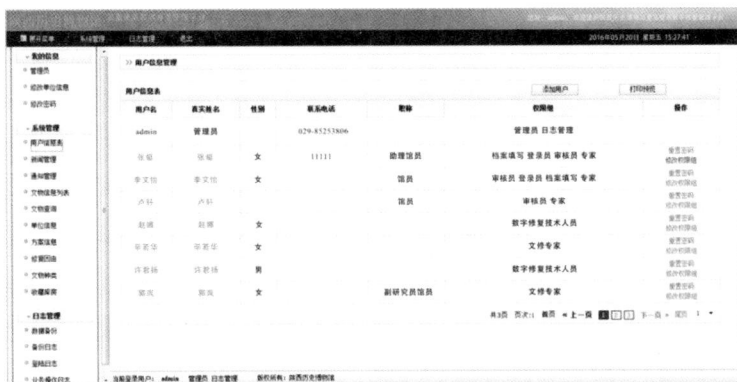

图 6.20　实体对象权限设置

在线游客、数字修复技术人员、文修专家、管理人员均可通过平台的检索功能对墓室壁画进行检索，了解其基本信息。墓室壁画本体信息检索如图 6.21 所示。

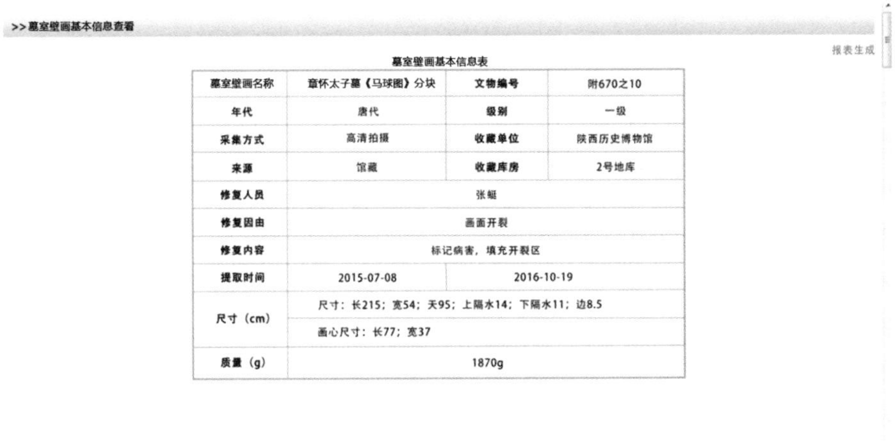

>>墓室壁画基本信息查看

报表生成

墓室壁画基本信息表

墓室壁画名称	章怀太子墓《马球图》分块	文物编号	附670之10
年代	唐代	级别	一级
采集方式	高清拍摄	收藏单位	陕西历史博物馆
来源	馆藏	收藏库房	2号地库
修复人员	张挺		
修复因由	画面开裂		
修复内容	标记病害，填充开裂区		
提取时间	2015-07-08	2016-10-19	
尺寸（cm）	尺寸：长215；宽54；天95；上隔水14；下隔水11；边8.5		
	画心尺寸：长77；宽37		
质量（g）	1870g		

图 6.21　墓室壁画本体信息检索

通过该平台可以观察动态的数字修复过程，以及产生的标记图与修复效果，如图 6.22 所示。

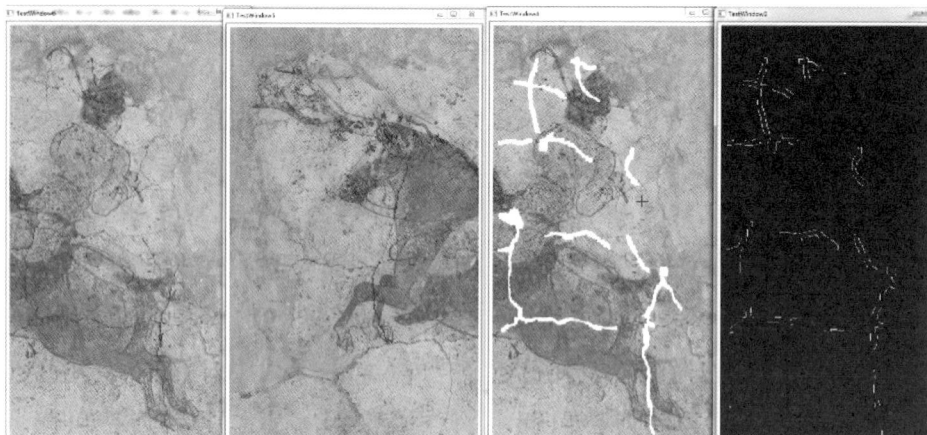

图 6.22　《马球图》分块数字修复过程

图 6.22 中展示了《马球图》分块数字修复的过程，从左到右分别为含病害壁画、加了掩码动态填充的壁画（中间两幅），以及待修复区域填充前缘动态收缩的壁画。

壁画数字修复效果查询界面如图 6.23 所示。

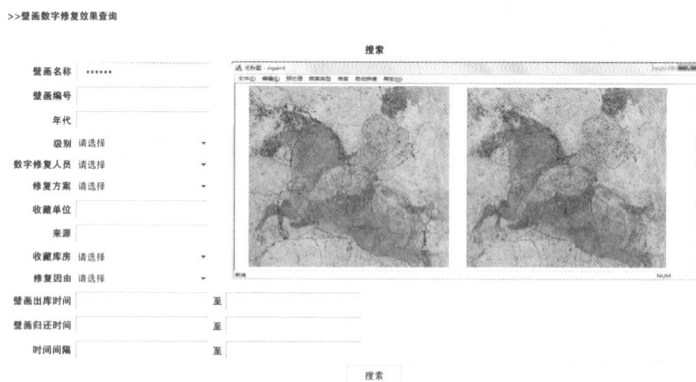

图 6.23　壁画数字修复效果查询界面

实验过程可以采用全局处理或指定区域处理，本实验将对《马球图》中局部分块的缺损信息进行数字修复处理，与没有对病害区域进行数字修复处理的壁画进行数字修复效果对比。通过对比结果，文修专家可对此数字修复显示的结果进行评价并提出建议，专家意见与签名、日期等通过平台上传到存储服务器，以便在进行壁画修复方案讨论时调阅。文修专家修复意见签单如图 6.24 所示。

图 6.24　文修专家修复意见签单

　　所有的远程文修专家和博物馆修复部的管理人员都可以将修复意见及反馈结果上传到平台进行方案论证，参与讨论的工作人员均会留存记录。文修专家交互式论证界面如图 6.25 所示。

图 6.25　文修专家交互式论证界面

　　通过查询、调阅、展示、评价、修正、讨论、定稿等流程，借助交互式馆藏墓室壁画数字修复管理平台，博物馆可充分利用文物系统现有的文修专家资源，推进修复方案的制订，降低墓室壁画出库的风险。在线游客通过平台检索与查询、比对数字修复效果，可以提前领略未修复的墓室壁画的重建效果，扩大文化宣传的范围。

6.6　本章小结

本章通过搭建交互式馆藏墓室壁画数字修复管理平台（TM-DIMP），为博物馆提供交互式数字修复效果评价与方案论证平台。依据格式塔视觉心理学，从底层格调与上层细节两个视觉层面进行分析。设计分形维数描述纹理细节的本质特征，块效应因子描述整体格调过渡的自然性，建立可以辅助评价墓室壁画修复效果的无参考客观评价因子。依据图像信息 5 级损伤标准设计大众评价指标与文修专家评价指标，辅助博物馆管理人员对修复方案进行评判。TM-DIMP 连接四大实体对象，即在线游客、文修专家、数字修复技术人员与博物馆管理人员，加载了墓室壁画数字档案提取功能、墓室壁画病害检测标记功能、墓室壁画多尺度修复功能、墓室壁画拼接功能、远程方案论证功能。在收集文修专家意见、挖掘墓室壁画信息、交互式修正方案与记录数学修复过程中，形成了大量墓室壁画数字修复档案。通过 TM-DIMP 远程交互作用，综合利用不同博物馆文修专家的修复经验，提高墓室壁画修复方案制订的效率，缩短了修复的周期。同时，也保证了墓室壁画调阅出库的安全性，扩大了文化宣传的作用。

后 记

　　我们通过研究馆藏墓室壁画的数字修复模型与关键算法,利用高清采集的墓室壁画数字信息,分析画面残存信息的特征,模拟墓室壁画修复的各个环节,提取画面残存信息的先验知识,建立了墓室壁画病害污染区域的数据模型和墓室壁画缺损信息的修复模型。我们设计了能够处理墓室壁画信息在受到随机物理不可逆损伤后,逆推其原始信息的反问题的解决方案。我们对比了墓室壁画与殿堂壁画和石窟壁画信息重建的差异,分析画面缺损信息重建过程中的病态性,并建立了一整套与墓室壁画实体修复流程环节一致,具有可行技术支撑的数字修复体系。经过上述研究,我们获得的主要研究成果包括以下 5 个方面。

　　(1)我们充分调研了文物数字化保护与数字化生存需求,针对我国博物馆大量急需修复的文物与馆内专职技术人员不足的矛盾,提出了利用高清采集的墓室壁画数字信息进行修复预演与方案论证的策略,缩短了博物馆文物修复流程中从方案论证到墓室壁画调阅出库的周期,提高了墓室壁画实体修复的安全性,避免在修复过程中的二次损坏。我们对国内外二维平面文物特别是墓室壁画类文物的数字化采集、信息提取、信息重建、数字化展示中所用到的信息处理技术进行了分析与比对;为数字化墓室壁画信息修复体系建立了完整的框架,并探讨了其技术层面的可行性;为墓室壁画数字信息提取、信息分类、信息标记、信息重建、信息展示等环节提供了对应的信息技术解决方案。

　　(2)我们深入研究了墓室壁画数字修复的核心技术(Digital Inpainting),该技术用全数字形式模拟手工修复过程中残存有效信息向信息缺损区域收敛的过程。我们依据 Bayes 最大后验逆概模型将其过程分为先验模型、数据模型和修复模型三大部分,并根据 Gibbs 能量公式将其映射到求解最小能量或最近似值的过程。我们将墓室壁画数字修复方案分为利用高阶偏微分导数求解变分PDE 方程的像素扩散策略和利用纹理合成技术寻找最优匹配样本的策略。通过对分析墓室壁画实体修复遇到的问题与墓室壁画数字修复过程中所面临的反问题求解的病态性，充分考虑人类视觉心理学对于信息重建过程中的 Gestalt 视觉感知原则，我们设计了从底层结构信息和上层纹理信息两个角度，分别优化像素扩散型和信息块填充型两大类修复技术，进行墓室壁画信息小尺度缺损和大尺度缺损的重建。

（3）我们研究了高清采集大型墓室壁画幅面大、数据量多的特点；分析了墓室壁画残存信息的轮廓、主体、颜色、纹理、结构、病害的分布情况，依据博物馆修复档案建立的需求，提出了非接触式画面残存信息提取技术，以替代博物馆现有的压膜、手绘、测量、生化检测等接触式、有损伤的画面信息提取方式。我们用边缘提取技术替代手绘线图过程；用基于形变的 Snake 分割与统计，通过内外能量泛函均衡，动态获取主体对象占比数据，替代墓室壁画人工主体信息分布测量；用基于巴氏距离的 K-means 聚类将对画面映射到 Lab 颜色空间进行基于五行色的分布统计，替代颜料化学取样检测；用多特征检测标定泥渍病害；用形态学 Top-hat 与 Below-hat 结合多尺度结构元素提取龟裂、裂缝和断裂病害，替代裂缝类病害的物理应变片检测。我们通过提取的画面残存信息，实现先验知识的设定与数据模型的建立，并在数字修复的过程中充分利用此类信息，引导修复过程中的扩散方向与填充顺序，提高了修复过程的可靠性与可行性。

（4）我们从多特征、多尺度、多层面、多角度对墓室壁画的数字修复模型进行了优化和改进。针对画面中纵横交错的龟裂、裂缝和断裂病害，提出将 CDD 模型中的正交半点采样改进为交叉采样，提高与病害同方向的信息扩散时的有效性；针对块状病害修复时在样本填充模型优先值 $P(p)$ 计算过程中，置信度 $C(p)$ 剧降导致的错误累积问题，增加色彩项 $S(p)$，降低优先值中置信度的比例，保证样本填充过程的稳定性。并参考先验知识中主体、背景分布信息，设置自适应样本尺寸，对不同的区域选择不同的修复精度，在保证效果的基础上，提高可执行性；通过小波能量统计画面上不同区域的纹理能量，以此为引导完成修复优先值的改进；针对墓室壁画幅面大、数据量多的情况，CPU 在进行遍历寻优运算时可执行度差的问题，设计先修复分镜头，再进行拼接的修复过程，针对单一镜头信息量不足的问题，实现可进行跨图相似样本的匹配与填充，扩源后修复效果得到提升；通过结构张量参数测算墓室壁画的结构信息，约束样本填充过程；通过马尔可夫随机场参数更新样本纹理匹配的准则，减少垃圾样本；利用形态学成分分解将墓室壁画分为纯纹理与纯结构信息，便于综合不同的修复方案得到更佳的修复效果；针对大型墓室壁画分块间出现大量信息缺损的问题，建立 Bezier 曲线拟合，结构约束下的分区域填充技术，可完成无重叠块间拼接的效果，满足了分块挖掘的墓室壁画整体完型的需求。

（5）我们搭建了交互式墓室壁画数字修复管理平台（TM-DIMP），通过互联网连接在线游客、文修专家、数字修复技术人员和博物馆管理人员，这四大实体可通过平台远程交互式共享数字墓室壁画资源，并通过数字修复效果的预演，对实体修复方案进行论证。我们分别设计了面向大众与文修专家的主/客观评价指标，并建立了符合人眼视觉评判标准的无参考客观评价因子，从上层视觉的纹理细节和底层视觉的结构联通性两个方面综合评判修复效果。通过平台收集在线游客和文修专家对数字修复预演方案的评价结果，辅以客观评价因子评价数据，提交给博物馆管理人员。文修专家可在存有异议的修复区域，标记并备注建议。博物馆可远程获取文修专家对修复效果的反馈意见，以及相关时间、地点、所属单位和专业特长。博物馆可通过筛选，邀请文修专家开展在线方案论证会，提高修复方案的行业认可。

馆藏墓室壁画的数字修复技术为博物馆繁重的文物保护与管理工作，提供了快速便捷、动态可视、无损安全的数字化信息提取、标记、重建、展示与管理的全程技术支持。它是我国文物数字化生存的内在要求，是智慧博物馆的关键环节，是面向世界、弘扬中华文明、传播历史信息的重要信息管理与信息系统科技进展。

我们在进行馆藏墓室壁画数字修复模型与关键算法研究的过程中，通过对博物馆信息管理需求的逐渐深入了解，发现了很多博物馆管理流程中可以与信息处理技术结合的契合点。博物馆馆藏文物珍贵而脆弱，现有的很多考古分析方式都会带有一定的损伤性，却不得已而为之。目前，博物馆已经通过高清采集、多光谱采集、激光扫描、显微电镜拍摄等手段，获取了文物多方面的数字信息。但是，如何利用这些数字信息目前还没有一套成熟的体系。我们的研究以二维平面文物为代表，在可见光高清信息中完成了墓室壁画缺损信息重建的一整套修复体系。随后，研究准备沿着这个方向进行多光谱信息墓室壁画颜料的成分分析；通过墓室壁画表面应变片电流波动预测画面开裂的风险；仅通过画面尺寸比例关系来确定墓室壁画支撑体的重心，预测其承重能力，预防错位与坍塌等方面的研究。

致　谢

感谢陕西省文物保护研究院的马涛副院长与王展研究员，陕西历史博物馆的李文怡研究馆员，王佳副研究馆员，西安碑林博物馆的景亚鹏研究员。在我进行数字修复实验的过程中给予了许多指导，使我了解到许多关于文博行业的专业知识。借此机会，我特向诸位致以深深的谢意。

感谢美国俄亥俄州立大学的黄昆教授，在我留学访美期间，给予了大量的科研建议与学术思路，为我一年的学术访问提供了良好的硬件平台，并共建了长期的科研合作模式。感谢西北工业大学的杨军昌教授和天津大学的张加万教授，在我进行文物数字化信息处理的研究过程中给予了许多具有前瞻性的技术建议，帮助我找到不断调整技术方案的突破点。

在墓室壁画数字修复技术的学习与研究过程中，借助西安建筑科技大学与文物系统良好的合作基础，我的团队收获了不少的成绩，感谢数字修复小组里的每个人，陈卿、王凯、梁龙、李宣妮、李彩燕、申婧妮、赵娜、许君扬等研究生，以及一起工作与学习的胡燕博士、张小红博士、卢英博士、王可博士等。大家多年的实验累积与研究基础为本书的完成提供了良好的支撑。

另外，本书中的工作，也获得国家基金委与陕西省科技厅的支持，特此感谢国家对科学研究工作的扶持。

最后感谢我的家人，当我在研究所与同事们奋战攻破难题的时候，是他们默默的支持让我心无旁骛。

参 考 文 献

[1] K298.7—2015. 中国文物古迹保护准则[S]. 北京：国际古迹遗址理事会中国国家委员会，2015.

[2] 国家文物局网. 第一次全国可移动文物普查数据公报[EB/OL]. 2017-04-07[2020-03-02]. http://www.ncha.gov.cn/art/2017/4/7/art_722_139374.html.

[3] 文化和旅游部外联局. 联合国教科文组织保护世界文化公约选编：汉英对照[M]. 北京：法律出版社，2006.

[4] CE/15/5. CP/12. Diversity of Cultural Expressions[S]. Paris: United Nations Educational Scientific and Cultural Organization, 2015.

[5] 徐明景. 光栅式多频影像系统应用于平面文物数位典藏之研究[J]. 台湾博物馆学刊，2015，68（4）：53-62.

[6] 科学技术部，文化和旅游部，国家文物局. 国家文物博物馆事业发展"十三五"规划[R]. 北京：国科发社，2016（374）.

[7] 中华人民共和国文物保护法[J]. 北京：中国法制出版社，2015.

[8] 成倩，宋燕，孙延忠. 馆藏壁画的历史信息与现状调查[J]. 文博，2009（6）：216-221.

[9] 段萍. 墓室壁画保存现状及保护修复方法[J]. 中国文物科学研究，2007（04）：56-59.

[10] 赵荣. 陕西历史博物馆文物保护修复报告[M]. 西安：世界图书馆，2014.

[11] 刘兴倍. 管理学原理教学案例库[M]. 北京：清华大学出版社，2005.

[12] 韩凯英，赤银忠. 文物保护修复技术的魅力[C]//第十二届全国文物修复技术研讨会，2014：242-246.

[13] 江继兰. 应重视文物工程技术人才的培养[N]. 中国文化报（海外版），2010-03-08（6）.

[14] BOMFORD D, WALDEN S. The ravished image, or how to ruin masterpieces by restoration[J]. Studies in Conservation, 1985, 31(1): 45.

[15] 孙波. 我国完成文物系统博物馆全部馆藏珍贵文物数据采集[EB/OL]. 国家文物局网，2011-06-24.

[16] 邹满星. 墓室壁画在美术史中的地位[J]. 陕西教育（高教版），2012（9）：31-32.

[17] GB/T 30237—2013. 古代壁画病害与图示[S]. 北京：中华人民共和国国家文物局，2013-12-31.

[18] BUYSSENS P, DAISY M, TSCHUMPERLÉ D, et al. Exemplar-based inpainting: technical review and new heuristics for better geometric reconstructions[J]. Image Processing, IEEE Transactions on, 2015, 24(6): 1809-1824.

[19] GROSSAUER H. Inpainting of movies using optical flow[C]//Mathematical Models for Registration and Applications to Medical Imaging. Berlin Heidelberg: Springer, 2006: 151-162.

[20] VORONIN V V, MARCHUK V I, SHERSTOBITOV A I, et al. Image extrapolation for photo stitching using nonlocal patch-based inpainting[C]//SPIE Sensing Technology + Applications. International Society for Optics and Photonics, 2014: 91200W-91200W-10.

[21] MOUSA R, KOLIVAND H, SUNAR M S. Enhanced exemplar based inpainting algorithm for hiding the augmented reality marker[C]//Proceedings of the 12th International Conference on Advances in Computer Entertainment Technology. ACM, 2015: 23.

[22] CHÉRIGUI S, ALAIN M, GUILLEMOT C, et al. Epitome inpainting with in-loop residue coding for image compression[C]//Image Processing(ICIP), 2014 IEEE International Conference on IEEE, 2014: 5581-5585.

[23] GRABCZEWSKI E, COSMAS J, VAN S P, et al. 3D MURALE: multimedia database system architecture[C]//Proceedings of the 2001 conference on Virtual reality, archeology, and cultural heritage. ACM, 2001: 315-322.

[24] 中国西安文物保护修复中心. 影像水陆庵[M]. 北京：文物出版社，2009.

[25] TOPALIAN R, MAREC J L. Visite +: innover dans l'interactivité[J]. La Lettre de l' OCIM, 2008(118): 22-32.

[26] KOLLER D, TRIMBLE J, NAJBJERG T, et al. Fragments of the city: Stanford's Digital "Forma Urbis Romae" Project[M]. 2006.

[27] BROWN B J, TOLER-FRANKLIN C, NEHAB D, et al. A system for high-volume acquisition and matching of fresco fragments: Reassembling Theran wall paintings[C]//ACM Transactions on Graphics(TOG). ACM, 2008, 27(3): 84.

[28] 冯翔，周明全. 带纹理的三维模型简化算法[J]. 计算机辅助设计与图形学学报，2009，21（6）：842-846，852.

[29] 王慧琴，韩建武，吴萌，等. 《马球图》壁画中裂缝的自动虚拟修复方法研究 [C]//中国文物保护技术协会第七次学术年会，2012.

[30] BERTALMIO M, SAPIRO G, CASELLES V, et al. Image inpainting[C]// Proceedings of the 27th annual conference on Computer graphics and interactive techniques. ACM Press/Addison-Wesley Publishing Co, 2000: 417-424.

[31] SHEN J, CHAN T F. Mathematical models for local nontexture inpaintings[J]. SIAM Journal on Applied Mathematics, 2002, 62(3): 1019-1043.

[32] CHAN T F, SHEN J. Nontexture inpainting by curvature-driven diffusions[J]. Journal of Visual Communication and Image Representation, 2001, 12(4): 436-449.

[33] WEI L Y, LEVOY M. Fast texture synthesis using tree-structured vector quantization[C]// ACM Press, Addison-Wesley Publishing Co, 2000: 479-488.

[34] BALLESTER C, CASELLES V, VERDERA J, et al. Sapiro. A variational model for filling-in gray level and color images[C]//IEEE, 2001: 10-16.

[35] ZELINKA S, GARLAND M. Towards Real-Time Texture Synthesis with the JumpMap[C]//Rendering Techniques, 2002: 99-104.

[36] EFROS A A, FREEMAN W T. Image quilting for texture synthesis and transfer[C]//Proceedings of the 28th annual conference on Computer graphics and interactive techniques. ACM, 2001: 341-346.

[37] CRIMINISI A, PÉREZ P, TOYAMA K. Region filling and object removal by exemplar-based image inpainting[J]. Image Processing, IEEE Transactions on, 2004, 13(9): 1200-1212.

[38] ESEDOGLU S, SHEN J. Digital inpainting based on the Mumford-Shah-Euler image model[J]. European Journal of Applied Mathematics, 2002, 13(04): 353-370.

[39] CHAN T F, SHEN J. Variational image inpainting[J]. Communications on pure and applied mathematics, 2005, 58(5): 579-619.

[40] BERTALMIO M. Strong-continuzation, contrast-invariant Inpainting with a third-order optimal PDE[J]. IEEE Transaction on Image Inpainting, 2006, 15(7): 1934-1938

[41] TSCHUMPERLÉ D. Fast anisotropic smoothing of multi-valued images using curvature-preserving PDE's[J]. International Journal of Computer Vision, 2006, 68(1): 65-82.

[42] BARCELOS C A Z, BATISTA M A. Image Restoration Using Digital Inpainting and Noise Removal[J]. Image and Vision Computing, 2007, 25(1): 61-69.

[43] 仵冀颖, 阮秋琦. 亥姆霍兹涡量方程与偏微分方程耦合修复模型[J]. 光电子·激光, 2008, 19 (8): 1104-1107.

[44] CHAN R H, WEN Y W, YIP A M. A fast optimization transfer algorithm for image inpainting in wavelet domains[J]. Image Processing, IEEE Transactions on, 2009, 18(7): 1467-1476.

[45] HUMPHREY D, TAUHMAN D. A filtering approach to edge preserving MAP estimation of image[J]. IEEE Transactions on Singal Processing, 2011, 20(5): 1234-1248.

[46] ARIAS P, CASELLES V, FACCIOLO G, et al. Nonlocal variational models for inpainting and interpolation[J]. Mathematical Models and Methods in Applied Sciences, 2012, 22(supp02): 1230003.

[47] EBRAHIMI M A, HOLST M, LUNASIN E. The Navier-Stokes-Voight model for image inpainting[J]. IMA Journal of Applied Mathematics, 2012: hxr069.

[48] BADEAU R, DREMEAU A. Variational Bayesian EM algorithm for modeling mixtures of non-stationary signals in the time-frequency domain(HR-NMF)[C]//Acoustics, Speech

and Signal Processing(ICASSP), 2013 IEEE International Conference on. IEEE, 2013: 6171-6175.

[49] SPIRIK J, ZATYIK J, LOCSI L. Image extrapolation using K-SVD algorithm[C]// Telecommunications and Signal Processing(TSP), 2013 36th International Conference on IEEE, 2013: 877-880.

[50] BOSCH J, KAY D, STOLL M, et al. Fast solvers for Cahn-Hilliard inpainting[J]. SIAM Journal on Imaging Sciences, 2014, 7(1): 67-97.

[51] ABDERRAHIM E, XAVIER D, ZAKARIA L. Nonlocal infinity Laplacian equation on graphs with applications in image processing and machine learning[J]. Mathematics and Computers in Simulation, 2014, 102: 153-163.

[52] BOSCH J, STOLL M. A fractional inpainting model based on the vector-valued Cahn-Hilliard equation[J]. SIAM Journal on Imaging Sciences, 2015, 8(4): 2352-2382.

[53] AFONSO M V, RAPOSO SANCHES J M. Blind inpainting using and total variation regularization[J]. Image Processing, IEEE Transactions on, 2015, 24(7): 2239-2253.

[54] BARBU T. Variational image inpainting technique based on nonlinear second-order diffusions[J]. Computers & Electrical Engineering, 2016, 54: 345-353.

[55] BARBU T. Nonlinear anisotropic diffusion-based structural inpainting framework[C]// 2017 13th International Conference on Advanced Technologies, Systems and Services in Telecommunications(TELSIKS). IEEE, 2017: 207-210.

[56] BENSEGHIR M, NOURI F Z, TAUBER P C. A new partial differential equation for image inpainting[J]. Bol. Soc. Mat, 2018.

[57] HALIM A, KUMAR B V R. An anisotropic PDE model for image inpainting[J]. Computers & Mathematics with Applications, 2020, 79(9): 2701-2721.

[58] HAINDL M, FILIP J. Extreme compression and modeling of bidirectional texture function[J]. Pattern Analysis and Machine Intelligence, IEEE Transactions on, 2007, 29(10): 1859-1865.

[59] KUO C M, YANG N C, CHANG W H, et al. Image recovery based on effective image completion[C]//IEEE, 2008: 393-396.

[60] PEYRÉ G. Texture synthesis with grouplets[J]. Pattern Analysis and Machine Intelligence, IEEE Transactions on, 2010, 32(4): 733-746.

[61] PANDYA N, PANDYA M. An image inpainting using patch-based synthesis via sparse representation[J]. Inter. J. Sci. Techn. Eng, 2014: 11-14.

[62] FAVORSKAYA M, JAIN L C, BOLGOV A. Image inpainting based on self-organizing maps by using multi-agent implementation[J]. Procedia Computer Science, 2014, 35: 861-870.

[63] RUZIC T, PIZURICA A. Context-aware patch-based image inpainting using markov random field modeling[J]. Image Processing, IEEE Transactions on, 2015, 24(1): 444-456.

[64] GALERNE B, LECLAIRE A. Texture inpainting using efficient Gaussian conditional simulation[J]. SIAM Journal on Imaging Sciences, 2017, 10(3): 1446-1474.

[65] KOMODAKIS N. Image completion using global optimization[C]//Computer Vision and Pattern Recognition, 2006 IEEE Computer Society Conference on IEEE, 2006, 1: 442-452.

[66] WONG A, ORCHARD J. A nonlocal-means approach to exemplar-based inpainting[C]// Image Processing, 2008. ICIP 2008. 15th IEEE International Conference on IEEE, 2008: 2600-2603.

[67] WOHLBERG B. Inpainting with sparse linear combinations of exemplars[C]// Acoustics, Speech and Signal Processing, 2009. ICASSP 2009. IEEE International Conference on. IEEE, 2009: 689-692.

[68] NISHIHARA A. Exemplar-based image inpainting with patch shifting scheme[C]// Digital Signal Processing(DSP), 2011 17th International Conference on IEEE, 2011: 1-5.

[69] HESABI S, MAHDAVI-AMIRI N. A Modified Patch Propagation- based Image Inpainting Using Patch Sparsity[C]//AISP 2012-16th CSI International Symposium on Artificial Intelligence and Signal Processing: 43-48.

[70] DAISY M, BUYSSENS P, TSCHUMPERLÉ D, et al. A smarter exemplar-based inpainting algorithm using local and global heuristics for more geometric coherence[C]//

Image Processing(ICIP), 2014 IEEE International Conference on. IEEE, 2014: 4622-4626.

[71] MAUGEY T, FROSSARD P, GUILLEMOT C. Guided inpainting with cluster-based auxiliary information[C]//Image Processing(ICIP), 2015 IEEE International Conference on. IEEE, 2015: 1702-1706.

[72] SIADATI S Z, YAGHMAEE F, MAHDAVI P. A new exemplar-based image inpainting algorithm using image structure tensors[C]//Electrical Engineering (ICEE), 2016 24th Iranian Conference on. IEEE, 2016: 995-1001.

[73] KAROS L, BHEED P, PETER P, et al. Optimising data for exemplar-based inpainting[C]// International Conference on Advanced Concepts for Intelligent Vision Systems. Springer, Cham, 2018: 547-558.

[74] RESHNIAK V, TRAGESER J, WEBSTER C G. A nonlocal feature-driven exemplar-based approach for image inpainting[J]. arXiv preprint arXiv: 1909. 09301, 2019.

[75] BERTALMIO M, VESE L, SAPIRO G, et al. Simultaneous structure and texture image inpainting[J]. IEEE transactions on image processing, 2001, 12(8): 882-889.

[76] ELAD M, STARCK J L, QUERRE P, et al. Simultaneous cartoon and texture image inpainting using morphological component analysis(MCA)[J]. Applied and Computational Harmonic Analysis, 2005, 19(3): 340-358.

[77] SHIH T K, CHANG R C. Digital inpainting-survey and multilayer image inpainting algorithms[C] //Third International Conference on Information Technology and Applications, ICITA. IEEE, 2005: 15-24.

[78] DESAI K B, BOMBAYWALA S R, PAUNWALA C N. Sparsity based image inpainting using optimisation techniques[C]//TENCON 2015-2015 IEEE Region 10 Conference. IEEE, 2015: 1-6.

[79] THAI D H, GOTTSCHLICH C. Simultaneous Inpainting and Denoising by Directional Global Three-part Decomposition: Connecting Variational and Fourier Domain Based Image Processing[J]. ArXiv preprint arXiv, 2016: 1606-1661.

[80] ALILOU V K, YAGHMAEE F. Exemplar-based image inpainting using svd-based approximation matrix and multi-scale analysis[J]. Multimedia Tools and Applications, 2017, 76(5): 7213-7234.

[81] GHORAI M, SAMANTA S, MANDAL S, et al. Multiple pyramids based image inpainting using local patch statistics and steering kernel feature[J]. IEEE Transactions on Image Processing, 2019, 28(11): 5495-5509.

[82] WU M, WANG H Q, ZHANG Z L. Research on image inpainting with adaptive decomposition in frequency domain[J]. Computer Modelling and New Technologies, 2013, 17(4): 229-235.

[83] WU M, WANG H Q, YANG W Z. Perceptual uniform simulation for tang tomb mural inpainting by camera array[J]. International Journal of Simulation: Systems, Science and Technology, 2016, 17(47): 5. 1-5. 7.

[84] PAPPAS M. Digital color restoration of old paintings[J]. IEEE Transactions on Image Processing, 2000, 9(2): 291-294.

[85] BARNI M, BARTOLINI F, CAPPELLINI V. Image processing for virtual restoration of artworks[J]. MultiMedia, IEEE, 2000, 7(2): 34-37.

[86] MASTIO A D, CAPPELLINI V, CALDELLI R, et al. Virtual Restoration and Protection of Cultural Heritage Images[C]//International Conference on Digital Signal Processing IEEE, 2007: 471-474.

[87] GEORGE P, PETROS M. Image Inpainting with Awavelet Domain Hidden Markov Tree Model[J]. Acoustics, Speech and Signal Processing, 2008: 773-776.

[88] BLAZEK J, ZITOVÁ B, BENES M, et al. Fresco restoration: Digital image processing approaches[C]//Signal Processing Conference, 2009 17th European. IEEE, 2009: 1210-1214.

[89] BENEŠ M, ZITOVÁ B, BLAŽEK J, et al. Removing the artifacts from artwork cross-section images[C]//IEEE International Conference on Image Processing. IEEE, 2011: 3537-3540.

[90] CHANDA B, RATRA D, MOUNICA B L S. Virtual restoration of old mural paintings using patch matching technique[C]//Third International Conference on Emerging Applications of Information Technology. IEEE, 2012: 299-302.

[91] AGRAWAL H, NAMBOODIRI A M. Detection and segmentation of approximate repetitive patterns in relief images[C]//Eighth Indian Conference on Computer Vision. Graphics and Image Processing, 2012: 1-8.

[92] KARIANAKIS N, MARAGOS P. An integrated system for digital restoration of prehistoric Theran wall paintings[C]//Digital Signal Processing(DSP), 2013 18th International Conference on, Fira, IEEE, 2013: 1546-1874.

[93] CORNELIS R, DOOMS P, MARTENS D. Crack detection and inpainting for virtual restoration of paintings: The case of the Ghent Altarpiece[J]. Signal Processing, 2013, 93(3): 605-619.

[94] LEE Y K, LEE Y H, HONG S H, et al. Design and Development of Multimedia Cultural Contents for Virtual Reality Gogurye Ancient Tomb Mural[C]//International Conference on Information Science and Applications, 2014: 1-2.

[95] ASWATHA S M, MUKHERJEE J, BHOWMICK P. An Integrated Repainting System for Digital Restoration of Vijayanagara Murals[J]. International Journal of Image and Graphics, 2016, 16(01): 1650005.

[96] PURKAIT P, GHORAI M, SAMANTA S, et al. A Patch-Based Constrained Inpainting for Damaged Mural Images[M]//Digital Hampi: Preserving Indian Cultural Heritage. Singapore: Springer, 2017: 205-223.

[97] JAIDILERT S, FAROOQUE G. Crack Detection and Images Inpainting Method for Thai Mural Painting Images[C]//2018 IEEE 3rd International Conference on Image, Vision and Computing(ICIVC). IEEE, 2018: 143-148.

[98] BARRA P, BARRA S, NAPPI M, et al. SAFFO: A SIFT based approach for digital anastylosis for fresco recOnstruction[J]. Pattern Recognition Letters, 2020, 138: 123-129.

[99] 石宜辉. 敦煌石窟文物的数字化获取与展示[D]. 杭州：浙江大学，2002.

[100] 孙佳石. 敦煌壁画颜色还原校正方法的研究[D]. 杭州：浙江大学，2004.

[101] 周宇. 基于线描图智能化生成的计算机辅助壁画修复[D]. 杭州：浙江大学，2003.

[102] 华忠，鲁东明，潘云鹤. 敦煌壁画虚拟复原及演变模拟模型研究[J]. 中国图像图形学报，2002，2：181-186.

[103] 刘洋，鲁东明，刁常宇. 敦煌285窟多媒体集成虚拟展示[J]. 计算机辅助设计与图形学学报，2004，11：1528-1534.

[104] PEI S C, ZENG Y C, CHANG C H. Virtual restoration of ancient Chinese paintings using color contrast enhancement and lacuna texture synthesis[J]. Image Processing, IEEE Transactions on, 2004, 13(3): 416-429.

[105] LIU L, LI H. Image Completion and Its Application in Cultural Relic Preservation[C]// International Congress on Image and Signal Processing. IEEE, 2009: 1-5.

[106] 贾建芳. 基于马尔可夫随机场和图割的敦煌壁画分割[D]. 兰州：西北民族大学，2009.

[107] 杨筱平，王书文，贾建芳，等. 基于 GrabCut 分割和自动采样的敦煌壁画色彩修复[J]. 兰州理工大学学报，2010，36（3）：114-117.

[108] 黄伟，王书文. 一种结合结构和纹理特征修复敦煌壁画的方法[J]. 西北民族大学学报（自然科学版），2009，30（1）：60-63.

[109] 杨筱平，王书文. 基于优先值改进算法的敦煌壁画复杂破损区域修复[J]. 计算机辅助设计与图形学学报，2011，23（2）：284-289.

[110] 杨筱平，刘勍，董忠，等. 基于均方差快速增强的图像修复算法[J]. 图学学报，2015，36（2）：233-237.

[111] 皮炳坤，王书文，张弘强. DS 证据理论在壁画图像修复算法的研究[J]. 长春工程学院学报（自然科学版），2015，4：022.

[112] 王慧琴，韩建武，吴萌，等. 《马球图》壁画中裂缝的自动虚拟修复方法研究[C] //中国文物保护技术协会，2012：6.

[113] 王凯，王慧琴，吴萌. 唐墓室壁画裂缝的自动虚拟修复方法[J]. 计算机工程与应用，2014，50（15）：136-139.

[114] 贾蕊，王慧琴，吴萌. 基于内容自适应的唐墓室壁画修复算法[J]. 计算机工程与应用，2015，51（11）：179-181+186.

[115] 吴萌，王慧琴，李文怡. 多尺度唐墓室壁画病害标记及修复技术研究[J]. 计算机工程与应用，2016，52（11）：169-174.

[116] 李彩艳，王慧琴，吴萌，等. 唐墓室壁画泥斑病害自动标定及虚拟修复[J]. 计算机工程与应用，2016，52（15）：233-236.

[117] 申婧妮，王慧琴，吴萌，等. MCA 分解的唐墓室壁画修复算法[J]. 计算机科学与探索，2017，11（11）：1826-1836.

[118] 王展，王慧琴，吴萌，等. 新津观音寺明代壁画图像的计算机自动虚拟修复研究[J]. 文物保护与考古科学，2018，30（03）：109-113.

[119] 王可，王慧琴，殷颖，等. 基于光谱重建技术的壁画颜色复原与评价[J]. 激光技术，2019，43（02）：280-285.

[120] 王燕妮，朱丹娜，王慧琴，等. 基于卷积神经网络的壁画颜料多光谱图像分类[J]. 激光与光电子学进展，2019，56（22）：48-56.

[121] WU M, PAYSHANBIEV A, ZHAO Q, et al. Nonlinear optimization generating the Tomb Mural Blocks by GANS[J]. Applied Mathematics and Nonlinear Sciences, 2020, 1(ahead-of-print).

[122] 齐泽垚. 章怀太子墓《马球图》——禁止出国（境）展览文物[J]. 中国社会科学网，2014.

[123] 王建荣. 墓室壁画高精度影像数字化采集技术与应用[J]. 文博，2011（03）：66-70.

[124] 王旭东，苏伯民，陈港泉，等. 中国古代壁画保护规范研究[M]. 北京：科学出版社，2013.

[125] GB/T 30235—2013. 古代壁画保护修复档案规范[S]. 北京：国家文物局，2013.

[126] 严淑梅，周铁，黄建华，等. 馆藏唐代壁画画面霉斑清洗剂的筛选实验研究[J]. 文物保护与考古科学，2010，22（2）：53-59.

[127] CHAN T F, SHEN J. Bayesian inpainting based on geometric image models[M]// Recent Progress in Computational and Applied PDEs. US: Springer, 2002: 73-99.

[128] GUSTAFSSON D K J, PEDERSEN K S, NIELSEN M. Geometric and texture inpainting by Gibbs sampling[J]. Proceedings Ssba 2007, 2007.

[129] BERTERO M, POGGIO T A, TORRE V. Ill-posed problems in early vision[C]// Proceedings of the IEEE, USA, IEEE, 1988: 869-889.

[130] ZAK M K, TOUTOUNIAN F. A shifted nested splitting iterative method with applications to ill-posed problems and image restoration[J]. Computers & Mathematics with Applications, 2016, 71(1): 213-223.

[131] KANIZSA G. Organization in Vision[M]. New York: Praeger, 1979.

[132] DESOLNEUX A. MOISAN L, MOREL J M. From Gestalt theory to image analysis[M]. New York: Springer, 2008.

[133] KOFFKA K. Perception: An introduction to the Gestalt-theorie[J]. Psychological Bulletin, 1922, 19(10): 531-585.

[134] STEVENSON H. Emergence: The gestalt approach to change[J]. Unleashing Executive and Orzanizational Potential. Retrieved, 2012, 7.

[135] SOEGAARD M. Gestalt principles of form perception[J]. Interaction-Design. org, 2010: 8.

[136] GREGORY R L. Eye and brain: The psychology of seeing[M]. Princeton: Princeton university press, 2015.

[137] AKSOY S. Image Segmentation[J]. Department of Computer Engineering, Bilkent Univ, 2012: 1-59.

[138] WAGEMANS J, ELDER J H, KUBOVY M, et al. A century of Gestalt psychology in visual perception: I. Perceptual grouping and figure-ground organization[J]. Psychological bulletin, 2012, 138(6): 1172.

[139] ALI N, PEEBLES D. The effect of gestalt laws of perceptual organization on the comprehension of three-variable bar and line graphs[J]. Human Factors: The Journal of the Human Factors and Ergonomics Society, 2013, 55(1): 183-203.

[140] PIRZADEH H, HAMOU-LHADJ A. A Novel Approach Based on Gestalt psychology for Abstracting the Content of Large Execution Traces for Program Comprehension[C]// IEEE International Conference on Engineering of Complex Computer Systems. IEEE Computer Society, 2011: 221-230.

[141] NEVIS E C. Organizational consulting: A Gestalt approach[M]. Taylor & Francis, 2013.

[142] CATTÉ F, LIONS P L, MOREL J M, et al. Image selective smoothing and edge detection by nonlinear diffusion[J]. SIAM Journal on Numerical analysis, 1992, 29(1): 182-193.

[143] TOPPING P. Relating diameter and mean curvature for submanifolds of Euclidean space[J]. Commentarii Mathematici Helvetici, 2008, 83(3): 539-546.

[144] MÄRZ T. First Order Quasi-Linear PDEs with BV Boundary Data and Applications to Image Inpainting[M]. Logos Verlag Berlin GmbH, 2010.

[145] JUNG M, BRESSON X, CHAN T F, et al. Color image restoration using nonlocal Mumford-Shah regularizers[J]. Lecture Notes in Computer Science, 2009: 373-387.

[146] FADILI J M, PEYR G. Total variation projection with first order schemes[C]// IEEE International Conference on Image Processing. IEEE Press, 2009: 1317-1320.

[147] EL-ZEHIRY, NOHA Y, GRADY L. Fast global optimization of curvature[C]// Proceedings of the IEEE Computer Society Conference on Computer Vision and Pattern Recognition, 2010: 3257-3264.

[148] OLIVEIRA M M, BOWEN B, MCKENNA R. Fast digital image inpainting[C]//Iasted International Conference on Visualization, 2001: 261-266.

[149] EBRAHIMI H L. The Navier-Stokes-Voight model for image Inpainting[J]. IMA Journal of Applied Mathematics(Institute of Mathematics and Its Applications), 2013(05): 869-894.

[150] BERNTSSON B. Coefficient identification in PDEs applied to image Inpainting[J]. Applied Mathematics and Computation, 2014(242): 227-235.

[151] SHIBATA T, IKETANI A, SENDA S. Image inpainting based on probabilistic structure estimation[C]//Asian Conference on Computer Vision. Springer-Verlag, 2010: 109-120.

[152] HUAN M A, ADEL L. Image restoration based on the fast marching method and block based sampling[J]. Computer Vision and Image Understanding, 2010, 114(8): 847-856.

[153] LEE J S, WEI K J, WEN K R. Image structure rebuilding technique using fractal dimension on the best match patch searching[J]. Multimedia Tools and Applications, 2017, 76(2): 1875-1899.

[154] FLORINABEL D J, JULIET S E, SADASIVAM V. Combined frequency and spatialdomain-based patch propagation for image completion[J]. Computers & Graphics, 2011, 35(6): 1051-1062.

[155] KOMODAKIS N, TZIRTAS G. Image completion using efficientbelief propagation via priority scheduling and dynamic pruning[J]. IEEE Transactions on Image Processing, 2007, 16(11): 2649-2661.

[156] MARTÍNEZ R, ROUMY A, BLANCHARD G. Exemplar-based image inpainting: Fast priority and coherent nearest neighbor search[C]//IEEE International Workshop on Machine Learning for Signal Processing. IEEE, 2012: 1-6.

[157] GOSWAMI P, PAUNWALA C. Exemplar-based image inpainting using ISEF for priority computation[C]//International Conference on Circuits, Systems, Communication and Information Technology Applications. IEEE, 2014: 75-80.

[158] BOROLE R P. Patch-based inpainting for object removal and region filling in images[J]. Journal of Intelligent Systems, 2013, 22(3): 335-350.

[159] KAWAI S Y. Image inpainting considering brightness change and spatial locality of textures and its evaluation[J]. Lecture Notes in Computer Science, 2009, 541: 271-282.

[160] VORONIN V V, EGIAZARIAN K O. Image's reconstruction using modified exemplar based method[J]. Proceedings of SPIE-The International Society for Optical Engineering, 2011, 7870(3): 1-12.

[161] 吴春龙. 中国书画的"修旧如旧"与"最小干预"[J]. 中国文物科学研究，2012（1）：80-84.

[162] 石瑜. 章怀太子墓室壁画《仪卫图》造型特点和用线分析[J]. 西安文理学院学报（社会科学版），2006，9（4）：8-10.

[163] 马鸿藻. 田野考古绘图[M]. 北京：北京大学出版社，2010.

[164] YANG Y, ZHENG N, LIU Y, et al. Interactive facial sketch expression generation using local constraints[C]//2009 IEEE International Conference on Intelligent Computing and Intelligent Systems. IEEE, 2009, 2: 864-868.

[165] CHEN H, XU Y Q, SHUM H Y, et al. Example-based facial sketch generation with non-parametric sampling[C]//Proceedings Eighth IEEE International Conference on Computer Vision. ICCV 2001. IEEE, 2001, 2: 433-438.

[166] CHEN H, LIU Z, ROSE C, et al. Example-based composite sketching of human portraits[C]//Proceedings of the 3rd international symposium on Non-photorealistic animation and rendering, 2004: 95-153.

[167] YONG J L, LAWRENCE C Z, MICHAEL F C. Shadow Draw: real-time user guidance for freehand drawing[J]. Proceedings of ACM SIGGRAPH. 2011, 30(4).

[168] LIU J M, LU D M, SHI X F. Interactive sketch generation for dunhuang frescoes[J]. Proceedings of the First International conference, 2006: 943-946.

[169] FU X Y, HAN Y, SUN Z J, et al. Line-drawing enhanced interactive mural restoration for Dunhuang Mogao Grottoes[J]. ISPRS Annals of the Photogrammetry, Remote Sensing and Spatial Information Sciences, 2017, 4: 99.

[170] ALCOCER A A, SEGOVIA E R, PLAZA Á R. To Draw… What for? Terminological approach to objectives and teaching strategies through drawing statements as heritage[C]//Congreso Internacional de Expresión Gráfica Arquitectónica. Cham: Springer, 2020: 464-472.

[171] ABZAL A, SAADATSERESHT M, VARSHOSAZ M, et al. Development of an automatic map drawing system for ancient bas-reliefs[J]. Journal of Cultural Heritage, 2020.

[172] 耿忠丽. 永乐宫壁画线条研究在创作实践中的运用[D]. 杭州: 杭州师范大学, 2016.

[173] MCFADDEN S. Art on the edge: The late Roman wall painting of Amheida, Egypt[J]. 2015.

[174] ZITNICK C L, DOLLÁR P. Edge boxes: Locating object proposals from edges[C]// European Conference on Computer Vision. Springer International Publishing, 2014: 391-405.

[175] SANGWINE S J, HORNE R. The colour image processing handbook[M]. Springer Science & Business Media, 2012.

[176] ASSUNÇÃO R, CORREA T. Shiryaev-Roberts Method to Detect Space-Time Emerging Clusters[M]//Advances in Geoinformatics. Berlin: Springer Berlin Heidelberg, 2007: 283-292.

[177] ISMAIL S N. Edge detection of Malaysian license plate number image by using the prewitt algorithm[J]. Faculty of Computer and Mathematical Sciences, 2007.

[178] VINCENT O R, FOLORUNSO O. A descriptive algorithm for sobel image edge detection[C]//Proceedings of Informing Science & IT Education Conference (InSITE), 2009, 40: 97-107.

[179] YASMIN J H J, SATHIK M M, BEEVI S Z. Robust segmentation algorithm using LOG edge detector for effective border detection of noisy skin lesions[C]// Computer, Communication and Electrical Technology(ICCCET), 2011 International Conference on. IEEE, 2011: 60-65.

[180] MALIK J, DAHIYA R, GIRDHAR D, et al. Finger knuckle print authentication using Canny edge detection method[J]. International Journal of Signal and Imaging Systems Engineering, 2016, 9(6): 333-341.

[181] INOUE N, ITO D, XU N, et al. Learning to trace: Expressive line drawing generation from photographs[C]//Computer Graphics Forum. 2019, 38(7): 69-80.

[182] ALFARAJ M, WANG Y, LUO Y. Enhanced isotropic gradient operator[J]. Geophysical Prospecting, 2014, 62(3): 507-517.

[183] SHARMA M, PUROHIT G N, MUKHERJEE S. Threshold segmentation technique for tumor detection using morphological operator[M]// Communication and Computing Systems. CRC Press, 2016: 65-69.

[184] KORFIATIS P, SKIADOPOULOS S, SAKELLAROPOULOS P, et al. Combining 2D wavelet edge highlighting and 3D thresholding for lung segmentation in thin-slice CT[J]. The British journal of radiology, 2014.

[185] ARSIC A, JORDANSKI M, TUBA M. Improved lip detection algorithm based on region segmentation and edge detection[C]//Telecommunications Forum Telfor(TELFOR), 2015 23rd. IEEE, 2015: 472-475.

[186] BULUÇ A, MEYERHENKE H, SAFRO I, et al. Recent advances in graph partitioning[M]//Algorithm Engineering. Springer International Publishing, 2016: 117-158.

[187] RAJENDRAN A, DHANASEKARAN R. Brain tumor segmentation on MRI brain images with fuzzy clustering and GVF snake model[J]. International Journal of Computers Communications & Control, 2014, 7(3): 530-539.

[188] KASS M, WITKIN A, TERZOPOULOS D. Snakes: Active Contour Models[J]. International Journal of Computer Vision, 1998, 1: 321-331.

[189] AL-TAMIMI M S H, SULONG G. A review of snake models in medical MR image segmentation[J]. Jurnal Teknologi, 2014, 2(1): 101-106.

[190] 王丹. 当代中国色彩意象文化及其数字化产品设计研究[D]. 北京：北京邮电大学，2013.

[191] 周国信. 作者国古代颜料漫谈（一）[J]. 涂料工业，1990（04）：43-48.

[192] 周国信. 作者国古代颜料漫谈（二）[J]. 涂料工业，1991（01）：30-36.

[193] 石美风. 古代壁画，彩塑及彩陶类表面颜料的时代性特征概述[J]. 文物世界，2014：6-25.

[194] ORNA, VIRGINIA M. Chemistry, color, and art[J]. Journal of Chemical Education, 2001, 78(10): 1305.

[195] PÉREZ-ALONSO M, CASTRO K, MADARIAGA J M. Investigation of degradation mechanisms by portable Raman spectroscopy and thermodynamic speciation: the wall painting of Santa María de Lemoniz(Basque Country, North of Spain)[J]. Analytica chimica acta, 2006, 571(1): 121-128.

[196] VANDENABEELE P, LAMBERT K, MATTHYS S, et al. In situ analysis of mediaeval wall paintings: a challenge for mobile Raman spectroscopy[J]. Analytical and bioanalytical chemistry, 2005, 383(4): 707-712.

[197] CORREIA A M, CLARK R J H, RIBEIRO M I M, et al. Pigment study by Raman microscopy of 23 paintings by the Portuguese artist Henrique Pousão(1859-1884)[J]. Journal of Raman Spectroscopy, 2007, 38(11): 1390-1405.

[198] EDWARDS H G M, DE OLIVEIRA L F C, MIDDLETON P, et al. Romano-British wall-painting fragments: a spectroscopic analysis[J]. Analyst, 2002, 127(2): 277-281.

[199] COTTE M, SUSINI J, METRICH N, et al. Blackening of Pompeian cinnabar paintings: X-ray microspectroscopy analysis[J]. Analytical chemistry, 2006, 78(21): 7484-7492.

[200] DURAN A, CASTAING J, WALTER P. X-ray diffraction studies of Pompeian wall paintings using synchrotron radiation and dedicated laboratory made systems[J]. Applied Physics A, 2010, 99(2): 333-340.

[201] SUMALATHA L, SUJATHA B. A new approach for recognition of mosaic textures by LBP based on RGB model[J]. Signal & Image Processing, 2013, 4(1): 65.

[202] MUHAMMAD K, AHMAD J, FARMAN H, et al. A novel image steganographic approach for hiding text in color images using HSI color model[J]. ArXiv preprint arXiv: 1503. 00388, 2015.

[203] FAN H, WANG W. Edge detection of color road image based on Lab model[C]// 2013 International Conference on Computational and Information Sciences. IEEE, 2013: 298-301.

[204] AHIRWAR G. A novel K means clustering algorithms for large datasets based on divide and conquer technique[J]. Pradnyesh. J. Bhisikar(IJCSIT)International Journal of Computer Science and Information Technologies, 2014, 5(1): 301-305.

[205] RAHUL K, AGRAWAL R, PAL A K. Color Image Quantization Scheme Using DBSCAN with K-Means Algorithm[M]//Intelligent Computing, Networking, and Informatics. India: Springer, 2014: 1037-1045.

[206] SHANTAIYA S, VERMA K, MEHTA K K. Multiple object clustering using FCM and K-means algorithms[J]. International Journal of Computational Vision and Robotics, 2016, 6(4): 331-343.

[207] MACQUEEN J. Some Methods for Classification and Analysis of MultiVariate Observations[C]//Proc. of Berkeley Symposium on Mathematical Statistics and Probability, 1967: 281-297.

[208] TATIRAJU S, MEHTA A. Image Segmentation using k-means clustering, EM and Normalized Cuts[J]. Department of EECS, 2008, 1: 1-7.

[209] TAKEDA H, FARSIU S, MILANFAR P. Kernel regression for image processing and reconstruction[J]. Image Processing, IEEE Transactions on, 2007, 16(2): 349-366.

[210] ZHANG M L, PEÑA J M, ROBLES V. Feature selection for multi-label naive Bayes classification[J]. Information Sciences, 2009, 179(19): 3218-3229.

[211] AGRAWAL S, VERMA N K, TAMRAKAR P, et al. Content based color image classification using SVM[C]//Information Technology: New Generations(ITNG), 2011 Eighth International Conference on. IEEE, 2011: 1090-1094.

[212] BUGEAU B. Combining texture synthesis and diffusion for image inpainting[C]// Proceedings of the 4th International Conference on Computer Vision Theory and Applications, 2009, 1: 26-33.

[213] HESABI S, JAMZAD M, MAHDAVI-AMIRI N. Structure and texture image inpainting[C]// International Conference on Signal and Image Processing. IEEE, 2010: 119-124.

[214] DIZDAROGLU. An image completion method using decomposition[J]. Eurasip Journal on Advances in Signal Processing, 2011: 125-128.

[215] KEDAR S, QIN C. Layered image inpainting based on image decomposition[J]. Journal of Shanghai University(English Edition), 2007, 11(6): 580-584.

[216] BIRADAR R L, VINAYADATT K. Texture inpainting using covariance in wavelet domain[J]. Journal of Intelligent Systems, 2013, 22(3): 299-315.

[217] JORGENSEN P E T, SONG M S. Analysis of fractals, image compression, entropy encoding, Karhunen-Loeve transforms[J]. Acta applicandae mathematicae, 2009, 108(3): 489-508.

[218] MASTRIANI M, GAMBINI J. Fast Cosine Transform to Increase Speed-up and Efficiency of Karhunen-Loève Transform for Lossy Image Compression[J]. International Journal of Infor-mation and Mathematical Sciences, 2010, 6: 2.

[219] MINH N D, MARTIN V. The Contourlet Transform: An Efficient Directional Multiresolution Image Representation[J]. IEEE Transactions on Image Processing, 2005, 14(12): 2091-2106.

[220] PO D D Y, DO M N. Directional multiscale modeling of images using the contourlet transforms[J]. IEEE Transactions on image processing, 2006, 15(6): 1610-1620.

[221] RAJSHREE A, VENKATAPRASAD D, JOEL T, et al. Com-parative Performance Analysis of Speckle Re-duction Using Curvelet and Contourlet Transform forMedical Images[J]. Middle-East Journal of Scientific Research, 2016, 24(S1): 88-95.

[222] WW/T 0061—2014. 可移动文物病害评估技术规程——馆藏壁画类文物[S]. 北京：文物出版社，2014.

[223] 汪万福，李波，樊再轩，等. 甘肃武山水帘洞石窟群壁画保存现状及保护对策[J]. 敦煌研究，2010，124（6）：16-22.

[224] BENJAMIN S G, RADHAKRISHNAN B, NIDHIN T G, et al. Extraction of fire region from forest fire images using color rules and texture analysis[C]//2016 International Conference on Emerging Technological Trends(ICETT). IEEE, 2016: 1-7.

[225] EMMY PREMA C, VINSLEY S, SURESH S. Multi Feature Analysis of Smoke in YUV Color Space for Early Forest Fire Detection[J]. Fire Technology, 2016, 52(5).

[226] INDRIANI O R, KUSUMA E J, SARI C A, et al. Tomatoes classification using K-NN based on GLCM and HSV color space[C]//2017 International conference on innovative and creative information technology(ICITech). IEEE, 2017: 1-6.

[227] PATIL J K, KUMAR R. Analysis of content based image retrieval for plant leaf diseases using color, shape and texture features[J]. Engineering in agriculture, environment and food, 2017, 10(2): 69-78.

[228] BARMPOUTIS P, DIMITROPOULOS K, BARBOUTIS I, et al. Wood species recognition through multidimensional texture analysis[J]. Computers and electronics in agriculture, 2018, 144: 241-248.

[229] 汪启伟. 图像直方图特征及其应用研究[D]. 合肥：中国科学技术大学，2014.

[230] SUNDARA V P, YUVARAJ D, NAVANEETHA K S, et al. An efficient CBIR system based on color histogram, edge, and texture features[J]. Concurrency and Computation: Practice and Experience, 2019, 31(12): e4994.

[231] WECHSLER W. Texture Analysis-A Survey[J]. SignalProeessing, 1980, 2(3): 271-280.

[232] SEBASTIAN V B, UNNIKRISHNAN A, BALAKRISHNAN K. Gray level co-occurrence matrices: generalisation and some new features[J]. arXiv preprint arXiv: 1205. 4731, 2012.

[233] HARALICK R M, SHANMUGAM K, DINSTEIN I. Texture features for image classification[J]. IEEE Transactions on Systems, Man and Cybernetics, 1973, 3(6): 610-621.

[234] BUCKLOW S. The description of craquelure patterns[J]. Studies in Conservation, 1997, 42.

[235] ABAS F S. Analysis of Craquelure Patterns for Content-Based Retrieval[D]. Southampton: University of Southampton, 2004.

[236] BUCKLOW S. A stylometric analysis of craquelure[J]. Computers and Humanities, 1998, 31.

[237] OLIVEIRA H, CORREIA P L. Automatic road crack detection and characterization[J]. IEEE Transactions on Intelligent Transportation Systems, 2013, 14(1): 155-168.

[238] AVILA M, BEGOT S, DUCULTY F, et al. 2D image based road pavement crack detection by calculating minimal paths and dynamic programming[C]//Image Processing(ICIP), 2014 IEEE International Conference on. IEEE, 2014: 783-787.

[239] AMHAZ R, CHAMBON S, IDIER J, et al. Automatic Crack Detection on Two-Dimensional Pavement Images: An Algorithm Based on Minimal Path Selection[J]. IEEE Transactions on Intelligent Transportation Systems, 2016, 17(10): 2718-2729.

[240] PREETHA M M S J, SURESH L P, BOSCO M J. Image segmentation using seeded region growing[C]//2012 International Conference on Computing, Electronics and Electrical Technologies(ICCEET). IEEE, 2012: 576-583.

[241] CAPPELLI V, BARNI M, CORSINI M, et al. ArtShop: an art-oriented image-processing tool for cultural heritage applications[J]. Visual. Comput. Animat, 2003, 14: 149-158.

[242] SPAGNOLO G S, SOMMA F. Virtual restoration of cracks in digitized image of paintings[J]. Journal of Physics Conference Series 2010, 249: 012059.

[243] 于泳波，李万恒，张劲泉，等. 基于图像连通域的桥梁裂缝提取方法[J]. 公路交通科技，2011，28.

[244] 马常霞，赵春霞. 结合 NSTC 和图像形态学的路面裂缝检测[J]. 计算机辅助设计与图形学学报，2009，21（12）：1762-1767.

[245] 张宏，英红. 沥青路面裂缝图像识别技术研究进展[J]. 华东公路，2009（4）：81-84.

[246] PIZURICA A, PLATISA L, RUZIC T, et al. Digital image processing of the Ghent Altarpiece: Supporting the painting's study and conservation treatment[J]. IEEE Signal Processing Magazine, 2015, 32(4): 112-122.

[247] ASTERIADIS S, KARPOUZIS K, KOLLIAS S. Visual focus of attention in non-calibrated environments using gaze estimation[J]. International journal of computer vision, 2014, 107(3): 293-316.

[248] SARKAR S G, DEY D. Mathematical morphology aided enhancement and segmentation of T2-weighted brain MRI images[C]//Intelligent Control Power and Instrumentation(ICICPI), International Conference on. IEEE, 2016: 122-126.

[249] REIF R, WANG R K. Label-free imaging of blood vessel morphology with capillary resolution using optical microangiography[J]. Quantitative imaging in medicine and surgery, 2012, 2(3): 207-212.

[250] ZABIHI S M, DELGIR M, POURREZA H R. Retinal vessel segmentation using color image morphology and local binary patterns[C]//Machine Vision and Image Processing(MVIP), 2010 6th Iranian. IEEE, 2010: 1-5.

[251] 张红英. 数字图像修复技术的研究与应用[J]. 成都：电子科技大学，2006.

[252] DORIGO M, GAMBARDELLA L M. Ant colony system: A cooperative learning approach to the traveling salesman problem[J]. Evolutionary Computation, IEEE Transactions on. 1997, 1(1): 53-66.

[253] LEFKIMMIATIS S, ROUSSOS A, MARAGOS P, et al. Structure tensor total variation[J]. SIAM Journal on Imaging Sciences, 2015, 8(2): 1090-1122.

[254] 刘奎，苏本跃，赵晓静，等. 基于结构张量的图像修复方法[J]. 计算机应用，2011，31（10）：2711-2713.

[255] TIJANA P, ALEKSANDRA P W. Markov Random Field based image inpainting with context-aware label selection[C]//IEEE International Conference on Image Processing, 2012: 1733-1736.

[256] 郑肇葆. 图像分析的马尔柯夫随机场方法[M]. 武汉：武汉测绘科技大学出版社，2000.

[257] 杨筱平，王书文. 基于马尔可夫采样的敦煌壁画修复[J]. 计算机应用，2010，30（7）：1835-1837.

[258] NIKOS K, GEORGIOS T. Image completion using efficient belief propagation via priority scheduling and dynamic pruning[J]. IEEE Transactions on Image Processing, 2007, 16(11): 2649-61.

[259] 王新年，王哲，王演，等. 基于几何距离的 Criminisi 图像修复算法[J]. 计算机工程与设计，2015（7）：1835-1839.

[260] AURÉLIE B, MARCELO B, VICENT C, et al. A comprehensive framework for image inpainting[J]. IEEE Transactions on Image Processing, 2010, 19(10): 2634-2645.

[261] BERTAIMIO M, VESE L, SAPIRO G, et al. Simultaneous texture and structure image Inpainting[J]. IEEE Transactions on Image Processing, 2003, 12(8): 882-889.

[262] MARTIN J, RYE E, BEVERLY R. Decomposition of MAC address structure for granular device inference[C]//Proceedings of the 32nd Annual Conference on Computer Security Applications, 2016: 78-88.

[263] AHARON M, ELAD M, BRUCKSTEIN A. K-SVD: An Algorithm for Designing Overcomplete Dictionaries for Sparse Representation[J]. Signal Processing, IEEE Transaction, 2006, 54(11): 4311-4322.

[264] INUI M, SATO M, KIKUCHI T, et al. Correcting for Non-uniform Illumination when Photographing the Mural in the Royal Tomb of Amenophis III(II): Applying Mural Images[J]. Journal of Imaging Science and Technology, 2013, 57(2): 20501-1-20501-7.

[265] YOSHIDA N, HIRAIWA T, SAITO T. Interactive control of planar class a bézier curves using logarithmic curvature graphs[J]. Computer-Aided Design and Applications, 2008, 5(1-4): 121-130.

[266] JASON C H, HWANG C H, LIAO Y C, et al. Exemplar-based Image Inpainting base on Structure Construction[J]. Journal of software, 2008, 8: 57-64.

[267] UNION I T. Methodology for the subjective assessment of the quality of television pictures[J]. International Telecommunication Union, 2002.

[268] PINSON M H. Comparing subjective video quality testing methodologies[C]// Visual Communications and Image Processing. DBLP, 2003: 573-582.

[269] MASRY M A, HEMAMI S S. A metric for continuous quality evaluation of compressed video with severe distortions[J]. Signal processing: Image communication, 2004, 19(2): 133-146.

[270] WANG K, BARKOWSKY M, BRUNNSTROM K, et al. Perceived 3D TV transmission quality assessment: multi-laboratory results using absolute category rating on quality of experience scale[J]. IEEE Transactions on Broadcasting, 2012, 58(4): 544-557.

[271] YUSUKE F, SHINODA H, SEYA Y. Degradation of display image due to glare of ambient light evaluated by visibility matching and degradation category rating[C]//perception. 1 olivers yard, 55 city road, london ec1y 1sp, england: sage publications ltd, 2015, 44: 157-157.

[272] GELET A, CROUZET S, ROUVIERE O, et al. Radical prostatectomy versus high intensity focused ultrasound for localized prostate cancer: a matched pair comparison[J]. Journal of Therapeutic Ultrasound, 2015, 191(1): e855-e855.

[273] CHOW L S, RAJAGOPAL H. Comparison of difference mean opinion score(DMOS) of magnetic resonance images with full-reference image quality assessment(FR-IQA)[C]. Image Processing, Image Analysis and Real-Time Imaging (IPARTI) Symposium, 015.

[274] LI S, MAK C M, NGAN K N. Visual Quality Evaluation for Images and Videos[C]// Multimedia Analysis, Processing and Communications. Springer Berlin Heidelberg, 2011: 497-544.

[275] SAKAI T, ONISHI H, MIYAZOE K. Evaluation of optimal threshold of Z score map for statistical brain image analysis[J]. Nihon Hoshasen Gijutsu Gakkai zasshi, 2015, 71(4): 325-331.

[276] SANG Q B, SU Y Y. No-reference blurs image quality assessment based on gradient similarity[J]. Journal of Optoelectronics. Laser, 2013, 24(3): 573-577.

[277] SANDIC-STANKOVIC D, KUKOLJ D, CALLET P L. Image quality assessment based on pyramid decomposition and mean squared error[C]// Telecommunications Forum Telfor. IEEE, 2015: 740-743.

[278] SITI, NORUL, HUDA, et al. Adaptive image thresholding based on the peak signal-to-noise Ratio[J]. Research Journal of Applied Sciences, Engineering and Technology, 2014, 8(9): 1104-1116.

[279] JAIN Y K, BHANDARE S K. Min max normalization based data perturbation method for privacy protection[J]. International Journal of Computer & Communication Technology(IJCCT), 2011, 2(8): 45-50.

[280] SALHI K, JAARA E M, ALAOUI M T. A New Approach for Texture Classification: A Comparative Study[C]//Proceedings of the mediterranean conference on information & communication technologies 2015. Springer International Publishing, 2016.

[281] PENTLAND A P. Fractal-based description of natural scenes[J]. IEEE transactions on pattern analysis and machine intelligence, 1984(6): 661-674.

[282] DOBRESCU R, POPESCU D. Image processing applications based on texture and fractal analysis[M]. Image Processing: Concepts, Methodologies, Tools, and Applications. IGI Global, 2013: 235-259.

[283] PERSSON B N J. On the fractal dimension of rough surfaces[J]. Tribology Letters, 2014, 54(1): 99-106.

[284] DIXON V, TAMBASCO M. Effects of image resolution and noise on estimating the fractal dimension of tissue specimens[J]. Analytical and quantitative cytology and histology, 2010, 32(5): 269-279.

[285] CORCHS S, GASPARINI F, SCHETTINI R. No reference image quality classification for JPEG-distorted images[J]. Digital Signal Processing, 2014, 30: 86-100.

反侵权盗版声明

电子工业出版社依法对本作品享有专有出版权。任何未经权利人书面许可，复制、销售或通过信息网络传播本作品的行为；歪曲、篡改、剽窃本作品的行为，均违反《中华人民共和国著作权法》，其行为人应承担相应的民事责任和行政责任，构成犯罪的，将被依法追究刑事责任。

为了维护市场秩序，保护权利人的合法权益，我社将依法查处和打击侵权盗版的单位和个人。欢迎社会各界人士积极举报侵权盗版行为，本社将奖励举报有功人员，并保证举报人的信息不被泄露。

举报电话：（010）88254396；（010）88258888

传　　真：（010）88254397

E-mail：　dbqq@phei.com.cn

通信地址：北京市万寿路 173 信箱
　　　　　电子工业出版社总编办公室

邮　　编：100036